# Web API Cookbook

실무로 통하는 웹 API

| 표지 설명 |

이 표지에 있는 동물은 금머리 케찰(학명 *Pharomachrus auriceps*)이다. 파나마에서 볼리비아에 이르는 습한 숲에 서식한다. 케찰(quetzal)이라는 단어는 아즈텍 언어인 나후아틀에서 '긴 초록색 깃털'을 의미하는 '케찰리(quetzalli)'에서 유래한다. 케찰은 무지갯빛 녹색 깃털과 붉은 배로 유명하다. 금머리 케찰은 화려한 금빛 머리 덕분에 지어진 이름이다. 암컷은 수컷보다 갈색 깃털이 더 많다. 몸무게는 154~182g 정도이며, 길이는 33~36cm이고, 수컷이 더 크다.

케찰은 번식기 전까지는 홀로 생활하다가 번식기가 되면 수컷과 암컷이 짝을 지어 썩은 나무에 둥지를 튼다. 암컷은 연한 파란색 알을 1~2개 낳고, 이후 두 새가 함께 알을 품으며 새끼를 기른다. 케찰은 과일이 주식이어서 서식지에 과일 씨앗을 퍼뜨리는 중요한 역할을 한다.

금머리 케찰은 서식지에서 흔하게 발견되며 세계자연보전연맹(IUCN)에 의해 '관심대상종'으로 분류된다. 오라일리의 동물은 대부분 멸종 위기종이며, 모두 소중한 존재이다.

표지 삽화는 카렌 몽고메리가 그렸으며, Routledge's Picture Natural History의 선화를 바탕으로 제작되었다.

## 실무로 통하는 웹 API

파일 처리, 애니메이션, 음성 인식, 저장소, 웹 컴포넌트까지 기능으로 배우고 구현으로 완성하다

**초판 1쇄 발행** 2025년 9월 1일

**지은이** 조 아타디 / **옮긴이** 김태곤 / **펴낸이** 전태호
**펴낸곳** 한빛미디어(주) / **주소** 서울시 서대문구 연희로2길 62 한빛미디어(주) IT출판2부
**전화** 02-325-5544 / **팩스** 02-336-7124
**등록** 1999년 6월 24일 제25100-2017-000058호 / **ISBN** 979-11-6921-426-1  93000

**책임편집** 박지영 / **기획·편집** 김민경 / **교정** 오은교
**베타리더** 김호영, 이문환, 최성욱, 허민, 홍상의
**디자인** 표지 윤혜원 내지 박정우 / **전산편집** 강창효
**영업마케팅** 송경석, 김형진, 장경환, 조유미, 한종진, 이행은, 김선아, 고광일, 성화정, 김한솔 / **제작** 박성우, 김정우

이 책에 대한 의견이나 오탈자 및 잘못된 내용은 출판사 홈페이지나 아래 이메일로 알려주십시오.
파본은 구매처에서 교환하실 수 있습니다. 책값은 뒤표지에 표시되어 있습니다.
**한빛미디어 홈페이지** www.hanbit.co.kr / **이메일** ask@hanbit.co.kr

---

© HANBIT MEDIA INC. 2025.

Authorized Korean translation of the English edition of **Web API Cookbook**
ISBN 9781098150693 © 2024 Joseph Attardi

This translation is to be published and sold by permission of O'Reilly Media, Inc., the owner of all rights to publish and sell the same.

이 책의 저작권은 오라일리와 한빛미디어(주)에 있습니다.
저작권법에 의해 보호를 받는 저작물이므로 무단 전재와 무단 복제를 금합니다.

---

**지금 하지 않으면 할 수 없는 일이 있습니다.**
책으로 펴내고 싶은 아이디어나 원고를 메일(writer@hanbit.co.kr)로 보내주세요.
한빛미디어(주)는 여러분의 소중한 경험과 지식을 기다리고 있습니다.

# Web API Cookbook

실무로 통하는 웹 API

## 지은이 · 옮긴이 소개

**지은이 조 아타디** Joe Attardi

20년 이상의 프런트엔드 소프트웨어 개발 경험을 보유하고 있으며, 다수의 브라우저 기반 애플리케이션을 개발했습니다. 노텔Nortel, 델Dell, 컨스탄트 컨택트Constant Contact, 세일즈포스Salesforce, 시놉시스Synopsys 등에서 풍부한 프런트엔드 실무 경험을 쌓았습니다. 자바스크립트와 타입스크립트 개발을 전문적으로 다룹니다.

**옮긴이 김태곤** gonom9@gmail.com

호기심 많은 프런트엔드 개발자, 프로 리모트 워커, 고양이 볼트의 집사, 소소한 블로거. 새로운 기술을 배우는 것만큼이나 지식을 나누는 것도 좋아해서 오픈 소스는 물론 강의와 번역을 꾸준히 하고 있습니다. 개인 블로그(`https://taegon.kim`)와 트위터(`@taggon`)를 통해서도 웹 기술과 관련된 글을 전합니다. 옮긴 책으로는 『전문가를 위한 리액트』(한빛미디어, 2024), 『사라진 개발자들』(한빛미디어, 2023), 『복붙 개발자의 벼락 성공기』(한빛미디어, 2023), 『소프트 스킬』(길벗, 2022), 『객체지향 자바스크립트의 원리』(비제이퍼블릭, 2015) 등이 있습니다.

## ● 베타리더의 글

사람이 혼자 살아갈 수 없듯, 오늘날의 웹 서비스도 단독으로 작동하는 경우는 드뭅니다. 다양한 서비스들이 API라는 질서 아래에서 서로 데이터를 주고받으며 유기적으로 연결되어 있습니다. 그동안 습관처럼 사용해 온 서드파티 라이브러리에 의존하지 않고, 이제는 모던 브라우저만으로도 많은 기능을 직접 구현할 수 있는 시대가 되었습니다.

이 책은 과거 무심코 남용했던 잘못된 코딩 습관을 돌아보게 하고, 더욱 견고하고 명확한 코드로 나아갈 수 있도록 방향을 제시해 주는 책입니다. 실무자라면 꼭 한 번 읽어보길 추천합니다.

**김호영**, 고등과학원 거대수치계산연구센터

『실무로 통하는 웹 API』는 현대 웹 개발에 필수적인 브라우저 내장 기능을 실무에 바로 적용할 수 있도록 구성된 실전 가이드입니다. 웹 스토리지, 웹소켓, IndexedDB, DOM 옵저버 등 주요 기능을 별도 라이브러리 없이 구현할 수 있다는 점은 이 책의 큰 강점입니다.

단순히 코드를 나열하는 데 그치지 않고, 각 기능이 실제로 작동하는지 확인해야 한다는 실무직 주의 사항도 함께 제시해 실용성을 높였습니다. 또한, 각 장에서는 Promise 기반의 비동기 처리 패턴과 구조적인 예제를 함께 제공해 실제 응용에 도움이 됩니다.

AI, 멀티모달, UX 혁신 등 웹 기술이 빠르게 변화하는 지금, 웹 브라우저 하나로 구현 가능한 기능에 대한 이해는 더욱 중요해지고 있습니다. 이 책은 그런 표준 API 중심의 개발 역량을 기르는 데 적합합니다. 웹 API의 원리부터 실전 적용까지 한 권으로 익히고 싶은 개발자분들께 자신 있게 추천드립니다.

**이문환**, LG CNS AICX:Innovation 팀

## ● 베타리더의 글

AI 서비스가 쏟아지는 시대에, 새로운 기술과 서비스를 매일 접하며 웹 기반 서비스 개발의 중요성을 더 실감하게 됩니다. 이제 우리는 웹 브라우저 하나로 거의 모든 일을 할 수 있는 시대에 살고 있습니다.

이 책은 그런 웹 환경에서 작동하는 모던 웹 API를 중심으로, 최신 브라우저 표준을 활용한 실전 개발 가이드를 제공합니다. 오늘날의 웹 브라우저는 서버 통신, 스토리지, 반응형 UI 등 대부분의 기능을 표준 API로 직접 지원합니다. 이 책은 그러한 기능들을 단순한 설명에 그치지 않고, 실제 개발 현장에서 마주치는 문제 중심의 예제와 모범 사례로 체계적으로 소개합니다. 별도의 프레임워크 없이도 웹 API만으로 충분히 강력한 구현이 가능하다는 점을 확인할 수 있습니다.

신입 개발자에게는 웹 브라우저와 표준 API의 핵심 원리를 익힐 기회를, 실무자에게는 라이브러리 없이 구현할 수 있는 프런트엔드의 새로운 가능성을 보여주는 책입니다. 변화하는 웹 환경 속에서도 꾸준히 실력을 쌓고 싶은 모든 개발자분께 추천합니다.

**최성욱**, 삼성전자 VD사업부 Security Lab

오늘날의 브라우저는 별도의 서드파티 라이브러리 없이도 뛰어난 자체 기능을 제공합니다. 이 책은 웹 스토리지, 웹소켓, IndexedDB, DOM 옵저버 등 브라우저의 주요 기능을 활용할 수 있도록, 웹 브라우저의 표준 API를 다루는 기술을 소개합니다. 특히 각 장에서는 비동기 처리 결과의 예약 객체라고 할 수 있는 Promise의 구현 및 활용 방법이 사례별로 소개되어 있어 실무에 많은 도움이 되었습니다.

개인적으로는 AI 및 멀티모달 기술의 발전으로 UX 영역 또한 빠르게 변화하고 있기 때문에, 웹 브라우저 API와 같은 기본 기술에 충실하는 것이 매우 중요한 시점이라 생각합니다.
웹 브라우저의 내장 기능을 깊이 있게 살펴보고 싶은 분들께 추천합니다.

**허민**, 한국외국어대학교 정보전략 팀

웹 실행 환경(하드웨어 포함)이 계속 발전함에 따라 사용자들의 요구사항도 점점 복잡해졌습니다. 비슷한 기능을 매번 다른 솔루션이나 언어로 개발하다 보면 '이런 건 표준화되지 않나?' 하는 생각이 들기도 합니다. 이러한 니즈는 전 세계 웹 개발자들이 공통적으로 느낀 점이었고, 이에 따라 새로운 표준들이 계속 추가되고 있습니다.

이 책은 다양한 웹 API를 소개하며, 어떤 요구사항에 어떤 기능을 적용하면 되는지를 쉽게 설명하고 있습니다.

**홍상의**, 프리랜서

## 옮긴이의 말

프런트엔드 개발에서 많은 분이 처음 부딪히는 벽은 익혀야 할 것이 너무 많다는 점입니다. HTML, CSS, 자바스크립트는 기본이지만, 이것만으로는 할 수 있는 일이 그리 많지 않습니다. 여기에 웹 API를 이해하고 활용해야 비로소 프런트엔드 프로그래밍의 출발선에 설 수 있습니다.

웹 API는 기능이 방대합니다. 그리고 그 범위는 지금도 계속 넓어지고 있습니다. 하지만 이를 잘 모른 채 불필요하게 먼 길을 돌아가거나 의존성만 늘리는 경우를 자주 보았습니다. Mozilla Developer Network 같은 자료를 찾아보길 권했지만, 대부분 영어로 되어 있어 쉽게 다가가기 어려웠습니다. 강의나 부트캠프 등을 통해 API를 소개할 때마다 이러한 접근성 부족이 늘 아쉬웠습니다.

『실무로 통하는 웹 API』는 이런 어려움을 덜어 줄 수 있는 책입니다. 실무에 바로 적용할 수 있는 내용을 레시피북 형식으로 소개하며, 복잡한 이론보다 실용적인 예제를 중심으로 구성되어 있습니다. 번역 과정에서 초급자도 쉽게 이해할 수 있도록 필요한 곳에 주석과 보충 설명을 덧붙였습니다.

이 책이 여러분의 책상 위에서 오래도록 손이 가는 동반자가 되길 바랍니다. 편리한 API를 통해 브라우저 네이티브 기능이 주는 강력함과 효율성을 동시에 누리시길 바랍니다. 그리고 낯선 API를 만나도 주저하지 않고 '한번 해 볼까?'하는 마음이 먼저 드는 순간이 많아지길 기대합니다.

김태곤

## 지은이의 말

항상 저를 응원해 주는 가족과 친구들에게 진심으로 감사드립니다. 끊임없이 들려오는 제 키보드 소리를 견뎌 준 아내 리즈와 아들 벤자민에게 특히 고맙습니다. 참고로 저는 몰입하면 아주 빠르게 큰 소리를 내며 타이핑하는 버릇이 있습니다.

오라일리에서 책을 출판할 수 있도록 이끌어 준 수석 편집자인 아만다 퀸에게 감사드립니다. 오랫동안 수많은 오라일리 책을 읽어왔지만 제가 그 중 한 권을 쓰게 될 거라고는 상상도 하지 못했습니다. 아만다를 소개해 주고 이 과정을 시작할 수 있게 도와준 루이즈 코리건에게도 감사합니다. 코리건은 첫 번째 책을 출판할 때 함께 일했던 분이기도 합니다.

집필 과정을 이끌어 주고 정기 미팅을 통해 진행 상황을 점검해 주신 수석 개발 편집자 버지니아 윌슨에게도 감사드립니다.

이 책의 멋진 기술 리뷰어인 마틴 도든, 샬크 니슬링, 애덤 스콧에게도 고마움을 전합니다. 그분들의 피드백 덕분에 책의 완성도가 훨씬 좋아졌습니다.

마지막으로 이 책에서 다룬 현대적인 웹 API를 설계하고 개발해 온 모든 이들에게 감사를 보냅니다. 이들이 없었다면 이 책은 존재하지 않았을 것입니다.

**조 아타디**

## 이 책에 대하여

자바스크립트는 1995년 말 등장한 이래 많은 발전을 이루었습니다. 초기에는 브라우저에 내장된 코어 API가 제한적이었습니다. 고급 기능은 대부분 서드파티(third-party) 자바스크립트 라이브러리나 브라우저 플러그인을 필요로 했습니다.

웹 API는 브라우저가 제공하는 전역 객체와 함수의 집합입니다. 자바스크립트 코드는 API를 통해 문서 객체 모델(DOM, Document Object Model)과 상호작용하거나, 네트워크 통신을 하거나, 기기의 네이티브 기능과 통합하는 등 다양한 작업을 할 수 있습니다.

> ### 폴리필(polyfill)
> 구식 브라우저에서 최신 API를 사용하려면 폴리필의 도움을 받아야 합니다. 폴리필은 부족한 기능을 구현해 주는 자바스크립트 라이브러리로, 대체로 구식 브라우저에서 구현되지 않은 웹 API 기능을 위해 사용됩니다. 유용하긴 하지만, 폴리필에는 몇 가지 단점도 존재합니다.
>
> - 서드파티 라이브러리를 읽어 들여야 하기 때문에 번들 크기가 증가합니다.
> - 브라우저 개발 팀에서 폴리필을 제공하는 경우는 거의 없으므로 버그가 있거나 일관성이 없을 수 있습니다.
> - 일부 고급 기능은 폴리필로 아예 구현될 수 없거나 성능이 떨어집니다.

### 강력한 모던 브라우저

모던 웹 API는 웹 플랫폼 측면에서 보면 크게 두 가지 장점이 있습니다.

- **플러그인이 필요 없다**

  과거에는 웹 API에서 제공하는 기능 대부분이 네이티브 애플리케이션에서만 가능했거나 괴상한 브라우저 플러그인을 필요로 했습니다. 액티브X(ActiveX)와 플래시(Flash)를 기억하시나요?

- **서드파티 의존성이 감소한다**

  예전에는 서드파티 자바스크립트 라이브러리가 필요했던 기능 상당수가 이제는 모든 브라우저에서 제공됩니다. 따라서 제이쿼리jQuery, 로대시Lodash, 모먼트Moment와 같은 유명 라이브러리는 이제 거의 필요하지 않게 되었습니다.

## 서드파티 라이브러리의 단점

서드파티 라이브러리는 오래된 브라우저 지원이나 새로운 기능 구현에는 좋을 수 있지만, 다음과 같은 단점도 있습니다.

- **다운로드해야 할 코드의 증가**

  라이브러리를 사용하면 브라우저가 읽어 들여야 할 자바스크립트의 양이 늘어납니다. 애플리케이션 번들에 포함되든 CDN을 통해 따로 배포되든, 늘어난 코드를 브라우저가 다운로드해야 한다는 사실은 변하지 않습니다. 이는 로딩 시간을 증가시킬 수 있으며, 모바일 기기에서는 배터리 사용량이 늘어나는 원인이 될 수도 있습니다.

- **위험성 증대**

  널리 알려진 오픈 소스 라이브러리라도 언제든지 갑자기 프로젝트가 중단될 수 있습니다. 또한 버그나 보안 취약점이 발견되더라도 발 빠르게 업데이트된다는 보장이 없습니다. 반면 브라우저는 일반적으로 구글, 모질라, 애플, 마이크로소프트와 같은 대기업에서 개발하기 때문에 발견된 문제가 더 빠르게 해결될 가능성이 높습니다. 물론 서드파티 라이브러리가 나쁘다는 뜻은 아닙니다. 특히 오래된 브라우저를 지원해야 하는 경우에는 유용한 점도 많습니다. 언제나 그렇듯이 소프트웨어 개발에서는 균형 있게 라이브러리를 사용하는 것이 중요합니다.

## 예제 코드 사용

이 책에서 사용한 예제 코드는 다음 깃허브 저장소에서 내려받을 수 있습니다.

또한 *https://WebAPIs.info*에서 책에 수록된 다수의 예제 코드와 라이브 데모를 직접 확인할 수 있습니다.

- 번역서: *github.com/taggon/web-api-cookbook*
- 원서: *github.com/joeattardi/web-api-cookbook*

## CONTENTS

지은이 · 옮긴이 소개 ·············································································· 4
베타리더의 글 ······················································································ 5
옮긴이의 말 ························································································· 8
지은이의 말 ························································································· 9
이 책에 대하여 ·················································································· 10

## CHAPTER 1 비동기 API

1.0 소개 ························································································· 21
1.1 Promise 다루기 ········································································ 23
1.2 이미지 로딩 에러에 대비하기 ······················································ 24
1.3 Promise 체이닝 ········································································ 27
1.4 async/await 키워드 사용 ··························································· 28
1.5 Promise 병렬 사용 ··································································· 29
1.6 requestAnimationFrame을 사용한 엘리먼트 애니메이션 ················· 31
1.7 이벤트 기반 API를 Promise로 감싸기 ········································· 34

## CHAPTER 2 웹 스토리지 API를 사용한 데이터 저장

2.0 소개 ························································································· 37
2.1 웹 스토리지 지원 확인 ······························································· 39
2.2 문자열 데이터 저장 ···································································· 40
2.3 단순한 객체 저장 ······································································· 41
2.4 복합적인 객체 저장 ···································································· 43
2.5 스토리지 변경 리스닝하기 ·························································· 48

| | | |
|---|---|---|
| 2.6 | 저장된 모든 키 가져오기 | 49 |
| 2.7 | 데이터 삭제 | 50 |

## CHAPTER 3  URL과 라우팅

| | | |
|---|---|---|
| 3.0 | 소개 | 53 |
| 3.1 | 상대적 URL 파악하기 | 55 |
| 3.2 | URL에서 쿼리 파라미터 제거하기 | 56 |
| 3.3 | URL에 쿼리 파라미터 추가하기 | 58 |
| 3.4 | 쿼리 파라미터 읽기 | 61 |
| 3.5 | 간단한 클라이언트 측 라우터 작성하기 | 62 |
| 3.6 | 패턴에 일치하는 URL 찾기 | 65 |

## CHAPTER 4  네트워크 요청

| | | |
|---|---|---|
| 4.0 | 소개 | 69 |
| 4.1 | XMLHttpRequest를 사용한 요청 전송 | 70 |
| 4.2 | Fetch API를 사용한 GET 요청 전송 | 72 |
| 4.3 | Fetch API를 사용한 POST 요청 전송 | 73 |
| 4.4 | Fetch API를 사용한 파일 업로드 | 75 |
| 4.5 | 비콘 전송 | 75 |
| 4.6 | 서버 전송 이벤트로 원격 이벤트 리스닝하기 | 77 |
| 4.7 | 웹소켓을 통한 실시간 데이터 교환 | 79 |

## CONTENTS

### CHAPTER 5  IndexedDB

- 5.0  소개 · · · · · · · · · · · · · · · · · · · · · · · · · · · · · · · · · · · · · · · · · · · · · · · · · · · · · · · · · · · · · · · · · · · · · · · · · · · · · · · · · · · · · · · · · · · 83
- 5.1  데이터베이스의 객체를 만들고, 읽고, 삭제하기 · · · · · · · · · · · · · · · · · · · · · · · · · · · · · · · · 86
- 5.2  기존 데이터베이스 업그레이드 · · · · · · · · · · · · · · · · · · · · · · · · · · · · · · · · · · · · · · · · · · · · · · · · · · · · 93
- 5.3  인덱스 조회 · · · · · · · · · · · · · · · · · · · · · · · · · · · · · · · · · · · · · · · · · · · · · · · · · · · · · · · · · · · · · · · · · · · · · · · · · · · · · 94
- 5.4  커서를 사용한 문자열 값 검색 · · · · · · · · · · · · · · · · · · · · · · · · · · · · · · · · · · · · · · · · · · · · · · · · · · · · · 97
- 5.5  대규모 데이터 페이징 · · · · · · · · · · · · · · · · · · · · · · · · · · · · · · · · · · · · · · · · · · · · · · · · · · · · · · · · · · · · · · · · 99
- 5.6  IndexedDB API와 Promise 사용하기 · · · · · · · · · · · · · · · · · · · · · · · · · · · · · · · · · · · · · · · · · 101

### CHAPTER 6  DOM 엘리먼트 감시

- 6.0  소개 · · · · · · · · · · · · · · · · · · · · · · · · · · · · · · · · · · · · · · · · · · · · · · · · · · · · · · · · · · · · · · · · · · · · · · · · · · · · · · · · · · · · · · 105
- 6.1  이미지가 가시 영역에 있을 때 게으르게 로딩하기 · · · · · · · · · · · · · · · · · · · · · · · · · · · 107
- 6.2  IntersectionObserver를 Promise로 감싸기 · · · · · · · · · · · · · · · · · · · · · · · · · · · · · · · · · · 109
- 6.3  동영상을 자동으로 멈추고 재생하기 · · · · · · · · · · · · · · · · · · · · · · · · · · · · · · · · · · · · · · · · · · · · · · 110
- 6.4  높이 변화 애니메이션 만들기 · · · · · · · · · · · · · · · · · · · · · · · · · · · · · · · · · · · · · · · · · · · · · · · · · · · · · · · · 112
- 6.5  엘리먼트의 크기에 따라 콘텐츠 바꾸기 · · · · · · · · · · · · · · · · · · · · · · · · · · · · · · · · · · · · · · · · · · 114
- 6.6  엘리먼트가 가시 영역에 있을 때 페이드인 적용하기 · · · · · · · · · · · · · · · · · · · · · · · · 115
- 6.7  무한 스크롤 사용하기 · · · · · · · · · · · · · · · · · · · · · · · · · · · · · · · · · · · · · · · · · · · · · · · · · · · · · · · · · · · · · · · · · 117

### CHAPTER 7  폼

- 7.0  소개 · · · · · · · · · · · · · · · · · · · · · · · · · · · · · · · · · · · · · · · · · · · · · · · · · · · · · · · · · · · · · · · · · · · · · · · · · · · · · · · · · · · · · · 119
- 7.1  로컬 스토리지의 값으로 폼 필드 채우기 · · · · · · · · · · · · · · · · · · · · · · · · · · · · · · · · · · · · · · · · · 121
- 7.2  페치와 폼데이터 API를 사용한 폼 채우기 · · · · · · · · · · · · · · · · · · · · · · · · · · · · · · · · · · · · · · · 122
- 7.3  폼을 JSON 형식으로 전송하기 · · · · · · · · · · · · · · · · · · · · · · · · · · · · · · · · · · · · · · · · · · · · · · · · · · · · · 124

| | | |
|---|---|---|
| 7.4 | 폼 필드를 필수 입력으로 만들기 | 126 |
| 7.5 | 숫자만 입력할 수 있도록 만들기 | 127 |
| 7.6 | 유효성 검사 패턴 설정하기 | 127 |
| 7.7 | 폼 유효성 검사 | 128 |
| 7.8 | 사용자 정의 유효성 검사 로직 사용하기 | 132 |
| 7.9 | 체크박스 그룹 유효성 검사 | 134 |
| 7.10 | 비동기적으로 폼 필드 유효성 검사하기 | 137 |

## CHAPTER 8 웹 애니메이션 API

| | | |
|---|---|---|
| 8.0 | 소개 | 141 |
| 8.1 | 클릭할 때 물결 효과 적용하기 | 143 |
| 8.2 | 애니메이션 시작과 중지 | 146 |
| 8.3 | DOM 추가와 제거 애니메이션 | 147 |
| 8.4 | 역방향 애니메이션 | 149 |
| 8.5 | 스크롤 프로그레스 바 | 153 |
| 8.6 | 통통 튀는 엘리먼트 | 155 |
| 8.7 | 여러 애니메이션 동시 실행 | 157 |
| 8.8 | 로딩 애니메이션 | 158 |
| 8.9 | 사용자 설정에 따르는 애니메이션 | 161 |

## CHAPTER 9 웹 스피치 API

| | | |
|---|---|---|
| 9.0 | 소개 | 163 |
| 9.1 | 텍스트 필드에 받아쓰기 추가하기 | 165 |
| 9.2 | Promise 기반 음성 인식 도우미 작성하기 | 168 |
| 9.3 | 사용할 수 있는 목소리 확인하기 | 170 |

## CONTENTS

| | | |
|---|---|---|
| **9.4** | 음성 합성 | 171 |
| **9.5** | 음성 합성 커스터마이징 | 172 |
| **9.6** | 음성 합성 자동으로 중단하기 | 173 |

### CHAPTER 10 파일 다루기

| | | |
|---|---|---|
| **10.0** | 소개 | 175 |
| **10.1** | 파일에서 텍스트 읽기 | 176 |
| **10.2** | 이미지를 Data URL로 읽기 | 178 |
| **10.3** | 동영상을 객체 URL로 읽기 | 180 |
| **10.4** | 드래그앤드롭을 통한 이미지 읽기 | 181 |
| **10.5** | 권한 확인하고 요청하기 | 184 |
| **10.6** | API 데이터를 파일로 내보내기 | 185 |
| **10.7** | API 데이터를 다운로드 링크로 내보내기 | 187 |
| **10.8** | 드래그앤드롭으로 파일 업로드하기 | 189 |

### CHAPTER 11 국제화

| | | |
|---|---|---|
| **11.0** | 소개 | 191 |
| **11.1** | 날짜 포맷하기 | 192 |
| **11.2** | 포맷된 날짜 일부 가져오기 | 193 |
| **11.3** | 상대적인 날짜 포맷하기 | 194 |
| **11.4** | 숫자 포맷하기 | 196 |
| **11.5** | 특정 소수점 자리에서 반올림하기 | 197 |
| **11.6** | 가격 범위 형식 설정하기 | 198 |
| **11.7** | 측정 단위 형식 설정하기 | 199 |
| **11.8** | 복수형 규칙 적용하기 | 200 |

**11.9** 문자 수, 단어 수, 문장 수 세기 ········· 202
**11.10** 목록 형식 설정하기 ········· 203
**11.11** 이름 배열 정렬하기 ········· 204

## CHAPTER 12 웹 컴포넌트

**12.0** 소개 ········· 207
**12.1** 오늘 날짜를 보여주는 컴포넌트 작성 ········· 211
**12.2** 임의의 날짜를 포맷하는 컴포넌트 작성 ········· 212
**12.3** 피드백 컴포넌트 작성 ········· 214
**12.4** 프로필 카드 컴포넌트 작성 ········· 217
**12.5** 게으른 로딩 이미지 컴포넌트 작성 ········· 220
**12.6** 더보기 컴포넌트 작성 ········· 221
**12.7** 스타일이 적용된 버튼 컴포넌트 작성 ········· 225

## CHAPTER 13 UI 엘리먼트

**13.0** 소개 ········· 229
**13.1** 경고창 작성 ········· 231
**13.2** 확인창 작성 ········· 233
**13.3** 확인창 웹 컴포넌트 작성 ········· 236
**13.4** 더보기 엘리먼트 사용 ········· 238
**13.5** 팝오버 표시 ········· 240
**13.6** 팝오버 수동으로 조작하기 ········· 241
**13.7** 팝오버의 위치를 엘리먼트에 상대적인 위치로 설정하기 ········· 242
**13.8** 툴팁 표시 ········· 244
**13.9** 알림 표시 ········· 246

● CONTENTS

## CHAPTER 14 기기 통합

| 14.0 | 소개 | 249 |
| 14.1 | 배터리 상태 확인 | 250 |
| 14.2 | 네트워크 상태 확인 | 252 |
| 14.3 | 기기 위치 확인 | 253 |
| 14.4 | 지도에 기기 위치 표시 | 256 |
| 14.5 | 텍스트 복사하고 붙여넣기 | 257 |
| 14.6 | 웹 공유 API를 사용한 콘텐츠 공유 | 260 |
| 14.7 | 기기 진동하기 | 261 |
| 14.8 | 화면 방향 확인 | 262 |

## CHAPTER 15 성능 측정

| 15.0 | 소개 | 265 |
| 15.1 | 페이지 로딩 성능 측정 | 266 |
| 15.2 | 리소스 성능 측정 | 267 |
| 15.3 | 가장 느린 리소스 탐지 | 268 |
| 15.4 | 특정 리소스의 타이밍 확인 | 269 |
| 15.5 | 렌더링 성능 프로파일링 | 270 |
| 15.6 | 다단계 작업 프로파일링 | 271 |
| 15.7 | 성능 측정 항목 감시 | 273 |

## CHAPTER 16 콘솔 다루기

| 16.0 | 소개 | 277 |
| 16.1 | 콘솔 출력 꾸미기 | 278 |

| | | |
|---|---|---|
| 16.2 | 로그 수준 사용 | 279 |
| 16.3 | 이름이 정해진 로그 함수 사용하기 | 279 |
| 16.4 | 객체 배열을 표로 출력 | 281 |
| 16.5 | 콘솔 타이머 사용 | 283 |
| 16.6 | 콘솔 그룹 사용 | 284 |
| 16.7 | 카운터 사용 | 286 |
| 16.8 | 변수명과 변숫값 기록 | 287 |
| 16.9 | 스택 추적 기록 | 287 |
| 16.10 | 기댓값 검증 | 288 |
| 16.11 | 객체의 프로퍼티 조사 | 289 |

## CHAPTER 17 CSS

| | | |
|---|---|---|
| 17.0 | 소개 | 291 |
| 17.1 | 텍스트 영역 강조하기 | 291 |
| 17.2 | 텍스트의 깜빡임 현상 방지 | 295 |
| 17.3 | DOM 전환 애니메이션 | 297 |
| 17.4 | 실행 중에 스타일시트 변경하기 | 299 |
| 17.5 | 조건에 따른 CSS 클래스 설정 | 300 |
| 17.6 | 미디어 쿼리 확인 | 300 |
| 17.7 | 엘리먼트의 계산된 스타일 구하기 | 301 |

## CHAPTER 18 미디어

| | | |
|---|---|---|
| 18.0 | 소개 | 305 |
| 18.1 | 화면 녹화 | 305 |
| 18.2 | 사용자의 카메라에서 이미지 캡쳐 | 308 |

## CONTENTS

| | | |
|---|---|---|
| 18.3 | 사용자의 카메라 영상 표시 | 311 |
| 18.4 | 시스템 미디어 지원 확인 | 313 |
| 18.5 | 동영상 필터 적용 | 314 |

## CHAPTER 19 마치며

| | | |
|---|---|---|
| 19.0 | 소개 | 317 |
| 19.1 | 서드파티 라이브러리 | 317 |
| 19.2 | 브라우저 버전이 아닌 기능을 탐지할 것 | 318 |
| 19.3 | 폴리필 | 318 |
| 19.4 | 다가올 미래 | 319 |

찾아보기 · 322

# CHAPTER 1

# 비동기 API

## 1.0 소개

이 책에서 다루는 API 대부분은 비동기로 작동합니다. 이러한 함수나 메서드를 호출하면 결과를 바로 반환받을 수 없습니다. 또한 API마다 동작이 완료되었을 때 결과를 반환하는 방식이 다릅니다.

### 콜백 함수

가장 기본적인 비동기 패턴은 콜백 함수callback function입니다. 콜백 함수는 비동기 API에 결과를 전달하는 함수를 의미합니다. 작업이 완료되면 전달받은 콜백 함수를 호출하여 결과를 돌려줍니다. 콜백은 단독으로 사용될 수도 있고, 다른 비동기 패턴의 일부로서 사용될 수도 있습니다.

### 이벤트

많은 브라우저 API가 이벤트를 기반으로 합니다. 이벤트는 비동기적으로 일어나는 일을 의미하는데, 예시로는 다음과 같은 것이 있습니다.

- 버튼이 클릭되었다.
- 마우스가 움직였다.

- 네트워크 요청이 완료되었다.
- 에러가 발생했다.

이벤트는 클릭click이나 마우스오버mouseover와 같은 이름이 있으며, 발생한 이벤트에 대한 정보를 담은 객체도 포함합니다. 예컨대 어떤 엘리먼트가 클릭되었는지 혹은 HTTP 상태 코드는 무엇인지 등에 관한 정보가 포함됩니다. 이벤트를 리스닝listening[1]하려면 이벤트 객체를 인수로 받을 콜백 함수를 전달해야 합니다.

이벤트가 발생한 객체는 `EventTarget` 인터페이스를 구현하는데, 이 인터페이스는 `addEventListener`와 `removeEventListener` 메서드를 제공합니다. 특정 엘리먼트가 객체의 이벤트를 리스닝하려면 이벤트 이름과 핸들러 함수[2]를 인수로 하여 해당 엘리먼트의 `addEventListener`를 호출하면 됩니다.

## Promise

비교적 최신 API는 Promise(프라미스)를 사용하는 경우가 많습니다. 함수에서 반환된 Promise 인스턴스는 비동기 동작의 최종 결과를 나타내는 객체입니다. 이벤트를 리스닝하는 대신 Promise 객체의 then을 호출할 수도 있습니다. then에 콜백 함수를 전달하면 이 함수에 최종 결과가 인수로 전달됩니다. 에러를 처리하려면 Promise의 catch 메서드에 다른 콜백 함수를 전달합니다.

작업이 성공적으로 완료되면 '약속Promise이 이행되었다fulfilled'라고 표현하고 에러가 발생하면 '약속이 거부되었다rejected'라고 표현합니다. 이행된 값은 then의 콜백에 인수로 전달되고, 거부된 값은 catch의 콜백에 인수로 전달됩니다.

이벤트와 Promise에는 몇 가지 중요한 차이가 있습니다.

- 이벤트 핸들러는 여러 번 호출될 수 있지만 then 콜백은 한 번만 실행됩니다. Promise는 일회성 작업으로 볼 수 있습니다.

---

1 역자주_ 이벤트가 발생할 때까지 감시하고 대기하는 행위를 가리켜 리스닝(listening)한다고 표현합니다. 맥락에 따라 '구독(subscribe)'이라는 표현을 쓰는 경우도 있지만 웹 브라우저 환경에서는 '리슨(listen)'이라는 표현을 사용합니다.
2 역자주_ 이벤트가 발생했을 때 이벤트 정보를 수신받아서 처리하는 함수를 이벤트 핸들러(event handler) 또는 핸들러 함수(handler function)이라고 부릅니다.

- Promise의 then을 호출할 때 결괏값이 있으면, then에 전달된 콜백 함수로 그 값을 전달합니다. 이벤트가 발생했더라도 아직 이벤트 리스너를 추가하기 전이라면 해당 이벤트의 정보가 사라지는 것과 대조적입니다.
- Promise는 고유한 에러 처리 메커니즘을 포함합니다. 이벤트 체계에서는 에러를 처리하려면 에러 이벤트를 리스닝합니다.

## 1.1 Promise 다루기

**문제** Promise를 사용하는 API를 호출하여 결과를 얻고 싶습니다.

**해결** Promise 객체의 then을 호출하고 콜백 함수에서 결과를 처리하세요. 에러를 처리하고 싶다면 catch에 콜백 함수를 추가하세요.

네트워크 요청을 통해 사용자의 목록을 읽어 들이는 getUsers 함수가 있다고 가정해 봅시다. 이 함수는 사용자 목록을 비동기식으로 해결resolve하는[3] Promise를 반환합니다.

예 1-1 Promise 기반 API 사용

```
getUsers()
  .then(
    // 이 함수는 사용자 목록을 읽어 들였을 때 호출되다.
    userList => {
      console.log('사용자 목록:');
      userList.forEach(user => {
        console.log(user.name);
      });
    }
  ).catch(error => {
    console.error('사용자 목록을 불러오지 못했습니다:', error);
  });
```

**설명** getUsers가 반환한 Promise는 then 메서드를 포함하는 객체입니다. 사용자 목록을 읽

---

[3] 역자주_ Promise의 비동기 동작을 완료한 후 결과를 반환하는 과정을 해결(resolve)한다고 표현합니다. 에러가 발생했을 때는 거부(reject)를 통해 에러를 발생시킵니다.

어 들였을 때 then에 전달된 콜백이 실행되면서 사용자 목록이 인수로 전달됩니다.

이 Promise는 에러를 처리하는 catch 메서드도 포함하고 있습니다. 사용자 목록을 읽어들이는 도중에 에러가 발생하면, catch에 전달된 콜백이 실행되면서 에러 객체가 인수로 전달됩니다. 실행 결과에 따라 두 종류의 콜백 중 오직 한 개만 호출됩니다.

> **에러는 항상 처리해야 합니다**
>
> Promise에서 발생할 수 있는 에러는 항상 처리해야 합니다. 그렇지 않으면 Promise가 거부되었을 때 브라우저가 취급되지 않은 약속 거부 unhandled rejection가 있다는 예외를 발생시키며 애플리케이션이 종료될 수 있습니다.
>
> 이를 방지하기 위해 window 객체의 unhandledrejection 이벤트에 리스너를 추가하는 방법도 있습니다. catch로 처리하지 않은 Promise 거부가 발생하면 이 이벤트 리스너가 호출됩니다. 이는 에러를 기록하는 등의 용도로 사용할 수 있습니다.

## 1.2 이미지 로딩 에러에 대비하기

**문제** 웹 페이지에서 보여줄 이미지를 불러오고 싶습니다. 이미지를 읽어 오는 중에 에러가 발생하면 폴백 fallback[4] 이미지를 대신 보여주고 싶습니다.

**해결** 이미지 엘리먼트를 생성하고, load와 error 이벤트를 리스닝합니다. 만약 error 이벤트가 발생한다면 폴백 이미지로 교체합니다. 요청한 이미지나 플레이스홀더 이미지를 정상적으로 불러왔다면 해당 이미지를 DOM에 추가합니다.

더 명확한 API를 위해 이 기능을 Promise로 감싸 보겠습니다. 반환되는 Promise는 추가할 이미지 엘리먼트로 해결될 것입니다. 추가할 이미지나 폴백 이미지를 로딩하지 못한 경우에는 에러와 함께 거부됩니다. [예 1-2]를 참고하세요.

---

[4] 역자주_ 폴백(fallback)은 원하는 기능이 지원되지 않거나 의도한 동작이 실패했을 때 사용할 대비책입니다. 예를 들어, 설정한 글꼴을 사용할 수 없을 때 보여주는 시스템 폰트 혹은 이미지 로딩에 실패했을 때 보여주는 대체 이미지 등이 폴백의 좋은 예시입니다.

예 1-2 이미지 로딩 에러에 대비하기

```
/**
 * 이미지를 읽어 들인다. 읽는 도중 에러가 발생하면
 * 대비책으로 마련한 URL을 대신 사용한다.
 *
 * @param url 읽어 들인 이미지의 URL
 * @param fallbackUrl 에러가 발생한 경우 대신 사용할 이미지의 URL
 * @returns DOM에 삽입할 Image 엘리먼트를 해결하는 Promise
 */
function loadImage(url, fallbackUrl) {
  return new Promise((resolve, reject) => {
    const image = new Image();
    // 주어진 URL에 있는 이미지 로딩을 시도
    image.src = url;
    // 성공적으로 읽어 들이면 이미지에서 'load' 이벤트가 발생한다.
    image.addEventListener('load', () => {
      // 읽어 들인 이미지를 사용해 Promise 해결
      resolve(image);
    });
    // 이미지를 읽어 들이지 못했으면 'error' 이벤트가 발생한다.
    image.addEventListener('error', error => {
      // 다음 두 가지 경우에 Promise를 거부한다:
      // (1) 대신할 URL이 없는 경우
      // (2) 대신할 URL에서 읽는 것도 실패한 경우
      if (!fallbackUrl || image.src === fallbackUrl) {
        reject(error);
      } else {
        // 이 코드가 실행된다면, 원하는 이미지를 읽어 들이지 못했다는 의미이다.
        // 대신할 이미지를 읽어 들이도록 시도한다.
        image.src = fallbackUrl;
      }
    });
  });
}
```

**설명** loadImage 함수는 URL과 대체 URL을 인수로 받고 Promise를 반환합니다. 그리고 새로운 이미지를 생성하고 이미지의 src 속성을 전달받은 URL로 설정합니다. 브라우저는 해당 이미지를 읽어 들이려고 시도합니다.

이 함수의 실행 결과는 세 가지 중 하나입니다.

- **성공한 경우**

  이미지를 성공적으로 읽어 들였다면 load 이벤트가 발생합니다. 이벤트 핸들러는 DOM에 삽입할 이미지 객체를 사용해 Promise를 해결합니다.

- **폴백을 사용한 경우**

  이미지를 읽어 들이지 못했다면 error 이벤트가 발생합니다. 이벤트 핸들러가 src 속성에 폴백 이미지의 URL을 설정하면 브라우저는 폴백 이미지를 읽어 들이려고 시도합니다. 이 시도가 성공적으로 완료되면 load 이벤트가 발생하고 폴백 이미지를 사용해 Promise가 해결됩니다.

- **실패한 경우**

  이미지와 풀백 이미지를 읽지 못했다면 에러 핸들러가 에러 이벤트와 함께 Promise를 거부합니다.

이미지를 읽는 도중 에러가 발생하면 error 이벤트가 발생합니다. 에러 핸들러는 먼저 실패한 URL이 폴백 URL인지 확인합니다. 폴백 URL이라면 원래 이미지의 URL과 폴백 이미지의 URL 둘 다 읽어 들이지 못했다는 의미가 됩니다. 이 경우에는 실패로 간주하여 Promise를 거부합니다.

폴백 URL이 아니라면, 처음 시도한 URL을 읽어 들이는 데 실패했다는 의미입니다. 따라서 폴백 URL을 설정하고 다시 읽어 들입니다.

URL을 확인하는 순서는 중요합니다. 폴백을 읽어 들이는 데 실패했는지 점검하는 첫 번째 확인이 없다면 에러 핸들러는 계속 (올바르지 않은) 폴백 URL을 설정하는 무한 루프에 빠져서 설정하고 실패하기를 계속 반복합니다.

[예 1-3]은 loadImage 함수를 사용하는 법입니다.

예 **1-3** loadImage 함수 사용

```
loadImage('https://example.com/profile.jpg', 'https://example.com/fallback.jpg')
  .then(image => {
    // container는 DOM에 이미 존재하는 엘리먼트로서, 이미지를 여기에 추가한다.
    container.appendChild(image);
  }).catch(error => {
    console.error('이미지 로딩 실패');
  });
```

## 1.3 Promise 체이닝

**문제** 여러 개의 Promise 기반 API를 연속적으로 호출하고 싶습니다. 각 동작은 이전 동작의 결과에 종속적입니다.

**해결** Promise 체인chain[5]을 사용하면 비동기 작업을 순서대로 실행할 수 있습니다. 다음과 같이 Promise를 반환하는 두 개의 API가 있는 블로그 애플리케이션이 있다고 가정해 봅시다.

- getUser(id)

  주어진 사용자 아이디에 해당하는 사용자 정보 읽어 들이기

- getPosts(user)

  주어진 사용자의 모든 블로그 게시글 읽어 들이기

사용자의 모든 게시글을 읽어 들이려면 사용자 정보를 먼저 읽어 들여야 합니다. 사용자 정보 없이 getPosts를 호출할 수는 없습니다. 이 같은 작업은 [예 1-4]와 같이 두 개의 Promise를 체이닝하여 수행할 수 있습니다.

예 1-4 Promise 체인 사용

```
/**
 * 주어진 사용자 ID에 해당하는 모든 게시글 제목을 읽어 온다.
 * @param userId 게시글을 조회하려는 사용자의 아이디
 * @returns 게시글 제목 배열을 해결하는 Promise
 */
function getPostTitles(userId) {
  return getUser(userId)
    // 콜백은 사용자 객체를 읽어 들인 후에 호출된다.
    .then(user => {
      console.log(`${user.name} 사용자의 게시글 읽는 중`);
      // .then에서 반환되는 Promise
      return getPosts(user);
    })
    // getPosts에서 반환한 Promise의 then 호출
    .then(posts => {
      // 게시글 제목 배열을 해결하는 또 다른 Promise를 반환한다.
```

---

5 역자주_ 두 개 이상의 Promise를 연결한 것을 Promise 체인이라 부르며, 이렇게 연결하는 동작을 가리켜 '체이닝(chaining)한다'고 표현합니다. lodash나 jQuery와 같은 라이브러리는 메서드를 연결해서 사용하는 메서드 체이닝(method chaining)도 지원합니다.

```
    return posts.map(post => post.title);
  })
  // getUser나 getPosts가 거부되는 경우 호출된다.
  .catch(error => {
    console.error('데이터를 읽는 중 에러 발생:', error);
  });
}
```

**설명** Promise의 then 핸들러에서 반환되는 값은 새로운 Promise로 감싸집니다. 이 Promise는 then 메서드 자체에서 반환됩니다. 다시 말해, then의 반환 값도 Promise이므로 또 다른 then을 체인으로 연결할 수 있습니다. 이런 방식으로 Promise 체인을 만들 수 있습니다.

getUser는 사용자 객체를 해결하는 Promise를 반환합니다. then 핸들러는 getPosts를 호출하고 결과로 반환되는 Promise를 그대로 then에서 반환합니다. 따라서 최종 결과인 게시물의 배열을 얻으려면 한 번 더 then을 실행해야 합니다.

체인의 끝에는 catch를 호출하여 에러를 다루도록 했습니다. 이 부분은 마치 try/catch 블럭처럼 동작합니다. 체인 내 어디에서 에러가 발생하든 catch 핸들러가 에러 정보와 함께 호출되며, 뒤에 남아있는 체인은 실행되지 않습니다.

## 1.4 async/await 키워드 사용

**문제** Promise를 반환하는 API를 사용하고 있지만, 조금 더 순차적 혹은 동기식으로 동작하는 것처럼 코드를 읽을 수 있게 만들고 싶습니다.

**해결** Promise에서 then을 호출하는 대신 await 키워드를 사용하세요([예 1-5] 참고). 1.1절에서 보았던 getUsers를 예로 들어 보겠습니다. 이 함수는 사용자 목록을 해결하는 Promise를 반환합니다.

예 1-5 await 키워드 사용

```
// 함수 내부에서 await을 사용하려면
// 반드시 async 키워드와 함께 함수를 선언해야 한다.
```

```
async function listUsers() {
  try {
    // getUsers().then(...)와 같다.
    const userList = await getUsers();
    console.log('사용자 목록:');
    userList.forEach(user => {
      console.log(user.name);
    });
  } catch (error) { // .catch(...)와 같다.
    console.error('사용자 목록을 불러오지 못했습니다:', error);
  }
}
```

**설명** await은 Promise를 사용하는 또 다른 문법입니다. 결과를 인수로 받는 콜백과 함께 then을 호출하는 대신 이 문법을 사용하면 함수의 실행을 잠시 멈추었다가 Promise가 실행되면 결과를 반환합니다.

Promise가 거부되면 await 절은 거부된 값을 발생throw시킵니다. 이렇게 발생된 예외는 표준 try/catch 블럭으로 처리할 수 있습니다.

## 1.5 Promise 병렬 사용

**문제** Promise를 사용해서 일련의 비동기 작업을 병렬로 실행하고 싶습니다.

**해결** 사용할 Promise를 모두 모아서 Promise.all로 전달합니다. 이 함수는 Promise의 배열을 인수로 받아서 모든 Promise가 완료될 때까지 기다립니다. 배열의 Promise가 전부 이행되고 나면 이행된 새로운 Promise를 반환하지만, 주어진 Promise 중 하나라도 거부되면 거부된 Promise를 반환합니다([예 1-6] 참고).

예 1-6 Promise.all을 사용한 여러 사용자 정보 읽기

```
// 사용자 3명의 정보를 한꺼번에 읽어 들이기
Promise.all([
  getUser(1),
```

```
    getUser(2),
    getUser(3)
]).then(users => {
    // users는 병렬로 실행된 개별 `getUser`에서 반환하는
    // 사용자 정보를 배열로 묶은 것
}).catch(error => {
    // 전달받은 Promise 중 하나라도 거부된 경우
    console.error('일부 사용자 정보를 불러오지 못했습니다:', error);
});
```

**설명** 서로 독립적인 여러 개의 작업이 있다면 `Promise.all`을 사용하기에 좋습니다. [예 1-6]은 각기 다른 세 개의 사용자 아이디를 사용하여 `getUsers`를 세 번 호출합니다. 세 개의 `Promise`는 하나의 배열로 묶여서 `Promise.all`에 전달됩니다. 세 개의 요청은 모두 병렬로 실행됩니다.

`Promise.all`은 새로운 `Promise`를 반환합니다. 사용자 세 명의 정보를 성공적으로 읽어 들이고 나면 반환된 새 `Promise`가 읽어 들인 사용자 정보를 담은 배열과 함께 이행됩니다. 이 예시에서는 배열의 원소가 순서대로 사용자 1, 2, 3의 정보가 됩니다.

세 사용자 중 하나라도 실패하면 어떻게 될까요? 사용자 아이디가 존재하지 않거나 일시적인 네트워크 에러 등이 발생한다면 실패하게 될 것입니다. `Promise.all`에 전달된 `Promise` 중 하나라도 거부되면 그 즉시 새로 반환된 `Promise`도 거부됩니다. 새로 반환된 `Promise`의 거부값은 거부된 `Promise`의 거부값과 일치합니다.

사용자 정보 로딩에 실패한 경우, `Promise.all`이 반환하는 `Promise`는 처음 발생한 에러와 함께 거부됩니다. 다른 `Promise`의 결과는 무시됩니다.

다른 `Promise`의 실패 여부에 상관없이 해결된 `Promise`의 결과는 그대로 사용하고 싶다면 `Promise.allSettled`를 사용하면 됩니다. `Promise.allSettled`는 `Promise.all`처럼 새로 작성한 `Promise`를 반환하지만 항상 이행된다는 점이 다릅니다. 모든 `Promise`의 결과가 정해진settled 후에, 다시 말해 이행되거나 거부된 후에 `Promise.allSettled`에서 반환된 `Promise`가 이행됩니다.

[예 1-7]에서 보듯이, 해결된 값은 `status`라는 속성을 포함하는 객체의 배열입니다. `status`의 값은 해당하는 `Promise`의 실행 결과에 따라 `fulfilled`(이행된 경우) 또는 `rejected`(거

부된 경우)라는 값으로 설정됩니다. status의 값이 fulfilled라면, 객체의 value 속성이 해결된 값으로 설정됩니다. 반대로 status의 값이 rejected라면, 객체의 value 속성이 거부된 값으로 설정됩니다.

예 1-7 Promise.allSettled 사용

```
Promise.allSettled([
  getUser(1),
  getUser(2),
  getUser(3)
]).then(results => {
  results.forEach(result => {
    if (result.status === 'fulfilled') {
      console.log('- 사용자:', result.value.name);
    } else {
      console.log('- 에러:', result.reason);
    }
  });
});
// allSettled는 항상 이행되므로 catch가 필요 없다.
```

## 1.6 requestAnimationFrame을 사용한 엘리먼트 애니메이션

**문제** 자바스크립트를 사용하여 성능이 뛰어난 방법으로 엘리먼트에 애니메이션 효과를 주고 싶습니다.

**해결** requestAnimationFrame 함수를 사용하여 일정한 간격마다 애니메이션 업데이트를 실행하세요.

페이드아웃 애니메이션 효과를 사용해 div 엘리먼트를 숨기고 싶다고 생각해 봅시다. 이런 효과를 구현하려면 requestAnimationFrame에 콜백을 전달하여 일정한 간격으로 불투명도 opacity를 조정하면 됩니다([예 1-8] 참고). 반복 간격은 원하는 초당 프레임 수(FPS$^{\text{frames per seconds}}$)에 따라 달라집니다.

**예 1-8** requestAnimationFrame을 사용한 페이드아웃 애니메이션

```
const animationSeconds = 2; // 애니메이션 길이: 2초
const fps = 60; // 부드러운 애니메이션을 위한 설정

// 각 프레임 사이 시간 간격
const frameInterval = 1000 / fps;

// 애니메이션을 위한 전체 프레임 수
const frameCount = animationSeconds * fps;

// 각 프레임에서 조정할 불투명도의 양
const opacityIncrement = 1 / frameCount;

// 가장 최근 프레임의 타임스탬프
let lastTimestamp;

// 불투명도 시작 값
let opacity = 1;

function fade(timestamp) {
  // 기존에 설정된 값이 없으면 현재 시간을 최근 타임스탬프로 설정
  if (!lastTimestamp) {
    lastTimestamp = timestamp;
  }

  // 가장 최근 프레임으로부터 경과한 시간을 계산한다.
  // 애니메이션을 실행하기에 너무 이르다면
  // 이 함수의 다음 호출을 예약하고 함수를 종료한다.
  const elapsed = timestamp - lastTimestamp;
  if (elapsed < frameInterval) {
    requestAnimationFrame(fade);
    return;
  }

  // 새 애니메이션 프레임의 시간. 이 타임스탬프를 기억해 둔다.
  lastTimestamp = timestamp;

  // 불투명도를 조정하되, 0보다 작아지지 않도록 주의한다.
  opacity = Math.max(0, opacity - opacityIncrement)
  box.style.opacity = opacity;
  // opacity의 값이 목표인 0에 도달하지 않았다면 이 함수의 다음 호출을 예약한다.
  if (opacity > 0) {
    requestAnimationFrame(fade);
```

```
    }
}
// 애니메이션 함수의 첫 번째 호출을 예약한다.
requestAnimationFrame(fade);
```

**설명** 자바스크립트를 사용해 엘리먼트 애니메이션을 구현하는 여러 방법 중 여기에서 설명하는 방식은 성능이 뛰어나고 브라우저 지원도 좋습니다. 이 작업은 비동기로 동작하기 때문에 애니메이션이 브라우저의 메인 스레드$^{thread}$를 중단시키지 않습니다. 사용자가 다른 브라우저 탭을 열면 애니메이션은 잠시 중단되며, 당연히 `requestAnimationFrame`도 호출되지 않습니다.

`requestAnimationFrame`을 사용해 실행할 함수를 예약할 때, 해당 함수는 다음 리페인트$^{repaint}$ 작업 전에 호출됩니다. 호출의 빈도는 브라우저의 종류와 화면 재생률$^{screen\ refresh\ rate}$에 따라 달라집니다.

[예 1-8]을 보면 애니메이션을 실행하기 전에 주어진 애니메이션의 길이(2초)와 초당 프레임 수(60 FPS)를 기반으로 전체 프레임 수와 각 프레임의 실행 길이를 계산했습니다. 시스템의 화면 재생률과 맞지 않는 프레임 비율을 사용한다면, 가장 최근 애니메이션 업데이트가 언제 수행되었는지를 추적하여 목표 프레임 비율을 유지합니다. 그 다음에는 계산한 프레임 수를 기반으로 각 프레임에서 조정할 불투명도의 양을 계산합니다.

이어서 `requestAnimationFrame`을 호출하면서 `fade` 함수를 인수로 전달하여 함수의 실행을 예약합니다. 브라우저가 이 함수를 부를 때마다 타임스탬프가 전달됩니다. `fade` 함수는 마지막 프레임으로부터 경과된 시간을 계산하고, 시간이 아직 충분히 지나지 않았다면 아무것도 하지 않고 브라우저에 다음 함수 호출을 예약합니다.

시간이 충분히 지났다면 애니메이션 단계를 수행합니다. 앞서 계산한 만큼 불투명도를 조정하고 엘리먼트 스타일에 조정한 값을 적용합니다. 타이밍에 따라 계산된 값이 0보다 작아질 수도 있는데, 이는 올바르지 않은 값이므로 `Math.max`를 사용해서 최솟값이 0이 되도록 설정합니다.

불투명도가 0에 도달하지 않았다면 그 다음 애니메이션 프레임을 수행해야 합니다. `requestAnimationFrame`을 다시 실행하여 다음 실행을 예약합니다.

최신 브라우저는 이 방식을 대체할 수 있는 웹 애니메이션 API를 지원하고 있습니다. 이 API는 8장에서 자세히 다루겠지만, 간단히 말해 CSS 속성과 키프레임keyframe을 설정할 수 있는 API입니다. 그 뒤에는 브라우저가 중간 과정의 업데이트를 처리합니다.

## 1.7 이벤트 기반 API를 Promise로 감싸기

**문제** 이벤트 기반 API를 감싸서 Promise를 반환하고 싶습니다.

**해결** 새로운 Promise 객체를 작성하면서 생성자 안에서 이벤트 리스너를 등록하세요. 원하는 이벤트를 수신하면 값과 함께 해당 Promise를 해결합니다. 비슷한 방식으로 error 이벤트가 발생하면 Promise를 거부합니다.

이러한 방식을 가리켜 '함수를 프라미스화(化)한다promisify'고 표현하기도 합니다. [예 1-9]는 XMLHttpRequest API를 프라미스화하고 있습니다.

예 1-9 XMLHttpRequest API의 프라미스화

```
/**
 * 특정 URL로 GET 요청을 전송하고,
 * 객체로 파싱된 JSON 콘텐츠를 담은 Promise를 반환한다.
 * 에러가 발생하거나 응답이 올바르지 않은 JSON인 경우에는
 * Promise를 거부한다.
 *
 * @param url 요청할 URL
 * @returns 응답을 해결하는 Promise
 */
function loadJSON(url) {
  // 새로운 Promise 객체를 생성하고,
  // 생성자 내부에서 비동기 작업을 수행한다.
  return new Promise((resolve, reject) => {
    const request = new XMLHttpRequest();
    // 요청이 성공한 경우, JSON 응답을 파싱하고
    // 결과 객체로 Promise를 해결한다.
    request.addEventListener('load', event => {
      // 응답이 올바르지 않은 JSON인 경우를 대비하여
      // JSON.parse 호출을 try/catch 블럭으로 감싼다.
```

```
      try {
        resolve(JSON.parse(event.target.responseText));
      } catch (error) {
        // 응답을 파싱하는 도중 에러가 발생한 경우
        // 해당 에러 정보와 함께 Promise를 거부한다.
        reject(error);
      }
    });
    // 요청이 실패하면 발생한 에러 정보와 함께
    // Promise를 거부한다.
    request.addEventListener('error', error => {
      reject(error);
    });
    // 대상 URL을 설정하고 요청을 전송한다.
    request.open('GET', url);
    request.send();
  });
}
```

[예 1-10]은 Promise를 반환하게 만든 loadJSON 함수의 사용법을 보여줍니다.

**예 1-10** loadJSON 헬퍼 함수 사용

```
// .then 사용
loadJSON('/api/users/1').then(user => {
  console.log('사용자 정보:', user);
})

// await 사용
const user = await loadJSON('/api/users/1');
console.log('사용자 정보:', user);
```

**설명** Promise 객체는 new 연산자와 함께 Promise 생성자 함수를 호출하여 생성할 수 있습니다. 여기에는 resolve와 reject라는 두 개의 함수가 각각 인수로 전달됩니다.

resolve와 reject 함수는 자바스크립트 엔진이 제공하며, Promise 생성자 내부에서 비동기 작업을 수행하고 이벤트를 리스닝할 수 있습니다. resolve 함수가 호출되면 Promise는 전달된 값과 함께 이행됩니다. 마찬가지로 reject를 호출하면 Promise가 해당 에러와 함께 거부됩니다.

이렇게 직접 Promise를 작성하는 것이 유용한 때가 있긴 하지만, 대체로는 그럴 필요가 없습니다. API에서 이미 Promise를 반환하고 있다면 이를 다시 Promise로 감쌀 필요 없이 그대로 사용하면 됩니다.

CHAPTER 2

# 웹 스토리지 API를 사용한 데이터 저장

## 2.0 소개

웹 스토리지(Web Storage) API는 단순한 데이터를 로컬(local), 즉 사용자의 브라우저에 저장합니다. 이렇게 저장된 데이터는 나중에 브라우저를 닫았다가 다시 열어도 조회할 수 있습니다.

이 API에는 데이터에 접근하고 보존하는 Storage 인터페이스가 있습니다. 하지만 Storage의 인스턴스를 직접 생성할 수는 없습니다. 대신 이 인터페이스를 따르는 두 개의 전역 인스턴스, 즉 window.localStorage와 window.sessionStorage를 사용해야 합니다. 두 인스턴스의 차이는 저장한 데이터를 보존하는 기간에 있습니다.

sessionStorage 데이터는 특정 브라우저 세션과 연결되어 있습니다. 페이지를 다시 읽을 때는 데이터가 유지되지만 브라우저를 완전히 닫으면 데이터가 사라집니다. 같은 출처(origin)를 다른 탭에서 열어도 저장된 데이터는 공유되지 않습니다.

반면 localStorage는 출처가 동일한 여러 세션과 탭이 동일한 저장 공간을 공유하여 브라우저를 닫아도 데이터가 보존됩니다. 일반적으로 세션 스토리지(session storage)는 수명이 짧거나 민감한 정보를 포함하고 있어 브라우저를 닫을 때 지워져야 하는 데이터를 저장할 때 적합합니다.

따라서 두 종류의 스토리지 모두 저장 공간이 특정한 출처에 종속되어 있습니다.

> **출처가 무엇인가요?**
>
> 페이지의 출처는 URL의 프로토콜(http 또는 https), 호스트, 포트 번호가 합쳐진 문자열입니다. 예를 들어, URL 두 개가 *https://example.com/path/to/index.html* 그리고 *https://example.com/profile/index.html*이라면 두 URL의 출처는 *https://example.com*으로 동일합니다.

## 데이터 가져오기와 설정하기

웹 스토리지에는 문자열 값만 저장할 수 있습니다. 각각의 값은 나중에 검색할 수 있도록 고유한 키와 함께 저장됩니다. API는 단순합니다.

- **getItem(키)**
  키에 연결된 문자열을 반환합니다. 존재하지 않는 키라면 null을 반환합니다.

- **setItem(키, 값)**
  주어진 키와 함께 문자열 값을 저장합니다. 이미 존재하는 키라면 기존 값을 덮어씁니다.

- **clear()**
  현재 출처에서 저장된 모든 데이터를 삭제합니다.

## 단점

웹 스토리지는 매우 유용하지만 몇 가지 단점도 있습니다.

- **저장하는 데이터 제한**
  웹 스토리지는 문자열 데이터만 저장할 수 있습니다. 단순한 객체도 저장할 수 있지만 그대로 저장할 수는 없고, JSON<sup>JavaScript Object Notation</sup>(자바스크립트 객체 표기법) 문자열 형태로 변환 후에 저장할 수 있습니다.

- **크기 제한**
  출처별로 제한된 크기의 저장 공간만 사용할 수 있습니다. 대부분의 브라우저는 5MB의 공간을 제공합니다. 출처의 저장 공간이 가득 찬 상태에서 데이터를 추가하려고 하면 웹 브라우저가 예외를 발생시킵니다.

• 보안 문제

브라우저가 출처별로 데이터를 분리해서 저장하기는 하지만, 크로스 사이트 스크립팅(XSS[Cross-site scripting]) 공격의 위험성은 여전히 존재합니다. 공격자는 XSS 공격을 통해 코드를 삽입하여 로컬에 저장된 데이터를 탈취할 수 있습니다. 따라서 민감한 정보를 저장할 때는 주의를 기울여야 합니다.

> **노트** 이 장에서 다루는 내용은 모두 로컬 스토리지를 사용하지만, 세션 스토리지에도 동일하게 적용될 수 있습니다. 두 객체 모두 동일한 Storage 인터페이스를 구현하고 있기 때문입니다.

## 2.1 웹 스토리지 지원 확인

> **문제** 애플리케이션이 문제를 일으키지 않도록 로컬 스토리지를 사용하기 전에 지원 여부를 먼저 확인하고 싶습니다. 또한 로컬 스토리지가 지원은 되지만 사용자 설정에 의해 차단되었는지도 확인하고 싶습니다.

**해결** 전역 window 객체의 localStorage 프로퍼티를 확인하면 웹 브라우저의 로컬 스토리지 지원 여부를 확인할 수 있습니다. 확인이 된다면 로컬 스토리지를 사용할 수 있는 것입니다 ([예 2-1] 참고).

예 2-1 로컬 스토리시 시원 여부 확인

```
/**
 * 로컬 스토리지 지원 여부를 확인한다.
 * @returns 브라우저가 로컬 스토리지를 사용할 수 있으면 true, 그 외엔 false
 */
function isLocalStorageAvailable() {
  try {
    // 해당 프로퍼티가 있으면 로컬 스토리지를 사용할 수 있다.
    return typeof window.localStorage !== 'undefined';
  } catch (error) {
    // window.localStorage는 있지만 사용자가 막아 놓은 경우에는
    // 해당 프로퍼티를 읽으면 예외가 발생한다.
    // 이때는 로컬 스토리지를 사용할 수 없는 것으로 판단한다.
    return false;
  }
}
```

**설명** [예 2-1]의 함수는 두 가지 사례를 다룹니다. 바로 로컬 스토리지를 사용할 수 있는 경우와 로컬 스토리지가 존재하지만 사용자 설정에 의해 차단된 경우입니다.

먼저 `window.localStorage` 프로퍼티가 `undefined`가 아닌지 확인합니다. 아닌 것으로 확인되면 이는 브라우저가 로컬 스토리지를 지원한다는 의미입니다. 사용자가 로컬 스토리지를 사용할 수 없게 막아두었다면 `window.localStorage` 프로퍼티를 참조하기만 해도 접근이 금지되었다는 예외가 발생합니다. 프로퍼티 확인을 `try/catch` 블록으로 감싸두면 이런 경우를 처리할 수 있습니다. 예외를 감지하면 로컬 스토리지를 사용할 수 없다고 판단하고 `false`를 반환합니다.

## 2.2 문자열 데이터 저장

**문제** 문자열 값을 로컬 스토리지에 저장했다가 나중에 읽어 오고 싶습니다.

**해결** `localStorage.getItem`과 `localStorage.setItem`을 사용하면 각각 데이터를 읽고 쓸 수 있습니다. [예 2-2]는 로컬 스토리지를 사용해 색상 선택기에서 선택한 값을 저장하고 가져오는 방법을 보여줍니다.

예 2-2 로컬 스토리지에 데이터 저장

```
// 색상 선택기 input 엘리먼트를 참조한다.
const colorPicker = document.querySelector('#colorPicker');

// 저장된 값을 읽어 오고, 기존 값이 존재한다면 색상 선택기에 설정한다.
const storedValue = localStorage.getItem('savedColor');
if (storedValue) {
  console.log('저장된 색상 발견:', storedValue);
  colorPicker.value = storedValue;
}

// 값이 변경되면 저장된 색상을 업데이트한다.
colorPicker.addEventListener('change', event => {
  localStorage.setItem('savedColor', event.target.value);
  console.log('새로운 색상 저장:', colorPicker.value);
});
```

**설명** 페이지를 처음 읽으면 우선 기존에 저장된 색상이 있는지 로컬 스토리지를 확인합니다. 존재하지 않는 키와 함께 `getItem`을 호출하면 `null`이 반환됩니다. 반환된 값이 `null`이 아니고 빈 문자열도 아니라면 색상 선택기에 반환된 값을 설정합니다.

색상 선택기의 값이 변하면 이벤트 핸들러가 새 값을 로컬 스토리지에 저장합니다. 이미 저장된 값이 있다면 기존 값을 덮어씁니다.

## 2.3 단순한 객체 저장

**문제** 사용자 프로필과 같은 자바스크립트 객체가 있을 때, 이를 로컬 스토리지에 저장하고 싶습니다. 로컬 스토리지에는 문자열 값만 저장할 수 있기 때문에 객체를 저장할 수는 없습니다.

**해결** `JSON.stringify`를 사용하면 저장 전에 객체를 문자열로 변환할 수 있습니다. [예 2-3]처럼 나중에 이 값을 읽은 뒤에는 `JSON.parse`를 사용하여 다시 객체로 복원하면 됩니다.

예 2-3 JSON.parse와 JSON.stringify 사용

```
/**
 * 주어진 사용자 프로필 객체를 JSON으로 직렬화하여 로컬 스토리지에 저장한다.
 * @param userProfile 저장할 사용자 프로필 객체
 */
function saveProfile(userProfile) {
  localStorage.setItem('userProfile', JSON.stringify(userProfile));
}

/**
 * 사용자 프로필을 로컬 스토리지에서 읽어오고,
 * JSON을 역직렬화하여 객체로 복원한다.
 * 저장된 프로필이 없다면 빈 객체를 반환한다.
 * @returns 저장된 사용자 프로필 또는 빈 객체
 */
function loadProfile() {
  // 저장된 userProfile 값이 없다면 null이 반환되는데,
  // 여기서는 기본값으로 빈 객체를 사용했다.
  return JSON.parse(localStorage.getItem('userProfile')) || {};
}
```

**설명** 프로필 객체를 `localStorage.setItem`에 그대로 전달하면 [예 2-4]에서 보듯이 원하는 대로 동작하지 않을 것입니다.

**예 2-4 배열 저장 시도**

```
const userProfile = {
  firstName: 'Ava',
  lastName: 'Johnson'
};

localStorage.setItem('userProfile', userProfile);

// [object Object] 출력
console.log(localStorage.getItem('userProfile'));
```

저장된 값은 `[object Object]`가 되는데, 프로필 객체의 `toString`을 호출해서 작성된 결과입니다.

`JSON.stringify`는 객체를 인수로 받아서 객체를 표현하는 JSON 문자열을 반환합니다. 사용자 프로필 객체를 `JSON.stringify`에 전달하면 JSON 문자열이 반환됩니다(줄바꿈과 공백은 가독성을 위해 임의로 추가한 것입니다).

```
{
    "firstName": "Ava",
    "lastName": "Johnson"
}
```

이 방식은 사용자 프로필과 같은 객체를 다룰 때는 유용하지만, JSON 명세는 문자열로 변환할 수 있는 대상을 제한하고 있습니다. 일반적으로는 객체, 배열, 문자열, 숫자, 불리언 값, `null`이 대상이며 그 외의 값, 다시 말해 함수나 클래스의 인스턴스와 같은 값은 이 방식으로 직렬화할 수 없습니다.

## 2.4 복합적인 객체 저장

**문제** JSON 문자열로 바로 직렬화할 수 없는 객체를 로컬 스토리지에 저장하고 싶습니다. 예를 들어, 사용자 객체에 최근 업데이트 날짜를 의미하는 Date 객체가 포함되어 있다고 가정하겠습니다.

**해결** JSON.stringify와 JSON.parse를 호출할 때 변환 함수 replacer와 reviver를 전달하면 복합적인 객체의 직렬화 동작을 커스터마이징할 수 있습니다.

다음과 같은 프로필 객체가 있다고 생각해 봅시다.

```
const userProfile = {
  firstName: 'Ava',
  lastName: 'Johnson'

  // 2025년 6월 2일을 의미하는 날짜.
  // 달(month)은 0부터 시작하지만, 날짜는 1부터 시작하는 것에 주의
  lastUpdated: new Date(2025, 5, 2);
};
```

이 객체를 JSON.stringify로 직렬화하면 lastUpdated의 날짜가 ISO 날짜 형식을 따르는 문자열로 변환됩니다([예 2-5] 참고).

**예 2-5** Date 객체의 직렬화 시도

```
const json = JSON.stringify(userProfile);
```

결과로 반환되는 JSON 문자열은 다음과 같습니다.

```
{
    "firstName": "Ava",
    "lastName": "Johnson",
    "lastUpdated": '2025-06-02T04:00:00.000Z'
}
```

이 JSON 문자열은 로컬 스토리지에 저장할 수 있습니다. 하지만 이 문자열을 전달하여 JSON.parse를 호출하면 반환되는 객체는 원본 객체와 조금 다를 것입니다. lastUpdated 프로퍼티

가 Date 객체로 변환되지 않고 계속 문자열로 남아있을 것이기 때문입니다. 이는 JSON.parse 가 이 값이 원래 Date 객체였다는 사실을 인지하지 못하기 때문에 발생합니다.

이러한 문제를 해결하기 위해 JSON.stringify와 JSON.parse는 각각 replacer와 reviver 라는 특수한 함수를 인수로 전달받습니다. 이 함수들은 일반적이지 않은 값을 JSON으로 변환 하거나 또는 반대로 복원하는 커스텀 로직을 제공할 때 사용합니다.

### replacer 함수를 사용한 직렬화

JSON.stringify의 replacer 인수는 여러 가지 방법으로 사용할 수 있습니다. 이 함수의 전체 사용법은 MDN에서 참조하세요.[1]

replacer 함수는 키$^{key}$와 값$^{value}$이라는 두 개의 인수를 받습니다([예 2-6] 참고). 먼저 JSON.stringify는 빈 문자열을 키로 사용하고 값으로는 문자열로 변환할 객체를 전달하여 이 함수를 호출합니다. 여기서 Date 객체의 getTime()을 호출하여 lastUpdated 필드의 값을 직렬화할 수 있습니다. 이 숫자는 UTC 기준 1970년 1월 1일 자정부터 흐른 밀리초 시간으로 특정 날짜를 표기한 것입니다.[2]

예 2-6 replacer 함수

```
function replacer(key, value) {
  if (key === '') {
    // replacer가 처음 호출될 때 "value"에는 객체 그 자체가 전달된다.
    // 객체의 모든 프로퍼티를 반환하되, lastUpdated만 변환한다.
    // lastUpdated 프로퍼티를 추가하기 전에 객체 전개 구문을 사용하여
    // "value"의 사본을 작성한다.
    return {
      ...value,
      lastUpdated: value.lastUpdated.getTime()
    };
  }

  // 초기 변환이 끝난 후에 replacer는 각각의 키/값 쌍으로 다시 호출된다.
```

---

[1] 역자주_ https://developer.mozilla.org/ko/docs/Web/JavaScript/Reference/Global_Objects/JSON/stringify#the_replacer_parameter

[2] 역자주_ 이렇게 표현하는 시간 표기법을 에포크 타임(epoch time) 혹은 유닉스 타임(Unix time)이라고 부릅니다. 보통은 초 단위 시간으로 표현되지만 JS에서는 밀리초 단위로 표기합니다. 여기서 말하는 에포크는 직역하면 하나의 시대를 의미하는데, 1970~1971년에 유닉스가 개발되었기 때문에 해당 연도의 시작을 기준으로 시간을 표기했습니다.

```
    // 추가적인 변환은 필요없으므로 그대로 반환한다.
    return value;
}
```

이렇게 작성한 `replacer` 함수를 [예 2-7]과 같이 `JSON.stringify`에 전달하면 객체를 JSON 으로 변환합니다.

**예 2-7** replacer를 사용한 직렬화

```
const json = JSON.stringify(userProfile, replacer);
```

생성되는 JSON 문자열은 다음과 같습니다.

```
{
  "firstName": "Ava",
  "lastName": "Johnson",
  "lastUpdated": 1748836800000
}
```

`lastUpdated` 프로퍼티의 숫자는 2025년 6월 2일에 해당하는 타임스탬프timestamp입니다.

### reviver 함수를 사용한 역직렬화

이 JSON 문자열을 `JSON.parse`에 전달하면 `lastUpdated` 프로퍼티가 그대로 타임스탬프 숫자로 남아있게 됩니다. 직렬화된 숫자 값을 `Date` 객체로 복원하려면 `reviver` 함수를 사용해 변환해야 합니다.

`JSON.parse`는 JSON 문자열의 각 프로퍼티에 `reviver` 함수를 호출합니다. 각 키에 해당하는 값은 `reviver` 함수에서 반환하는 값으로 대체되어 결과 객체에 설정됩니다([예 2-8] 참고).

**예 2-8** reviver 함수

```
function reviver(key, value) {
    // JSON.parse는 각 키/값 쌍에 대해 reviver 함수를 호출한다.
    // 여기서는 lastUpdated 키만 확인한다.
    // lastUpdated의 값이 실제로 존재하는 경우에만 처리한다.
    if (key === 'lastUpdated' && value) {
```

```
    // 여기서 value는 타임스탬프이므로 이 값을 Date 생성자에 전달하면
    // 해당 시각을 나타내는 Date 객체를 생성할 수 있다.
    return new Date(value);
  }

  // 그 밖의 다른 값은 모두 그대로 반환한다.
  return value;
}
```

이렇게 작성한 reviver 함수는 [예 2-9]와 같이 JSON.parse의 두 번째 인수로 전달하여 사용합니다.

**예 2-9** reviver를 사용한 파싱

```
const object = JSON.parse(userProfile, reviver);
```

반환되는 결과는 처음 우리가 보았던 사용자 프로필 객체와 동일합니다.

```
{
  firstName: 'Ava',
  lastName: 'Johnson',
  lastUpdated: [2025년 6월 2일을 나타내는 Date 객체]
}
```

**설명** 객체를 JSON으로 변환하거나 JSON에서 복원할 때 이 방식을 사용하면 Date 프로퍼티를 손상 없이 그대로 로컬 스토리지에 저장할 수 있습니다.

여기서 사용한 방식은 replacer 함수를 활용한 한 가지 방법일 뿐입니다. replacer 함수를 사용하는 대신, 직렬화를 지원하는 toJSON 메서드를 객체에 추가하는 방법도 있습니다. 팩토리 함수와 함께 사용하면 replacer 함수를 사용하지 않아도 됩니다.

### 팩토리 함수

[예 2-10]은 팩토리 함수를 사용해서 사용자 프로필 객체를 생성합니다. 이 팩토리 함수는 몇 가지 인수를 전달받고 해당 인수를 기반으로 한 데이터를 포함하는 새로운 객체를 반환합

> 니다. 팩토리 함수는 클래스의 생성자 함수와 비슷합니다. 생성자 함수는 new 연산자와 함께 사용하지만 팩토리 함수는 다른 함수처럼 바로 호출한다는 점이 가장 큰 차이점입니다.

**예 2-10** 팩토리를 사용한 toJSON 함수 추가

```js
/**
 * 사용자 프로필 객체를 생성하는 팩토리 함수
 * lastUpdated 프로퍼티를 오늘 날짜로 설정하고 toJSON 메서드를 추가한다.
 *
 * @param firstName 사용자의 이름
 * @param lastName 사용자의 성
 */
function createUser(firstName, lastName) {
  return {
    firstName,
    lastName,
    lastUpdated: new Date(),
    toJSON() {
      return {
        firstName: this.firstName,
        lastName: this.lastName,
        lastUpdated: this.lastUpdated.getTime();
      }
    }
  }
}

const userProfile = createUser('Ava', 'Johnson');
```

[예 2-10]처럼 `JSON.stringify`를 여기서 생성된 객체와 함께 호출하면 앞서 보았던 것과 동일한 JSON 문자열을 볼 수 있습니다. 다시 말해 `lastUpdated` 프로퍼티가 타임스탬프 숫자로 변환되어 있을 것입니다.

> **노트** `JSON.parse`를 사용해서 문자열을 객체로 되돌리는 과정에는 비슷한 메커니즘이 없습니다. 여기서 본 `toJSON`을 사용하고 싶다면 `reviver` 함수를 사용하여 사용자 프로필 문자열을 적절하게 역직렬화해야 합니다.

함수는 직렬화할 수 없기 때문에 결과 JSON 문자열에 `toJSON` 프로퍼티는 포함되지 않습니다.

어떤 방식을 사용하든 결과 JSON 문자열은 동일할 것입니다.

## 2.5 스토리지 변경 리스닝하기

**문제** 로컬 스토리지에 변경 사항이 발생하면 다른 탭에 있는 같은 출처의 페이지에서 알림을 받고 싶습니다.

**해결** window 객체의 storage 이벤트를 리스닝하세요. 이 이벤트는 같은 브라우저, 같은 출처의 다른 탭 또는 다른 세션에서 로컬 스토리지에 변경 사항이 발생할 때마다 발생합니다([예 2-11] 참고).

예 2-11 다른 탭에서 스토리지 이벤트 리스닝하기

```
// 'storage' 이벤트를 리스닝한다. 다른 탭에서 'savedColor'에 변경이 발생하면
// 이 페이지의 색상 선택기도 새로운 값으로 업데이트한다.
window.addEventListener('storage', event => {
  if (event.key === 'savedColor') {
    console.log('다른 탭에서 새로운 색상이 선택되었습니다:', event.newValue);
    colorPicker.value = event.newValue;
  }
});
```

앞서 살펴본 2.2절에서 색상이 저장되는 색상 선택기를 생각해 봅시다. 사용자가 탭을 여러 개 열고 다른 탭에서 색상을 바꾸면 변경된 값에 대한 알림을 받고 현재 탭에 해당 데이터의 로컬 메모리 사본을 만들어서 모든 값을 동기화할 수 있습니다.

> **노트** 변경이 발생한 탭이나 페이지에서는 storage 이벤트가 발생하지 않습니다. 이는 다른 페이지에서 발생한 로컬 스토리지 변경을 감지하려는 목적으로 만들어진 이벤트입니다.

storage 이벤트는 변경된 키와 새 값을 포함하여 발생합니다. 또한 비교가 필요할 때를 대비해 직전 값도 포함합니다.

**설명** storage 이벤트는 주로 여러 세션 간에 데이터를 동기화할 때 사용합니다.

**노트** 이 이벤트는 같은 브라우저, 같은 기기의 다른 탭과 세션에서만 발생합니다.

storage 이벤트를 리스닝하지 않더라도 출처가 같은 모든 세션은 같은 로컬 스토리지 데이터를 공유합니다. 따라서 언제든 `localStorage.getItem`을 호출하면 가장 최근의 값을 얻게 됩니다. storage 이벤트는 변경 사항이 발생했을 때 실시간 알림을 제공하여 애플리케이션이 각 탭의 로컬 데이터를 업데이트할 수 있도록 합니다.

## 2.6 저장된 모든 키 가져오기

**문제** 현재 출처의 로컬 스토리지에 저장된 모든 키를 알고 싶습니다.

**해결** key 함수를 length 프로퍼티와 함께 사용하면 저장된 모든 키의 목록을 작성할 수 있습니다. 스토리지 객체에는 키의 목록을 반환하는 함수가 없지만, 다음과 같은 특성을 사용하면 키 목록을 작성할 수 있습니다.

- 키의 개수를 반환하는 length 프로퍼티
- 주어진 인덱스에 해당하는 키를 반환하는 key 함수

이러한 특성을 for 반복문과 조합하여 [예 2-12]와 같이 사용하면 모든 키의 목록을 작성할 수 있습니다.

**예 2-12 키 목록 생성**

```
/**
 * 로컬 스토리지 영역에서 발견된 모든 키를 배열로 생성한다.
 * @returns 키의 배열
 */
function getAllKeys() {
  const keys = [];

  for (let i = 0; i < localStorage.length; i++){
```

```
      keys.push(localStorage.key(i));
  }
  return keys;
}
```

**설명** 앞서 살펴본 length 프로퍼티와 key 함수를 조합하면 다른 조회 작업도 수행할 수 있습니다. 예컨대 조회를 원하는 키 목록을 배열 인수로 받고 해당하는 키/값 목록을 객체로 반환하는 함수도 작성할 수 있습니다.

**예 2-13** 일부 키/값 쌍 조회

```
function getAll(keys) {
  const results = {};

  // 로컬 스토리지에 있는 모든 키를 확인
  for (let i = 0; i < localStorage.length; i++) {
    // i번째 키를 가져와서 keys 배열에 포함되는지 확인하고,
    // 포함된다면 결과 객체에 키와 값을 추가
    const key = localStorage.key(i);
    if (keys.includes(key)) {
      results[key] = localStorage.getItem(key);
    }
  }

  // 로컬 스토리지에 존재하는 키/값 쌍이 결과로 반환
  return results;
}
```

**노트** 주의할 점은 key 함수가 참조하는 키의 순서는 브라우저에 따라 다를 수 있다는 것입니다.

## 2.7 데이터 삭제

**문제** 일부 혹은 모든 데이터를 로컬 스토리지에서 삭제하고 싶습니다.

**해결** 필요에 따라 `removeItem`과 `clear` 메서드를 사용하세요.

로컬 스토리지에서 특정한 키/값 쌍을 제거하려면 `localStorage.removeItem`에 키를 전달하여 호출합니다([예 2-14] 참고).

#### 예 2-14 로컬 스토리지에서 데이터 삭제하기

```
// 키가 없어도 예외가 발생하지 않으므로 안전한 작업이다.
localStorage.removeItem('my-key');
```

현재 출처에 있는 로컬 스토리지의 모든 데이터를 삭제하려면 [예 2-15]와 같이 `localStorage.clear`를 호출합니다.

#### 예 2-15 로컬 스토리지의 모든 데이터 삭제

```
localStorage.clear();
```

**설명** 브라우저는 웹 스토리지에 저장할 수 있는 데이터의 총 용량을 제한합니다. 일반적으로는 대략 5MB로 제한됩니다. 저장 공간이 꽉 차서 에러가 발생하는 것을 방지하려면 필요 없어진 데이터를 삭제하는 것이 좋습니다. 웹 스토리지를 사용하는 용도에 따라 사용자가 데이터를 제거할 수 있는 방법을 제공해 줄 수도 있습니다. 예컨대, 최근 선택한 이모지를 로컬 스토리지에 저장하는 이모지 선택기가 있다면 저장된 데이터를 제거하는 '사용 기록 제거' 버튼을 추가할 수 있습니다.

CHAPTER 3

# URL과 라우팅

## 3.0 소개

대부분의 웹 페이지와 애플리케이션은 URL을 같은 방식으로 다룹니다. 특정한 쿼리 파라미터<sup>query parameter</sup>[1]를 포함한 링크를 만들기도 하고, 단일 페이지 애플리케이션<sup>single-page application</sup>(SPA)에서 URL 기반으로 라우팅을 하기도 합니다.

URL은 RFC 3986 「Uniform Resource Identifier(URI): Generic Syntax(통합 자원 식별자: 포괄 문법)」이라는 문서에서 정의한 규칙에 따라 구성된 문자열입니다. URL은 파싱하거나 조작해야 할 몇 가지 부분으로 나누어집니다. 정규 표현식<sup>regular expression</sup>이나 문자열 연결<sup>string concatenation</sup>을 통해 이러한 동작을 수행하는 것은 안정적이지 않을 수 있습니다.

최신 브라우저는 URL API를 지원합니다. 이 API는 URL을 생성하고, 일부를 추출하고, 조작할 수 있는 URL 생성자를 제공합니다. 처음에는 다소 제한이 있는 API였지만 이후 업데이트를 통해 쿼리 문자열을 간편하게 읽고 작성할 수 있는 **URLSearchParams** 인터페이스와 같은 추가 기능이 포함되었습니다.

---

**1** 역자주_ 검색처럼 데이터를 질의할 때 사용하는 키/값 쌍의 목록입니다. URL 문자열에서는 물음표(?) 뒷부분에 위치합니다.

## URL의 각 부분

올바른 URL을 의미하는 문자열과 함께 URL 생성자를 호출하면 URL의 여러 부분 컴포넌트를 프로퍼티로 포함하는 객체가 만들어집니다. [그림 3-1]은 가장 자주 사용되는 컴포넌트를 보여줍니다.

- protocol (프로토콜) (1)

  웹 URL에서 프로토콜은 대체로 http: 또는 https:가 됩니다(콜론은 포함되고, 슬래시는 포함되지 않는 것에 주의하세요). 그 외에 file:(서버에서 호스트되지 않는 로컬 파일)이나 ftp:(FTP 서버의 리소스)와 같은 프로토콜도 있습니다.

- hostname (호스트 이름) (2)

  도메인 또는 호스트 이름(예. example.com).

- pathname (3)

  루트로부터 상대적인 리소스의 경로. 가장 앞에 슬래시를 포함합니다(예. /admin/login).

- search (4)

  쿼리 파라미터. 물음표(?) 문자를 포함합니다(예. ?username=sysadmin).

https://example.com/admin/login?username=sysadmin

그림 3-1 각 컴포넌트를 따로 강조한 예시 URL

그 외 URL이 포함할 수 있는 컴포넌트는 다음과 같습니다.

- hash (해시)

  URL에 해시가 포함되어 있으면 해시 부분을 반환합니다(이때는 해시 기호 #이 포함됩니다). 오래된 방식의 SPA에서는 내부 페이지 탐색에 사용되기도 했습니다. 예컨대, *https://example.com/app#profile*이란 URL이라면 해시는 #profile이 됩니다.

- host (호스트)

  hostname과 비슷하지만 설정되어 있는 경우에는 포트 번호를 포함합니다. 예시로는 localhost:8443이 있습니다.

- origin (출처)

  URL의 출처로, protocol, hostname, port(설정된 경우)로 이루어져 있습니다.

URL 객체의 toString을 호출하거나 href 프로퍼티에 접근하면 전체 URL 문자열을 가져올 수 있습니다. 만약 URL 생성자에 전달된 URL 문자열이 올바르지 않으면 예외가 발생합니다.

## 3.1 상대적 URL 파악하기

> **문제** 예를 들어 /api/users와 같은 부분 또는 상대적 URL이 있을 때, 이를 통해 *https://example.com/api/users*와 같은 절대적 URL 전체를 알고 싶습니다.

> **해결** [예 3-1]처럼 상대적 URL과 기준base URL을 전달하면서 URL 객체를 생성하세요.

**예 3-1** 상대적 URL 작성하기

```
/**
 * 주어진 상대 경로와 기준 URL을 사용해 전체의 절대적 URL을 구한다.
 * @param relativePath URL의 상대 경로
 * @param baseUrl 기준으로 사용할 올바른 URL
 */
function resolveUrl(relativePath, baseUrl) {
  return new URL(relativePath, baseUrl).href;
}

// https://example.com/api/users
console.log(resolveUrl('/api/users', 'https://example.com'));
```

두 번째 인수가 없으면 URL 생성자는 /api/users가 올바르지 않은 URL이라는 에러를 발생시킬 것입니다. 두 번째 인수는 새로운 URL을 작성할 때 사용할 기준입니다. 주어진 경로가 기준 URL에 상대적이라고 가정하고 URL을 구성합니다.

> **설명** 두 번째 인수는 반드시 올바른 URL이어야 합니다. 최종 URL을 구성할 때는 첫 번째 인수에 따라 다른 URL 규칙이 적용됩니다.

첫 번째 인수가 슬래시로 시작한다면 기준 URL의 pathname은 무시되며, 기준 URL의 루트에 상대적으로 작성된 새로운 URL이 반환됩니다.

```
// https://example.com/api/v1/users
   console.log(resolveUrl('/api/v1/users', 'https://example.com'));

// https://example.com/api/v1/users
// Note that /api/v2 is discarded due to the leading slash in /api/v1/users console.
log(resolveUrl('/api/v1/users', 'https://example.com/api/v2'));
```

슬래시로 시작하지 않는다면 기준 URL로부터 상대적인 URL을 계산합니다.

```
// https://example.com/api/v1/users
console.log(resolveUrl('../v1/users/', 'https://example.com/api/v2'));

// https://example.com/api/v1/users
console.log(resolveUrl('users', 'https://example.com/api/v1/groups'));
```

첫 번째 인수가 그 자체로 유효한 URL이라면 기준 URL은 무시됩니다.

생성자의 두 번째 인수가 문자열이 아닐 때는 두 번째 인수에 toString을 호출하고 그 결과로 나타난 문자열을 사용합니다. 다시 말하면 두 번째 인수로 다른 URL 객체를 전달할 수 있고, 혹은 URL과 비슷한 다른 객체를 전달 수도 있다는 의미입니다. URL과 비슷하지만 다른 Location 객체인 window.location도 문제없이 전달하여 현재 출처의 새로운 URL을 만들 수 있습니다([예 3-2] 참고).

예 3-2 출처가 동일한 상대적 URL 작성하기

```
const usersApiUrl = new URL('/api/users', window.location);
```

## 3.2 URL에서 쿼리 파라미터 제거하기

**문제** URL에 있는 모든 쿼리 파라미터를 제거하고 싶습니다.

**해결** [예 3-3]과 같이 URL 객체를 생성한 다음 search 프로퍼티를 빈 문자열로 설정하면 됩니다.

예 3-3 URL의 쿼리 파라미터 제거

```
/**
 * 입력된 URL에서 모든 파라미터를 제거한다.
 *
 * @param inputUrl 쿼리 파라미터를 포함하는 URL 문자열
 * @returns 모든 쿼리 파라미터가 제거된 새로운 URL 문자열
 */
function removeAllQueryParameters(inputUrl) {
  const url = new URL(inputUrl);
  url.search = '';
  return url.toString();
}

// 반환 결과는 'https://example.com/api/users'
removeAllQueryParams('https://example.com/api/users?user=sysadmin&q=user');
```

**설명** URL의 쿼리 파라미터는 search 프로퍼티와 searchParams 프로퍼티 두 가지 방법으로 표현됩니다.

search 프로퍼티는 물음표 문자(?)로 시작하고 모든 쿼리 파라미터를 포함하는 문자열입니다. 모든 쿼리 문자열을 제거하고 싶다면 이 프로퍼티에 빈 문자열을 설정하면 됩니다.

여기서 search 프로퍼티가 빈 문자열로 설정되었음에 주의하세요. 이 값을 null로 설정하면 'null'이라는 문자열이 쿼리 문자열에 나타납니다([예 3-4] 참고).

예 3-4 쿼리 파라미터를 제거하는 올바르지 않은 방법

```
const url = new URL('https://example.com/api/users?user=sysadmin&q=user');

url.search = null;
console.log(url.toString()); // https://example.com/api/users?null
```

searchParams 프로퍼티는 URLSearchParams 객체이며, 쿼리 파라미터를 읽고, 추가하고, 삭제하는 메서드를 포함합니다. 쿼리 파라미터를 추가하면 자동으로 문자가 인코딩됩니다. 특정 파라미터 한 개만 제거하고 싶다면 [예 3-5]처럼 delete 메서드를 호출하면 됩니다.

### 예 3-5 쿼리 파라미터 한 개 제거하기

```
/**
 * 입력된 URL에서 한 개의 파라미터를 제거한다.
 *
 * @param inputUrl 쿼리 파라미터를 포함하는 URL 문자열
 * @param paramName 제거할 파라미터의 이름
 * @returns 전달한 쿼리 파라미터가 제거된 새로운 URL 문자열
 */
function removeQueryParameter(inputUrl, paramName) {
  const url = new URL(inputUrl);
  url.searchParams.delete(paramName);
  return url.toString();
}

console.log(
  removeQueryParameter(
    'https://example.com/api/users?user=sysadmin&q=user',
    'q'
  )
); // https://example.com/api/users?user=sysadmin
```

## 3.3 URL에 쿼리 파라미터 추가하기

**문제** 쿼리 파라미터 몇 개가 포함된 기존 URL에 새로운 쿼리 파라미터를 추가하고 싶습니다.

**해결** URL의 searchParams 프로퍼티를 통해 접근할 수 있는 URLSearchParams 객체를 사용해서 새로운 파라미터를 추가하세요([예 3-6] 참고).

### 예 3-6 새로운 쿼리 파라미터 추가

```
const url = new URL('https://example.com/api/search?objectType=user');
url.searchParams.append('userRole', 'admin');
url.searchParams.append('userRole', 'user');
url.searchParams.append('name', 'luke');

// 출력
// https://example.com/api/search?objectType=user&userRole=admin&userRole=user
```

```
// &name=luke
console.log(url.toString());
```

> **설명** 예시의 URL에는 이미 쿼리 파라미터가 있습니다(`objectType=user`). 코드에서는 파싱된 URL의 `searchParams` 프로퍼티를 사용해 쿼리 파라미터를 몇 개 더 추가했습니다. 특히 `userRole` 파라미터는 두 개가 추가되었습니다. `append`를 사용하면 기존 값이 존재하는 경우에도 새로운 값을 추가합니다. 이름이 같은 기존 파라미터를 새 값으로 대체하려면 `set`을 사용해야 합니다.

새로운 파라미터를 추가한 URL은 다음과 같습니다.

```
https://example.com/api/search?objectType=user&userRole=admin&userRole=user&name=luke
```

값 없이 파라미터 이름만 전달하며 `append`를 호출하면 [예 3-7]과 같이 예외가 발생합니다.[2]

**예 3-7** 값 없이 append 호출하기

```
const url = new URL('https://example.com/api/search?objectType=user');
// 아래와 같은 오류가 발생한다(해설은 역주 참고).
// TypeError: Failed to execute 'append' on 'URLSearchParams':
// 2 arguments required, but only 1 present.
url.searchParams.append('name');
```

이 메서드는 인수의 자료형을 유연하게 처리합니다. 전달받은 인수가 문자열 값이 아니라면 이 값을 문자열로 변환합니다([예 3-8] 참고).

**예 3-8** 문자열이 아닌 파라미터 추가

```
const url = new URL('https://example.com/api/search?objectType=user');

// 최종 결과 URL의 쿼리 문자열은 다음과 같다.
// ?objectType=user&name=null&role=undefined url.searchParams.append('name', null);
url.searchParams.append('role', undefined);
```

---

2 역주_ [예 3-7]의 주석에 기재된 것과 같이 이 메서드에는 두 개의 인수(argument)가 필요하지만 한 개만 전달되었다고 알려주는 내용입니다.

URLSearchParams를 사용해 쿼리 파라미터를 추가하면 인코딩 문제도 자연스럽게 처리됩니다. RFC 3986에 정의된 예약 문자(예. & 또는 ?)[3]가 포함된 파라미터를 추가하면 URLSearchParams는 이 문자를 자동으로 인코딩하여 유효한 URL을 만들어 냅니다. 이때 퍼센트 인코딩을 사용하는데, 즉 퍼센트 기호 다음에 16진수를 추가하여 문자를 표현합니다. 예컨대 앰퍼샌드(&)는 이에 해당하는 16진수 코드가 0x26이기 때문에 %26으로 변환됩니다.

[예 3-9]와 같이 예약 문자가 포함된 쿼리 파라미터를 추가하면 이러한 인코딩이 어떻게 동작하는지 볼 수 있습니다.

**예 3-9** 쿼리 파라미터에서 예약 문자 인코딩하기

```
const url = new URL('https://example.com/api/search');

// 예약 문자 인코딩을 보여주기 위한 예시 문자열
url.searchParams.append('q', 'admin&user?luke');
```

최종 URL은 다음과 같습니다.

*https://example.com/api/search?q=admin%26user%3Fluke*

URL에는 & 자리에 %26가, ? 자리에 %3F가 들어가 있습니다. 이 문자들은 URL에서 특별한 의미가 있습니다. 물음표(?)는 쿼리 문자열의 시작을 나타내고, 앰퍼샌드(&)는 각 파라미터를 구분합니다.

[예 3-6]과 같이 동일한 키와 함께 append를 여러 번 호출하면 해당 키의 쿼리 파라미터가 추가됩니다. .append('userRole', 'user')를 호출하면 기존에 있던 userRole=admin에 userRole=user 파라미터를 추가합니다. URLSearchParams에는 set 메서드도 있습니다. set도 쿼리 파라미터를 추가하지만 조금 다르게 동작하는데, 기존에 같은 키가 존재하면 새로운 값으로 대체합니다([예 3-10] 참고). 따라서 앞의 예시와 같은 URL에 set을 사용하면 다음과 같이 결과가 달라집니다.

---

**3** 역자주_ 예약 문자(reserved characters)는 특수한 목적이 미리 정해진 문자를 뜻합니다. 예를 들어 등호(=)는 파라미터의 키와 값을 구분하는 용도로 사용합니다.

예 3-10 set을 사용한 쿼리 파라미터 추가

```
const url = new URL('https://example.com/api/search?objectType=user');

url.searchParams.set('userRole', 'admin');
url.searchParams.set('userRole', 'user');
url.searchParams.set('name', 'luke');
```

여기서는 append 대신 set을 사용했는데, 이로 인해 두 번째 userRole 파라미터는 첫 번째 userRole 파라미터를 덮어씁니다. 최종 URL은 다음과 같습니다.

*https://example.com/api/search?objectType=user&userRole=user&name=luke*

따라서 최종 URL의 userRole 파라미터는 가장 마지막에 추가한 한 개만 존재하게 됩니다.

## 3.4 쿼리 파라미터 읽기

**문제** URL에 있는 모든 쿼리 파라미터를 읽고 목록으로 나열하고 싶습니다.

**해결** URLSearchParams의 forEach 메서드를 사용하면 키와 값을 나열할 수 있습니다([예 3-11] 참고).

예 3-11 쿼리 파라미터 읽기

```
/**
 * URL을 인수로 받아서 모든 쿼리 파라미터를 배열로 반환한다.
 *
 * @param inputUrl URL 문자열
 * @returns key와 value라는 프로퍼티가 있는 객체의 배열
 */
function getQueryParameters(inputUrl) {
  // 같은 키에 해당하는 파라미터가 여러 개 있을 수도 있고,
  // 모든 파라미터를 나열하고 싶으므로 객체 대신 배열을 사용한다.
  const result = [];

  const url = new URL(inputUrl);
```

```
    // 각 키와 값을 결과 배열에 추가한다.
    url.searchParams.forEach((value, key) => {
      result.push({ key, value });
    });

    // 결과!
    return result;
  }
```

**설명** URL에 있는 쿼리 파라미터를 나열할 때는 퍼센트 인코딩된 예약 문자가 원래의 값으로 돌아옵니다([예 3-12] 참고).

**예 3-12** getQueryParameters 함수 사용

```
getQueryParameters('https://example.com/api/search?name=luke%26ben');①
```

① 여기서 name 파라미터는 퍼센트 인코딩된 앰퍼샌드 문자(%26)를 포함하고 있습니다.

이 코드를 실행하면 name=luke%26ben 파라미터를 원래 값으로 복원한 name: luke&ben이 출력됩니다.

forEach는 각 키/값 쌍을 훑습니다. 이 함수는 URL에 키가 같은 쿼리 파라미터가 여러 개 있어도 각각의 키/값 쌍을 독립적으로 출력합니다.

## 3.5 간단한 클라이언트 측 라우터 작성하기

**문제** 단일 페이지 애플리케이션에 클라이언트 측 라우팅routing을 추가하고 싶습니다. 사용자가 여러 URL을 오가더라도 네트워크 요청을 새로 만들지 않고, 클라이언트 측에서 콘텐츠만 변경하려고 합니다.

**해결** history.pushState와 popstate 이벤트를 사용하여 간단한 라우터를 구현하세요. 이 간단한 라우터는 URL이 미리 정의된 라우트route와 일치할 때 해당하는 콘텐츠를 렌더링합니다([예 3-13] 참고).

예 3-13 간단한 클라이언트 측 라우터

```
// 라우트 정의. 각 라우트는 경로(path)와 렌더링할 콘텐츠를 포함한다.
const routes = [
  { path: '/', content: '<h1>Home</h1>' },
  { path: '/about', content: '<h1>About</h1>' }
];

function navigate(path, pushState = true) {
  // 일치하는 라우트를 찾아서 해당하는 콘텐츠를 렌더링한다.
  const route = routes.find(route => route.path === path);

  // 보안 문제가 있을 수 있으므로 innerHTML을 현실에서 사용할 때는 주의가 필요하다.
  document.querySelector('#main').innerHTML = route.content;

  if (pushState) {
    // URL을 일치하는 새 라우트로 변경한다.
    history.pushState({}, '', path);
  }
}
```

이 라우터를 작성한 뒤에는 다음과 같이 링크를 추가합니다.

```
<a href="/">Home</a>
<a href="/about">About</a>
```

### history.pushState와 popstate 이벤트

전역 history 객체의 pushState 메서드는 페이지를 다시 읽지 않고 현재 URL을 변경합니다. 그리고 브라우저의 히스토리, 즉 탐색 기록에 새로운 URL을 추가합니다.

이 메서드에는 세 개의 인수를 전달합니다.

- 첫 번째 인수는 새로운 히스토리 항목과 묶을 임의의 데이터를 포함하는 객체입니다. 여기서 추가한 상태state 데이터는 popstate 이벤트에서도 확인할 수 있습니다.
- 두 번째 인수는 사용되지 않더라도 추가는 해야 합니다. 이 부분에는 빈 문자열을 사용하세요.
- 마지막 인수는 새로운 URL입니다. 절대적 URL이어도 되고 상대적 경로여도 됩니다. 만약 절대적 URL을 사용하고 싶다면 해당 URL의 출처가 현재 페이지의 출처와 같아야 합니다. 그렇지 않으면 예외가 발생합니다.

> pushState를 호출하면 새로운 히스토리 항목이 추가됩니다. 현재 히스토리 항목을 변경하면(보통은 웹 브라우저의 앞으로 가기 혹은 뒤로 가기 버튼을 클릭할 때) window 객체에서 popstate 이벤트가 발생합니다.

이 링크를 클릭하면 웹 브라우저는 서버에 요청을 보내며 새로운 페이지로 이동하려고 시도합니다. 아마 404 에러가 발생할텐데, 당연히 우리가 원하는 결과는 아닙니다. [예 3-13]에서 만든 클라이언트 측 라우터를 사용하려면 [예 3-14]와 같이 click 이벤트를 가로채서 라우터와 통합해야 합니다.

**예 3-14 라우트 링크에 클릭 핸들러 추가하기**

```
document.querySelectorAll('a').forEach(link => {
  link.addEventListener('click', event => {
    // 브라우저가 새 URL을 서버에서 읽어 들이지 않도록 방지!
    event.preventDefault();
    navigate(link.getAttribute('href'));
  });
});
```

링크를 클릭하면 preventDefault가 호출되어 브라우저의 기본 동작, 다시 말해 페이지를 이동하는 동작을 방지합니다. 대신 링크의 href 속성을 읽어 오고 이 값을 클라이언트 측 라우터로 전달합니다. 일치하는 라우트를 찾으면 해당하는 콘텐츠를 렌더링합니다.

이를 더 완성도 있게 만들려면 필수적인 요소를 하나 더 추가해야 합니다. 현재는 클라이언트 측 라우트를 클릭하고 브라우저의 뒤로 가기 버튼을 클릭하면 아무런 일도 발생하지 않습니다. 실제로는 페이지가 이동하지 않고 라우터의 이전 상태만 나오기 때문입니다. 이를 개선하려면 [예 3-15]처럼 브라우저의 popstate 이벤트를 리스닝하고 올바른 콘텐츠를 렌더링해야 합니다.

**예 3-15 popstate 이벤트 리스닝**

```
window.addEventListener('popstate', () => {
  navigate(window.location.pathname, false);
});
```

이제 사용자가 뒤로 가기 버튼을 클릭하면 브라우저가 popstate 이벤트를 발생시킵니다. 페이지의 URL도 이전 상태로 돌아가는데, 이에 일치하는 라우트의 콘텐츠를 검색해야 합니다. 이때 pushState를 호출하면 안 됩니다. pushState를 호출하면 새로운 히스토리 상태가 추가되는데, 지금 막 스택에 있는 마지막 히스토리 상태를 가져온 우리가 원하는 동작은 아닐 것입니다.

**설명** 이 절에서 만든 클라이언트 측 라우터는 잘 동작하지만 문제가 하나 있습니다. About 링크를 클릭하고 새로 고침 버튼을 클릭하면 브라우저가 새로운 네트워크 요청을 만드는데, 결과적으로는 404 에러가 나타날 것입니다. 이 문제를 해결하려면 서버의 설정을 수정하여 URL의 경로에 상관없이 항상 메인 HTML과 자바스크립트가 반환되도록 해야 합니다. window.location.pathname과 함께 라우터를 실행하는 설정이 올바르게 되었다면 클라이언트 측 라우트 핸들러가 적절한 콘텐츠를 올바르게 렌더링할 것입니다.

클라이언트 측 라우팅을 사용하면 서버와 통신을 하지 않으므로 여러 페이지를 더 빠르게 탐색할 수 있습니다. 페이지 탐색이 더 부드러워지고, 반응성도 더 좋아집니다. 물론 단점도 있습니다. 빠른 페이지 전환을 지원하려면 많은 양의 자바스크립트를 추가로 읽어 들여야 하므로 초기 페이지 로딩이 더 느려질 수 있습니다.

## 3.6 패턴에 일치하는 URL 찾기

**문제** 유효한 URL의 패턴을 정의하여 일치하는 URL을 찾고 싶습니다. URL의 경로 중 특정 부분만 가져오고 싶습니다. 예를 들어 *https://example.com/api/users/123/profile*이라는 URL이 있다면, 사용자 아이디에 해당하는 123만 추출하고 싶습니다.

**해결** URL Pattern API를 사용하여 패턴을 정의하고 원하는 부분을 추출하세요.

**노트** 이 API를 지원하지 않는 브라우저가 있을 수 있습니다. Can I Use[4]에서 가장 최신 호환성 정보를 확인하세요.

---

**4** 역자주_ *https://caniuse.com/mdn-api_urlpattern*

이 API를 사용하면 패턴을 정의하고 일치하는 URL을 찾을 수 있는 URLPattern 객체를 생성할 수 있습니다([예 3-16] 참고). 패턴 객체는 일치할 패턴을 정의하는 문자열과 함께 생성합니다. 문자열은 이름이 붙은 그룹도 포함할 수 있습니다. 이 그룹은 URL에서 일치하는 부분이 발견되었을 때 추출할 수 있고, 추출된 값은 각 그룹의 인덱스를 통해 접근할 수 있습니다. 이는 마치 정규표현식의 캡처링 그룹 capturing group[5] 과도 비슷합니다.

**예 3-16** URLPattern 생성

```
const profilePattern = new URLPattern({ pathname: '/api/users/:userId/profile' });
```

[예 3-16]은 `userId`라는 이름이 붙은 그룹이 한 개 포함된 단순한 URL 패턴을 보여줍니다. 그룹의 이름은 콜론 문자(:)로 시작합니다. 이 패턴 객체를 사용해 URL이 일치하는지 확인하고, 일치하는 URL에서는 사용자 아이디 부분을 추출할 수 있습니다. [예 3-17]은 `profilePattern`의 `test` 메서드를 사용하여 여러 URL을 확인하는 방법을 보여줍니다.

**예 3-17** 패턴을 사용한 URL 테스트

```
// 경로만 있는 문자열에는 일치하지 않으므로 반드시 전체 URL을 전달해야 한다.
console.log(profilePattern.test('/api/users/123/profile'));

// pathname이 패턴에 일치하므로 일치하는 것으로 확인된다.
console.log(profilePattern.test('https://example.com/api/users/123/profile'));

// URL 객체에도 사용할 수 있다.
console.log(profilePattern.test(new URL ('https://example.com/api/users/123/profile')));

// pathname이 정확하게 일치하지 않으므로 일치하지 않는 것으로 확인된다.
console.log(profilePattern.test('https://example.com/v1/api/users/123/profile'));
```

profilePattern에는 일치할 정확한 pathname이 설정되어 있으므로 [예 3-17]의 마지막 예시는 동작하지 않습니다. 와일드카드 문자(*)를 사용하면 조금 덜 엄격한 패턴으로 정의되어 정확하게 일치하지 않아도 됩니다. 새롭게 작성한 패턴을 사용하면 경로가 일부만 일치해도 됩니다.

---

5 역자주_ 정규표현식 /a(b¦c)/가 있다고 하면, 일치하는 값을 따로 추출할 수 있도록 괄호로 묶은 (b¦c)를 캡처링 그룹이라고 합니다. 최신 브라우저에서는 /a(?<second>b¦c)/과 같이 이름이 붙은 캡처링 그룹도 사용할 수 있습니다.

**예 3-18 와일드카드를 포함한 패턴 사용**

```
const wildcardProfilePattern = new URLPattern ({ pathname: '/*/api/users/:userId/
profile' });
// URL의 /v1 부분이 와일드카드에 일치하는 것으로 간주되어 아래 URL도 패턴에 일치한다.
console.log(wildcardProfilePattern.test
('https://example.com/v1/api/users/123/profile'));
```

패턴의 exec 메서드를 사용하면 일치에 관해 더 많은 데이터를 가져올 수 있습니다. 패턴이 URL에 일치할 때 exec는 URL의 각 부분의 일치 정보를 포함하는 객체를 반환합니다. 각 중첩된 객체의 input 프로퍼티는 URL에서 일치하는 부분의 문자열을 의미하고, groups 프로퍼티는 패턴에 정의된 이름 붙은 그룹을 포함합니다.

[예 3-19]처럼 exec를 사용하면 일치하는 URL에서 사용자 아이디를 추출할 수 있습니다.

**예 3-19 사용자 아이디 추출**

```
const profilePattern = new URLPattern({ pathname: '/api/users/:userId/profile' });

const match = profilePattern.exec('https://example.com/api/users/123/profile');
console.log(match.pathname.input); // '/api/users/123/profile'
console.log(match.pathname.groups.userId); // '123'
```

**설명** URL Pattern API는 아직 모든 브라우저가 지원하는 API는 아니지만 굉장히 유연하게 사용할 수 있는 API입니다. URL의 어떤 부분이든지 패턴으로 만들어서 입력된 값을 확인하고 필요한 정보를 추출할 수 있습니다.

CHAPTER 4

# 네트워크 요청

## 4.0 소개

오늘날 네트워크 요청을 전송하지 않는 웹 애플리케이션을 찾기란 매우 어려운 일입니다. 웹 2.0과 Ajax<sup>Asynchronous JavaScript and XML</sup>(비동기 자바스크립트와 XML)[1]라는 새로운 접근 방식 덕분에 웹 애플리케이션은 전체 페이지를 새로 고침하지 않고도 비동기 요청을 보내고 새 데이터를 가져올 수 있습니다. XMLHttpRequest API는 인터랙티브 자바스크립트 애플리케이션의 새 시대를 열었습니다. 이름과는 다르게 XMLHttpRequest(줄여서 XHR)는 JSON이나 폼 데이터와도 잘 동작합니다.

XMLHttpRequest는 본래 게임 체인저<sup>game changer</sup>였지만, XHR의 API는 사용하기 힘들었습니다. 결국 XHR API를 래핑하고 간소화한 Axios나 jQuery와 같은 서드파티 라이브러리가 등장했습니다.

2015년에 Fetch라는 새로운 Promise 기반 API가 표준이 되었고, 브라우저들은 점진적으로 이 API를 지원했습니다. 오늘날 Fetch는 웹 애플리케이션에서 비동기 요청을 작성하는 표준적인 방법으로 자리잡았습니다.

이 장에서는 XHR과 Fetch는 물론 다음과 같은 네트워크 커뮤니케이션 API를 살펴보겠습니다.

---

[1] 역자주_ 두문자어(acronym)이기 때문에 AJAX로 표기하기도 합니다. 발음은 '에이잭스'로 읽습니다.

- **비콘**Beacon

    분석 데이터를 전송하기 위한 단방향 POST 요청

- **서버 전송 이벤트**Server-sent event

    실시간 이벤트를 받기 위한 서버와의 단방향 지속 연결

- **웹소켓**WebSocket

    양방향 커뮤니케이션을 위한 양방향 지속 연결

## 4.1 XMLHttpRequest를 사용한 요청 전송

**문제** 공개 API에 GET 요청을 전송하고 싶습니다. Fetch API를 구현하지 않은 구식 브라우저도 지원하고 싶습니다.

**해결** XMLHttpRequest API를 사용하세요. XMLHttpRequest는 비동기로 동작하는 이벤트 기반 API를 통해 네트워크 요청을 합니다. XMLHttpRequest의 일반적인 사용법은 다음과 같습니다.

1. 새로운 XMLHttpRequest 객체를 생성합니다.
2. 응답 데이터를 받는 load 이벤트에 리스너를 추가합니다.
3. 요청 객체의 open을 호출하면서 HTTP 메서드와 URL을 전달합니다.
4. 끝으로 요청 객체에 send를 하면 HTTP 요청이 전송됩니다.

[예 4-1]은 XHR을 사용하여 JSON 데이터를 다루는 간단한 예시입니다.

예 4-1 XMLHttpRequest를 사용한 GET 요청

```
/**
 * /api/users URL에서 사용자 데이터를 읽고 콘솔에 출력한다.
 */
function getUsers() {
  const request = new XMLHttpRequest();

  request.addEventListener('load', event => {
    // 이벤트의 대상(target)은 XHR 객체 그 자체이다.
```

```
    // 이 객체의 responseText 프로퍼티에 저장된 JSON 텍스트를 사용해
    // 자바스크립트 객체를 만들 수 있다.
    const users = JSON.parse(event.target.responseText);
    console.log('사용자 정보:', users);
  });

  // 요청에서 발생할 수 있는 에러를 처리한다.
  // 단, 이 이벤트는 네트워크 에러만 처리한다.
  // 요청이 404와 같은 에러 상태를 반환할 때는
  // load 이벤트가 발생하므로 해당 이벤트 핸들러에서 상태 코드를 확인할 수 있다.
  request.addEventListener('error', err => {
    console.log('에러!', err);
  });

  request.open('GET', '/api/users');
  request.send();
}
```

**설명** XMLHttpRequest API는 이벤트 기반의 API입니다. 응답을 받으면 load 이벤트가 발생합니다. [예 4-1]에서 load 이벤트 핸들러는 응답 텍스트를 그대로 JSON.parse에 전달합니다. 응답 본문이 JSON이라고 가정하고 JSON.parse를 사용해 JSON 문자열을 객체로 변환합니다.

데이터를 읽어 오는 중에 에러가 발생하면 error 이벤트가 발생합니다. 이 이벤트는 접속 에러 또는 네트워크 에러를 다룹니다. 하지만 404나 500처럼 '에러'로 취급되는 HTTP 상태 코드는 error 이벤트를 발생시키지 않고, 대신 load 이벤트가 발생합니다.

이러한 에러를 올바르게 취급하려면 응답 객체의 status 프로퍼티를 살펴보고 에러가 있었는지 아닌지 확인해야 합니다. 이 값은 event.target.status를 참조해도 확인할 수 있습니다.

Fetch는 꽤 오래 전부터 지원되기 시작했으므로 정말 오래된 브라우저까지 지원해야 하는 경우만 아니라면 굳이 XMLHttpRequest를 사용할 필요가 없습니다. 대부분의 경우에는 Fetch API를 사용하는 것이 좋습니다.[2]

---

2 역자주_ XHR에 있는 두 가지 기능을 Fetch API가 지원하지 않아서 XHR을 사용하기도 합니다. 바로 전송 중단 기능과 업로드 진행 상태 추적 기능입니다. 전송 중단 기능은 AbortController가 도입되면서 가능해졌지만, 여전히 업로드 진행 상태는 XHR의 progress 이벤트를 통해서만 추적할 수 있습니다.

## 4.2 Fetch API를 사용한 GET 요청 전송

**문제** 최신 웹 브라우저를 사용하여 공개 API에 GET 요청을 전송하고 싶습니다.

**해결** Fetch API를 사용하세요. Fetch는 `Promise`를 사용하는 더 새로운 요청 API로, 매우 유연하며 모든 종류의 데이터를 전송할 수 있습니다. [예 4-2]에서는 기본적인 GET 요청을 보내고 있습니다.

**예 4-2** Fetch API를 사용한 GET 요청 전송

```
/**
 * /api/users API를 호출하여 사용자 정보를 읽고 응답을 파싱한다.
 * @returns API가 반환하는 사용자 목록 배열을 해결하는 Promise
 */
function loadUsers() {
  // 요청을 생성한다.
  return fetch('/api/users')
    // 응답 본문을 객체로 파싱한다.
    .then(response => response.json())
    // 에러를 처리한다. 네트워크 에러와 JSON 파싱 에러를 처리한다.
    .catch(error => console.error('fetch 에러:', error.message));
}

loadUsers().then(users => {
  console.log('사용자 목록:', users);
});
```

**설명** Fetch API는 더 간략합니다. 이 API는 HTTP 응답이 나타내는 객체를 해결하는 `Promise`를 반환합니다. 응답 객체에는 상태 코드, 헤더$^{header}$, 본문$^{body}$과 같은 정보가 포함되어 있습니다.

JSON 응답 본문을 구하려면 응답의 `json` 메서드를 호출해야 합니다. 이 메서드는 스트림에서 본문을 읽고 객체로 파싱된 JSON 본문을 해결하는 `Promise`를 반환합니다. 응답 본문이 올바르지 않은 JSON이라면 `Promise`가 거부됩니다.

응답에는 `FormData`나 평범한 텍스트처럼 JSON이 아닌 본문을 읽는 메서드도 있습니다.

Fetch는 Promise와 함께 동작하기 때문에 [예 4-3]처럼 await도 사용할 수 있습니다.

예 4-3 Fetch와 async/await 사용

```javascript
async function loadUsers() {
  try {
    const response = await fetch('/api/users');
    return response.json();
  } catch (error) {
    console.error('사용자를 읽는 중 에러 발생:', error);
  }
}

async function printUsers() {
  const users = await loadUsers();
  console.log('사용자 목록:', users);
}
```

> **노트** 함수 내에서 await 키워드를 사용하려면 먼저 함수가 async 키워드와 함께 선언되어야 합니다.

## 4.3 Fetch API를 사용한 POST 요청 전송

**문제** JSON 요청 본문을 받는 API에 POST 요청을 전송하고 싶습니다.

**해결** Fetch API를 사용하되, 사용할 메서드(POST), JSON 본문과 콘텐츠 타입을 설정하세요([예 4-4] 참고).

예 4-4 Fetch API를 사용하여 POST 방식으로 JSON 데이터를 전송하기

```javascript
/**
 * /api/users로 POST 요청을 전송하여 새로운 사용자를 생성한다.
 * @param firstName 사용자의 성
 * @param lastName 사용자의 이름
 * @param department 사용자의 부서
 * @returns API 응답 본문을 해결하는 Promise
 */
```

```
function createUser(firstName, lastName, department) {
  return fetch('/api/users', {
    method: 'POST',
    body: JSON.stringify({ firstName, lastName, department }),
    headers: {
      'Content-Type': 'application/json'
    }
  })
    .then(response => response.json());
}

createUser('John', 'Doe', 'Engineering')
.then(() => console.log('사용자가 생성되었습니다!'))
.catch(error => console.error('사용자를 생성하는 중 에러가 발생했습니다:', error));
```

**설명** [예 4-4]는 POST 요청을 통해 JSON 데이터를 전송합니다. 사용자 객체에 `JSON.stringify`를 호출하면 `fetch`로 전송할 때 본문으로 사용할 수 있는 형태인 JSON 문자열로 변환됩니다. 또한 요청 본문을 어떻게 다루어야 할지 서버에게 알려주기 위해 `Content-Type` 헤더도 설정해야 합니다.

JSON이 아닌 다른 자료형도 `fetch`의 본문으로 사용할 수 있습니다. [예 4-5]에서는 POST 요청을 통해 폼 데이터를 전송하고 있습니다.

**예 4-5** POST 요청을 통한 폼 데이터 전송

```
fetch('/login', {
  method: 'POST',
  body: 'username=sysadmin&password=password',
  headers: {
    'Content-Type': 'application/x-www-form-urlencoded;charset=UTF-8'
  }
})
  .then(response => response.json())
.then(data => console.log('로그인 됐습니다!', data))
.catch(error => console.error('요청에 실패했습니다:', error));
```

## 4.4 Fetch API를 사용한 파일 업로드

**문제** Fetch API를 사용하여 POST 요청과 함께 파일 데이터를 업로드하고 싶습니다.

**해결** `<input type="file">` 엘리먼트를 사용하고, 파일의 콘텐츠를 요청 본문으로 전송하세요([예 4-6] 참고).

예 4-6 Fetch API를 사용한 파일 데이터 전송

```
/**
 * 'file' 입력이 있는 폼을 전달받으면
 * 해당 파일을 본문으로 하는 POST 요청을 전송한다.
 * @param form 폼 객체 ('file'이라는 이름의 파일 입력이 있어야 한다)
 * @returns 수신한 응답 JSON을 해결하는 Promise
 */
function uploadFile(form) {
  const formData = new FormData(form);
  const fileData = formData.get('file');
  return fetch('https://httpbin.org/post', {
    method: 'POST',
    body: fileData
  })
    .then(response => response.json());
}
```

**설명** 최신 웹 브라우저 API를 사용하면 파일 업로드에 많은 단계가 필요하지 않습니다. `<input type="file">`은 FormData API를 통해 파일 데이터를 제공하며, 이 데이터는 POST 요청의 본문에 포함될 수 있습니다. 그 다음 일은 브라우저가 알아서 처리할 것입니다.

## 4.5 비콘 전송

**문제** 응답을 기다리지 않고 빠르게 요청을 보내고 싶습니다. 예를 들어 분석 데이터를 전송하는 용도로 사용할 수도 있습니다.

**해결** Beacon API(비콘 API)를 사용하여 POST 형식의 데이터를 전송하세요. Fetch API를 사용한 일반적인 POST 요청은 페이지를 떠나기 전에 완료되지 않을 수도 있습니다. 비콘을 사용하면 이 동작을 더 잘 수행할 수 있습니다([예 4-7] 참고). 브라우저가 응답을 기다리지 않으므로, 사용자가 사이트를 떠나는 순간 전송된 요청도 성공적으로 완료할 수 있습니다.

예 4-7 비콘 전송

```
const currentUser = {
  username: 'sysadmin'
};

// 보관하고 싶은 분석 데이터
const data = {
  user: currentUser.username,
  lastVisited: new Date()
};

// 사용자가 떠나기 전에 데이터를 전송
document.addEventListener('visibilitychange', () => {
  // 가시성(visibility) 상태가 'hidden'이면 이 페이지가 지금 막 숨겨졌다는 의미다.
  if (document.visibilityState === 'hidden') {
    navigator.sendBeacon('/api/analytics', JSON.stringify(data));
  }
});
```

---

### 비콘의 안정성에 관한 주의

과거에는 통계 비콘을 전송하기 위해 `beforeunload` 또는 `unload` 이벤트를 사용할 것을 권장했지만 이 방식은 꽤 자주 불안정하게 동작합니다. 대신 오늘날 MDN과 같은 많은 사이트에서는 `visibilitychange` 이벤트를 사용하라고 권장합니다.

---

**설명** XMLHttpRequest나 `fetch`를 호출하면 웹 브라우저는 응답을 기다렸다가 이벤트 또는 `Promise` 형태로 반환합니다. 분석 데이터를 전송하는 등의 일방적인 요청은 대체로 응답을 기다릴 필요가 없습니다.

navigator.sendBeacon은 Promise를 반환하지 않는 대신 불리언 값을 반환합니다. 이 값은 전송 동작의 예약 여부를 알려줍니다. 다른 이벤트나 알림은 지원하지 않습니다.

navigator.sendBeacon은 언제나 POST 요청만 전송합니다. 다양한 사용자 인터페이스의 인터랙션 정보와 같이 여러 분석 데이터를 보내고 싶다면, 사용자가 웹 페이지를 사용하는 동안 사용 정보를 배열로 묶은 다음 배열을 POST 요청의 본문으로 사용하여 비콘을 통해 보내면 됩니다.

## 4.6 서버 전송 이벤트로 원격 이벤트 리스닝하기

**문제** 반복해서 폴링polling[3]하지 않고도 백엔드 서버에서 알림을 받고 싶습니다.

**해결** EventSource API(이벤트 소스 API)를 사용하여 서버 전송 이벤트server-sent events(SSE)를 수신하세요.

SSE를 리스닝하려면 새로운 EventSource 인스턴스를 생성하면서 URL을 첫 번째 인수로 전달하면 됩니다([예 4-8] 참고).

**예 4-8** SSE 접속 열기

```
const events = new EventSource('https://example.com/events');

// 연결이 이루어지면 발생하는 이벤트
events.addEventListener('open', () => {
  console.log('연결이 열렸습니다');
});

// 연결 에러가 있을 때 발생하는 이벤트
events.addEventListener('error', event => {
  console.log('에러 발생:', event);
});

// 'heartbeat' 타입의 이벤트를 수신할 때 발생
```

---

3 역자주_ 웹 API가 지금처럼 발달하기 전에는 실시간 통신을 흉내내기 위해, 예를 들면 실시간 채팅을 만들 때 지속적으로 서버에 요청을 보내고 데이터를 받아오는 방법으로 구현했습니다. 이렇게 데이터를 가져오는(poll) 방식을 '폴링'이라고 합니다.

4장 네트워크 요청    **77**

```
  events.addEventListener('heartbeat', event => {
    console.log('heartbeat 수신:', event.data);
  });

  // 'notice' 타입의 이벤트를 수신할 때 발생
  events.addEventListener('notice', event => {
    console.log('notice 수신:', event.data);
  })

  // EventSource는 연결을 열어 둔 채로 둔다. 연결을 닫으려면,
  // EventSource 객체의 close 메서드를 호출해야 한다.
  function cleanup() {
    events.close();
  }
```

**설명** EventSource는 Content-Type 헤더의 값이 text/event-stream일 때 연결을 열어 둔 채로 두는 특수한 HTTP 엔드포인트endpoint[4]에 접속해야 합니다. 이벤트가 발생하면 서버는 열려 있는 연결을 통해 새로운 메시지를 브라우저로 보낼 수 있습니다.

> **노트** MDN에서 지적한 바와 같이 SSE는 HTTP/2와 함께 사용하도록 강력하게 권장됩니다. HTTP/2를 사용하지 않으면 브라우저는 도메인별로 가질 수 있는 EventSource 접속 개수에 제한이 걸립니다. 이 경우 최대 6개의 접속까지만 허용됩니다. 이는 탭별 제한이 아니라 특정 도메인에 해당하는 모든 탭의 접속을 모두 합한 개수라는 점에 주의하세요.

EventSource가 계속 연결을 유지한 채 이벤트를 수신하는 경우, 수신된 데이터는 평범한 텍스트입니다. 그리고 수신한 이벤트 객체의 data 프로퍼티에서 이벤트 텍스트를 가져올 수 있습니다. 다음은 notice 타입 이벤트의 예시입니다.

```
event: notice
data: Connection established at 10:51 PM, 2023-04-22
id: 3
```

이 이벤트를 리스닝하려면 EventSource 객체에서 addEventListener('notice')를 호출해

---

[4] 역자주_ 웹 브라우저와 같은 클라이언트가 서버에서 원하는 정보를 가져오거나 보낼 수 있는 URL입니다. 예를 들어, *https://example.com/api/users*는 사용자 정보를 요청하는 엔드포인트입니다.

야 합니다. 이벤트 객체에는 data 프로퍼티가 있는데, 이 프로퍼티의 값은 data:를 접두어로 사용하는 문자열입니다.

이벤트 타입이 없는 이벤트는 일반적인 message 이벤트를 사용하여 수신할 수 있습니다.

## 4.7 웹소켓을 통한 실시간 데이터 교환

**문제** Fetch 요청을 통해 반복적으로 서버를 폴링하지 않고도 실시간으로 데이터를 주고받고 싶습니다.

**해결** 웹소켓 API<sup>WebSocket API</sup>를 사용하여 백엔드 서버와 계속 유지되는 연결을 만드세요([예 4-9] 참고).

**예 4-9 웹소켓 연결 생성**

```javascript
// 웹소켓 접속을 연다. URL 스키마는 ws: 또는 wss: 여야 한다.
const socket = new WebSocket(url);
socket.addEventListener('open', onSocketOpened);
socket.addEventListener('message', handleMessage);
socket.addEventListener('error', handleError);
socket.addEventListener('close', onSocketClosed);
function onSocketOpened() {
  console.log('소켓 준비 완료');
}
function handleMessage(event) {
  console.log('메시지 수신:', event.data);
}
function handleError(event) {
  console.log('소켓 에러:', event);
}
function onSocketClosed() {
  console.log('접속이 종료됨');
}
```

> **노트** 웹소켓을 사용하려면 접속하는 서버에 웹소켓을 지원하는 엔드포인트가 있어야 합니다. MDN에서 웹소켓 서버를 만드는 방법[5]에 관한 문서를 볼 수 있습니다.

소켓에 open 이벤트가 발생한 후에는 [예 4-10]과 같이 메시지를 전송할 수 있습니다.

**예 4-10 웹소켓 메시지 전송**

```
// 메시지는 단순 문자열이다.
socket.send('Hello');

// 소켓의 데이터는 문자열이어야 하므로
// 전송할 객체는 JSON.stringify 등으로 직렬화해야 한다.
socket.send(JSON.stringify({
  username: 'sysadmin',
  password: 'password'
}));
```

웹소켓 연결은 양방향 연결입니다. 서버에서 데이터를 받으면 message 이벤트가 발생합니다. 필요에 따라 이 메시지를 처리하거나 서버로 응답을 보낼 수 있습니다([예 4-11] 참고).

**예 4-11 웹소켓 메시지에 응답하기**

```
socket.addEventListener('message', event => {
  socket.send('ACKNOWLEDGED');
});
```

끝으로 모든 작업을 마친 뒤 정리를 위해 웹소켓 객체의 close를 호출하여 연결을 종료합니다.

**설명** 웹소켓은 채팅이나 시스템 모니터링과 같이 실시간 기능이 필요한 애플리케이션에 매우 적합합니다. 웹소켓 엔드포인트는 ws:// 또는 wss:// 스키마를 가집니다. 두 스키마는 마치 http://와 https://의 관계처럼 각각 보안이 되지 않은 것과 암호화를 사용하는 것으로 구분됩니다.

브라우저는 먼저 웹소켓 엔드포인트로 GET 요청을 전송하여 웹소켓 연결을 초기화합니다. 예

---

[5] 역자주_ https://developer.mozilla.org/en-US/docs/Web/API/WebSockets_API/Writing_WebSocket_servers

를 들어 wss://example.com/websocket로 보내는 요청은 다음과 같습니다.

```
GET /websocket HTTP/1.1
Host: example.com
Sec-WebSocket-Key: aSBjYW4gaGFzIHdzIHBsej8/
Sec-WebSocket-Version: 13
Connection: Upgrade
Upgrade: websocket
```

이 요청은 웹소켓 핸드셰이크handshake[6]를 초기화합니다. 성공적으로 완료되면 서버는 101 상태 코드(프로토콜 전환Switching Protocols)와 함께 응답합니다.

```
HTTP/1.1 101 Switching Protocols
Connection: Upgrade
Upgrade: websocket
Sec-WebSocket-Accept: bm8gcGVla2luZywgcGxlYXNlIQ==
```

웹소켓 프로토콜은 Sec-Websocket-Accept 헤더를 알고리듬에 따라 생성하는데, 이때는 요청의 Sec-WebSocket-Key에 설정된 키를 기반으로 합니다. 클라이언트가 이 값을 검증하고 나면 이 시점에서 양방향 웹소켓 연결이 활성화되고 소켓에서 open 이벤트가 발생합니다.

연결이 열리면 message 이벤트를 리스닝하여 메시지를 가져올 수 있고, 소켓 객체의 send를 호출하여 메시지를 전송할 수 있습니다. 마지막으로 소켓 객체의 close를 호출하면 웹소켓 세션을 종료할 수 있습니다.

---

[6] 역자주_ 클라이언트와 서버가 서로 연결을 설정하고 통신 준비를 마치는 과정입니다.

CHAPTER 5

# IndexedDB

## 5.0 소개

2장에서는 로컬 스토리지나 세션 스토리지에 데이터를 저장하는 방법에 대해 다루었습니다. 웹 스토리지는 문자열 값이나 직렬화된 객체와 잘 동작하지만 검색이 용이하지 않고 객체를 JSON으로 직렬화해야 한다는 문제가 있습니다. IndexedDB(인덱스드DB) 데이터베이스는 관계형 데이터베이스의 테이블과 유사한 객체 저장소$^{object\ stores}$를 포함합니다. 각 객체 저장소는 검색을 더 효율적으로 수행할 수 있도록 특정 속성에 대한 인덱스$^{index}$를 저장합니다. 또한 버전 관리$^{versioning}$나 트랜잭션$^{transaction}$과 같은 고급 기능도 지원합니다.

### 객체 저장소와 인덱스

IndexedDB 데이터베이스는 한 개 이상의 객체 저장소를 포함합니다. 데이터를 추가하고 삭제하고 검색하는 모든 동작이 객체 저장소에서 이루어집니다. 객체 저장소는 데이터베이스에 저장된 자바스크립트 객체의 집합으로, 여기에 인덱스를 정의할 수 있습니다. 인덱스란 인덱스된 속성을 사용해 객체를 검색할 수 있도록 데이터베이스에 저장하는 추가 정보를 말합니다. 예를 들어 상품 정보를 저장하는 데이터베이스를 작성한다고 생각해 봅시다. 각 상품에는 제품 아이디 혹은 SKU 코드[1]와 같은 키가 포함됩니다. 이러한 키를 사용하면 데이터베이스에서 원

---

[1] 역자주_ 재고 관리 코드(Stock Keeping Unit)는 재고 관리 프로세스 전반에 걸쳐 고유한 상품을 추적할 때 사용하는 식별 코드, 재고 관리의 최소 단위(unit)입니다.

하는 상품을 빠르게 찾을 수 있습니다.

데이터를 가격으로 조회하고 싶다면 가격 속성의 인덱스를 만들어 가격을 기준으로 객체를 검색하면 됩니다. 이처럼 인덱스를 사용하면 특정한 가격 혹은 가격대를 설정할 수 있으며 해당하는 기록을 빠르게 찾을 수 있습니다.

## 키

저장소에서 객체는 저장소 내의 객체를 고유하게 식별하는 키를 포함합니다. 이는 관계형 데이터베이스의 기본 키 primary key와 비슷합니다. IndexedDB 객체 저장소의 키에는 두 종류가 있습니다.

인라인 키는 객체 그 자체에 정의되어 있습니다. 다음은 인라인 키를 포함한 할 일 항목입니다.

```
{
    // 여기서 id가 키이다.
    id: 100,
    name: '쓰레기 버리기',
    completed: false
}
```

여기서 키는 `id` 속성입니다. 위와 같은 객체 저장소에 새로운 할 일 항목을 추가할 때는 항목에 반드시 `id` 속성이 정의되어 있어야 합니다. 또한 객체 저장소를 새로 생성할 때도 `id`의 키 경로 key path를 설정해야 합니다. 이를 통해 IndexedDB는 인라인 키를 포함한 속성의 이름을 알 수 있습니다.

```
const todosStore = db.createObjectStore('todos', { keyPath: 'id' });
```

인라인 키를 사용하고 싶지만 키가 고유한지 걱정하고 싶지 않다면 자동 증분 auto-increment 키로 설정하면 됩니다.

```
const todosStore = db.createObjectStore(
  'todos',
  { keyPath: 'id', autoIncrement: true }
```

```
    );
```

외부 키<sup>out-of-line key</sup>는 객체 내부에 저장되지 않는 대신 객체를 새로 추가할 때 별도의 인수로 전달됩니다. 앞의 예시를 그대로 가져와 외부 키를 사용하는 할 일 항목을 작성하면 다음과 같습니다. 이때, 키 또는 id 속성은 객체 내부에 저장되지 않습니다.

```
const todo = {
  name: '쓰레기 버리기',
  completed: false
};

// 이후 할 일을 추가할 때
todoStore.add(todo, 100);
```

## 트랜잭션

IndexedDB의 동작은 트랜잭션<sup>transaction</sup>을 사용합니다. 트랜잭션은 하나의 작업 단위로서 함께 실행되어야 할 여러 데이터베이스 작업을 논리적으로 묶은 것입니다. 이는 데이터베이스에 있는 데이터의 무결성<sup>integrity</sup>을 보호합니다. 한 트랜잭션 내부에서 하나의 동작이라도 실패하면 해당 트랜잭션이 실패한 것으로 간주하고 이전에 완료되었던 모든 작업을 트랜잭션을 실행하기 전의 상태로 되돌립니다.

트랜잭션은 수행하려는 동작의 종류에 따라 읽기 전용<sup>read-only</sup>일 수도 있고 읽기 쓰기<sup>read-write</sup>가 모두 가능할 수도 있습니다. 트랜잭션은 IndexedDB 데이터베이스의 `transaction` 메서드를 호출하여 생성하는데, 이때 해당 트랜잭션에 사용될 객체 저장소의 이름과 트랜잭션 종류(`readonly` 또는 `readwrite`)를 전달합니다.

트랜잭션을 만들고 나면 필요한 객체 저장소의 참조를 얻을 수 있습니다. 이 참조를 사용해 데이터베이스 동작을 수행합니다. 여기서 수행되는 동작은 IndexedDB 요청을 반환합니다. IndexedDB 데이터베이스의 모든 읽기 동작과 쓰기 동작은 트랜잭션이 있어야 합니다.

## 요청

트랜잭션 내부에서 객체 저장소에 동작을 수행하면 `IDBRequest` 인터페이스를 구현한 요청 객체가 반환되고, 요청된 작업을 비동기적으로 수행하기 시작합니다.

작업이 완료되면 요청 객체가 success 이벤트에 결과를 전달하며 발생합니다. 예를 들어, query 동작의 success 이벤트는 전달받은 쿼리로 찾은 객체를 포함합니다.

[그림 5-1]은 IndexedDB 동작의 일반적인 흐름입니다. 트랜잭션을 만들고, 객체 저장소를 열고, 요청을 만들고, 이벤트를 리스닝합니다.

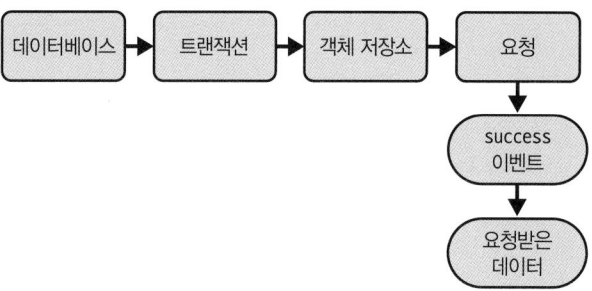

그림 5-1 IndexedDB 동작의 일부

## 5.1 데이터베이스의 객체를 만들고, 읽고, 삭제하기

**문제** 객체를 만들고 읽고 삭제할 수 있는 기본적인 IndexedDB 데이터베이스를 생성하려고 합니다. 연락처 데이터베이스가 한 가지 예가 될 수 있습니다.

**해결** 하나의 객체 저장소를 포함한 데이터베이스를 만들고 생성, 조회, 삭제 연산을 정의합니다.

새로운 데이터베이스를 만들거나 열려면 `indexedDB.open`을 호출합니다([예 5-1] 참고). 데이터베이스가 기존에 만들어져 있지 않았다면 `upgradeneeded` 이벤트가 발생합니다. 그럼 이 이벤트의 핸들러에서 객체 저장소를 만듭니다. 데이터베이스를 열고 사용할 준비가 되면 success 이벤트가 발생합니다.

**예 5-1** 데이터베이스 열기

```javascript
/**
 * 데이터베이스를 열고, 필요한 경우 객체 저장소를 생성한다.
 * 이 동작은 비동기로 이루어지므로
 * 콜백 함수와 onSuccess를 인수로 받는다.
 * 데이터베이스가 준비되면 onSuccess가 호출되고 데이터베이스 객체가 인수로 전달된다.
 *
 * @param onSuccess 데이터베이스가 준비될 때 실행될 콜백 함수
 */
function openDatabase(onSuccess) {
  const request = indexedDB.open('contacts');

  // 필요한 경우 객체 저장소를 생성한다.
  request.addEventListener('upgradeneeded', () => {
    const db = request.result;

    // 연락처 객체의 'id' 프로퍼티를 키로 사용한다.
    // 새로운 연락처 객체를 추가할 때 'id'를 추가하지 않아도 데이터베이스가
    // 자동으로 증가하는 값을 'id'로 설정한다.
    db.createObjectStore('contacts', {
      keyPath: 'id',
      autoIncrement: true
    });
  });

  // 데이터베이스를 사용할 준비가 되면 'success' 이벤트가 발생한다.
  request.addEventListener('success', () => {
    const db = request.result;

    // 주어진 콜백을 데이터베이스와 함께 호출한다.
    onSuccess(db);
  });

  // 오류는 빠짐없이 다루자!
  request.addEventListener('error', () => {
    console.error('데이터베이스를 여는 중 발생한 오류:', request.error);
  });
}
```

연락처를 렌더링하기 전에 먼저 데이터베이스에서 연락처 정보를 읽어 와야 합니다. 이를 위해 객체 저장소의 `getAll` 메서드를 호출하고 `readonly` 트랜잭션을 사용합니다. `getAll` 메서드를 사용하면 객체 저장소의 모든 객체를 가져옵니다.

예 5-2 연락처 읽기

```javascript
/**
 * 데이터베이스에서 연락처를 읽고 테이블에 렌더링한다.
 * @param contactsDb IndexedDB 데이터베이스
 * @param onSuccess 연락처를 읽어 들였을 때 실행할 콜백 함수
 */
function getContacts(contactsDb, onSuccess) {
  const request = contactsDb
    .transaction(['contacts'], 'readonly')
    .objectStore('contacts')
    .getAll();

  // 데이터를 읽어 들이면 request 객체에 'success' 이벤트가 발생한다.
  request.addEventListener('success', () => {
    console.log('가져온 연락처:', request.result);
    onSuccess(request.result);
  });

  request.addEventListener('error', () => {
    console.error('연락처를 읽는 중 발생한 오류:', request.error);
  });
}
```

연락처를 추가하는 작업에는 **readwrite** 트랜잭션이 필요합니다. 연락처 객체를 객체 저장소의 **add** 메서드에 전달합니다([예 5-3] 참고).

예 5-3 연락처 추가

```javascript
/**
 * 새 연락처를 데이터베이스에 추가한 후, 테이블을 다시 렌더링한다.
 * @param contactsDb IndexedDB 데이터베이스
 * @param contact 추가할 새 연락처 객체
 * @param onSuccess 연락처가 추가된 후 실행할 콜백 함수
 */
function addContact(contactsDb, contact, onSuccess) {
  const request = contactsDb
    .transaction(['contacts'], 'readwrite')
    .objectStore('contacts')
    .add(contact);

  request.addEventListener('success', () => {
    console.log('새 연락처 추가:', contact);
```

```
      onSuccess();
    });

    request.addEventListener('error', () => {
      console.error('연락처 추가 중 발생한 오류:', request.error);
    });
  }
```

연락처를 삭제할 때는 **readwrite** 트랜잭션이 필요합니다([예 5-4] 참고).

**예 5-4** 연락처 삭제

```
  /**
   * 연락처를 데이터베이스에서 제거한 후, 테이블을 다시 렌더링한다.
   * @param contactsDb IndexedDB 데이터베이스
   * @param contact 삭제할 연락처 객체
   * @param onSuccess 연락처를 삭제한 후 실행할 콜백 함수
   */
  function deleteContact(contactsDb, contact, onSuccess) {
    const request = contactsDb
      .transaction(['contacts'], 'readwrite')
      .objectStore('contacts')
      .delete(contact.id);

    request.addEventListener('success', () => {
      console.log('연락처 삭제됨:', contact);
      onSuccess();
    });

    request.addEventListener('error', () => {
      console.error('연락처 삭제 중 발생한 오류:', request.error);
    });
  }
```

**설명** 데이터베이스를 만들 때는 **indexedDB.open**을 호출하며, 이 메서드는 데이터베이스를 여는 요청을 생성합니다. **upgradeneeded** 이벤트가 발생하면 필요한 객체 저장소를 생성할 수 있습니다.

> ### IndexedDB 버전
>
> IndexedDB는 버전이 있는 데이터베이스라는 개념을 가지고 있습니다. 데이터베이스 스키마(IndexedDB에서는 객체 저장소와 인덱스의 집합)를 변경할 때는 기존 버전의 데이터베이스가 브라우저에 저장되어 있는 사용자를 고려해야 합니다.
>
> 이때 upgradeneeded 이벤트가 발생합니다. indexedDB.open을 호출할 때, 데이터베이스의 버전을 설정할 수 있습니다. 스키마를 수정할 때마다 버전 숫자가 증가합니다. 사용자의 데이터베이스가 더 오래된 버전이라면 IndexedDB가 upgradeneeded 이벤트를 발생시킵니다. 이 이벤트를 통해 사용자의 예전 데이터베이스 버전과 새로운 데이터베이스 버전 둘 다 알 수 있습니다. 이러한 정보를 사용하면 데이터베이스에서 변경해야 할 부분을 파악할 수 있습니다.
>
> 이는 사용자의 데이터를 손상시키지 않으면서 데이터베이스 설계를 개선해 나갈 수 있도록 해줍니다.

객체 저장소의 모든 객체는 고유한 키를 가지고 있어야 합니다. 중복된 키와 함께 객체를 추가하려고 하면 오류가 발생합니다.

다음과 같은 작업에서도 패턴은 대체로 같습니다.

1. 트랜잭션 생성
2. 객체 저장소 접근
3. 객체 스토어의 원하는 메서드 호출
4. success 이벤트 리스닝

이러한 기능을 담당하는 함수는 onSuccess라는 인수를 받습니다. IndexedDB는 비동기로 동작하기 때문에 다음 작업을 진행하려면 해당 작업이 완료될 때까지 기다려야 합니다. openDatabase 함수는 데이터베이스를 onSuccess 함수로 전달합니다. 이 함수 내에서 나중에 사용할 용도로 데이터를 저장해 둘 수 있습니다.

**예 5-5** openDatabase 함수 사용하기

```
let contactsDb;

// 데이터베이스를 열고 초기 연락처 목록을 렌더링한다.
// 성공시 실행될 콜백에서 나중에 사용할 수 있도록 새로운 데이터베이스를
// contactsDb로 설정한 다음, 연락처를 읽고 렌더링한다.
openDatabase(db => {
  contactsDb = db;
  renderContacts(contactsDb);
});
```

contactsDb 변수가 설정되고 나면, 이 값을 다른 데이터베이스 작업에 전달할 수 있습니다. 연락처 목록을 렌더링하려면 먼저 데이터를 읽어 들여야 하므로, 연락처 객체를 받아와서 렌더링하는 작업은 성공 시 실행되는 핸들러에서 다룹니다.

**예 5-6** 연락처를 읽고 렌더링하기

```
getContacts(contactsDb, contacts => {
  // 연락처를 모두 읽었으므로 이제 렌더링한다.
  renderContacts(contacts);
});
```

이와 비슷하게 연락처를 새로 추가할 때도 새 연락처 객체가 추가될 때까지 기다렸다가 연락처 목록을 다시 읽고, 업데이트된 목록을 렌더링해야 합니다([예 5-7] 참고).

**예 5-7** 연락처를 추가하고 렌더링하기

```
const newContact = { name: 'Connie Myers', email: 'cmyers@example.com' };
addContact(contactsDb, newContact, () => {
  // 연락처를 추가했으니, 이제 목록을 다시 읽고 렌더링한다.
  getContacts(contactsDb, contacts => {
    renderContacts(contacts);
  })
});
```

데이터베이스 참조를 계속 전달하는 것이 불편하다면 데이터베이스 참조와 함수를 [예 5-8]처럼 새로운 객체로 캡슐화할 수 있습니다.

예 5-8 데이터베이스 캡슐화

```javascript
const contactsDb = {
  open(onSuccess) {
    const request = indexedDB.open('contacts');

    request.addEventListener('upgradeneeded', () => {
      const db = request.result;
      db.createObjectStore('contacts', {
        keyPath: 'id',
        autoIncrement: true
      });
    });

    request.addEventListener('success', () => {
      this.db = request.result;
      onSuccess();
    });
  },

  getContacts(onSuccess) {
    const request = this.db
      .transaction(['contacts'], 'readonly')
      .objectStore('contacts')
      .getAll();

    request.addEventListener('success', () => {
      console.log('가져온 연락처:', request.result);
      onSuccess(request.result);
    });
  },
  // 필요한 다른 작업도 비슷하게 수행한다.
};
```

이 방식을 사용해도 작업 완료 알림을 받기 위한 콜백은 여전히 필요하지만 **contactsDb** 객체가 데이터베이스 참조를 관리해주기 때문에 전역 변수를 사용하지 않아도 됩니다.

## 5.2 기존 데이터베이스 업그레이드

**문제** 기존 데이터베이스를 업데이트하여 새 객체 저장소를 추가하고 싶습니다.

**해결** 새 데이터베이스 버전을 사용합니다. upgradeneeded 이벤트를 처리할 때, 버전을 확인하여 사용자의 현재 데이터베이스에 새 객체 스토어를 추가해야 하는지 결정할 수 있습니다.

예를 들어 할 일 목록 데이터베이스에 todos라는 객체 저장소가 있다고 생각해 봅시다. 시간이 흐른 뒤 애플리케이션을 업데이트할 때는 할 일에 할당된 사람을 나타내는 people이라는 객체 저장소를 새롭게 추가해야 합니다.

이제 indexedDB.open을 호출할 때 새 버전 번호를 전달합니다. 새로 증가된 버전 번호는 2라고 가정합니다([예 5-9] 참고).

**예 5-9 데이터베이스 업그레이드**

```
// 이제 todoList 데이터베이스의 버전은 2이다.
const request = indexedDB.open('todoList', 2);

// 사용자 데이터베이스의 버전이 아직 1이라면 'upgradeneeded' 이벤트가 발생하므로,
// 이를 통해 새 객체 저장소를 추가할 수 있다.
request.addEventListener('upgradeneeded', event => {
  const db = request.result;

  // 이 이벤트는 데이터베이스가 없을 때도 발생하기 때문에, 이 경우도 처리해야 한다.
  // 데이터베이스가 없을 때는 todos 객체 저장소를 추가한다.
  // oldVersion 프로퍼티는 사용자 데이터베이스의 현재 버전을 알려준다.
  // 데이터베이스를 막 새로 생성할 때는 oldVersion의 값이 0이 된다.
  if (event.oldVersion < 1) {
    db.createObjectStore('todos', {
      keyPath: 'id'
    });
  }

  // 데이터베이스를 아직 2 버전으로 업그레이드하지 않았다면,
  // 새 객체 저장소를 생성한다.
  if (event.oldVersion < 2) {
    db.createObjectStore('people', {
      keyPath: 'id'
    });
```

```
    }
  });

  request.addEventListener('success', () => {
    // 데이터베이스를 사용할 준비가 되었다.
  });

  // 오류가 발생하면 기록한다. 오류 정보 객체는 요청의 'error' 프로퍼티에 저장된다.
  request.addEventListener('error', () => {
    console.error('데이터베이스를 여는 중 발생한 오류:', request.error);
  });
```

**설명** indexedDB.open을 호출할 때 데이터베이스의 버전을 전달할 수 있습니다. 아무 버전도 전달하지 않으면 기본값인 1이 사용됩니다.

데이터베이스를 열 때는 브라우저에 있는 데이터베이스의 현재 버전을 indexedDB.open에 전달된 버전 번호와 비교합니다. 기존에 생성된 데이터베이스가 없거나 최신 버전이 아니라면 upgradeneeded 이벤트가 발생합니다.

upgradeneeded 이벤트 핸들러에서 event 객체의 oldVersion 프로퍼티를 통해 브라우저에 저장된 데이터베이스의 현재 버전을 알 수 있습니다. 기존에 생성된 데이터베이스가 없다면 oldVersion의 값은 0이 됩니다. 또한 oldVersion의 값에 기반하여 이미 추가된 객체 저장소와 인덱스를 알 수 있고 추가해야 할 것도 알 수 있습니다.

> **주의** 이미 존재하는 객체 저장소나 인덱스를 다시 생성하려고 하면 예외가 발생합니다. 따라서 이러한 객체를 생성하기 전에는 이벤트의 oldVersion 프로퍼티를 확인하는 편이 좋습니다.

## 5.3 인덱스 조회

**문제** 일반적으로 '기본 키primary key'라고 부르는 키가 아닌 다른 프로퍼티를 기반으로 데이터를 효율적으로 조회하고 싶습니다.

**해결** 해당 프로퍼티에 인덱스를 만든 다음, 그 인덱스를 사용해 조회하면 됩니다.

직원 데이터베이스 employees가 있다고 가정해 봅시다. 직원 개개인은 이름name, 부서department는 물론, 키로 사용할 고유한 아이디도 포함하고 있습니다. 이때 특정 부서의 직원만 조회해보겠습니다.

upgradeneeded 이벤트가 발생하면 객체 저장소를 생성하면서 여기에 인덱스를 정의할 수 있습니다([예 5-10] 참고). [예 5-11]은 정의한 인덱스를 사용해 데이터를 조회하는 방법입니다.

**예 5-10 객체 저장소를 생성할 때 인덱스 정의하기**

```javascript
/**
 * 데이터베이스를 열고, 필요한 경우 객체 저장소를 생성한다.
 * 데이터베이스가 준비되면 onSuccess가 호출되고 데이터베이스 객체가 인수로 전달된다.
 *
 * @param onSuccess 데이터베이스가 준비될 때 실행될 콜백 함수
 */
function openDatabase(onSuccess) {
  const request = indexedDB.open('employees');

  request.addEventListener('upgradeneeded', () => {
    const db = request.result;

    // 새 직원 객체에는 자동으로 생성된 'id' 프로퍼티가
    // 키로 사용된다.
    const employeesStore = db.createObjectStore('employees', {
      keyPath: 'id',
      autoIncrement: true,
    });

    // 'department' 프로퍼티에 대해 'department' 인덱스를 생성한다.
    employeesStore.createIndex('department', 'department');
  });

  request.addEventListener('success', () => {
    onSuccess(request.result);
  });
}
```

예 5-11 부서 인덱스를 사용해 직원 조회하기

```javascript
/**
 * 주어진 부서의 직원만 가져온다. 부서가 주어지지 않으면 모든 직원을 가져온다.
 *
 * @param department 조회할 부서 이름
 * @param onSuccess 직원 목록을 읽어 들였을 때 실행할 콜백 함수
 *
 */
function getEmployees(department, onSuccess) {
  const request = employeeDb
    .transaction(['employees'], 'readonly')
    .objectStore('employees')
    .index('department')
    .getAll(department);

  request.addEventListener('success', () => {
    console.log('가져온 직원 목록:', request.result);
    onSuccess(request.result);
  });

  request.addEventListener('error', () => {
    console.log('직원 목록을 읽는 중 발생한 오류:', request.error);
  });
}
```

**설명** IndexedDB 객체 저장소는 필요에 따라 한 개 이상의 인덱스를 가질 수 있습니다.

예시에서는 인덱스를 조회할 때 특정한 값을 사용했지만, 인덱스는 키의 범위로 조회할 수도 있습니다. 이러한 범위는 **IDBKeyRange** 인터페이스를 사용해 정의됩니다. 범위는 경계를 기준으로 정의되며, 시작값과 끝값을 설정하여 그 사이에 있는 모든 키를 반환합니다.

IDBKeyRange 인터페이스는 네 가지 유형의 범위를 사용할 수 있습니다.

- **IDBKeyRange.lowerBound**
  설정된 하한값에서 시작하는 키와 일치

- **IDBKeyRange.upperBound**
  설정된 상한값에서 끝나는 키와 일치

- **IDBKeyRange.bound**

    하한값과 상한값을 모두 설정

- **IDBKeyRange.only**

    특정한 키 하나만 설정

세 종류의 키 범위 `lowerBound`, `upperBound`, `bound`는 범위가 열려있는지 닫혀있는지 정하는 불리언 값을 두 번째 인수로 받습니다. 이 값이 `true`이면 열려있는 범위로 보고 경계값을 포함하지 않습니다. `IDBKeyRange.upperBound(10)`은 10보다 작거나 같은 모든 키에 일치하지만, `IDBKeyRange.upperBound(10, true)`는 경계값인 10을 제외하므로 10보다 작은 키에만 일치합니다. 키 범위의 경계값은 숫자가 아니어도 상관없습니다. 문자열이나 `Date`와 같은 숫자 외의 자료형도 키로 사용될 수 있습니다.

## 5.4 커서를 사용한 문자열 값 검색

> **문제** IndexedDB 객체 저장소에서 특정 패턴과 일치하는 문자열 속성을 가진 객체를 검색하고 싶습니다.

> **해결** 커서<sup>cursor</sup>를 사용해 각 객체의 프로퍼티가 주어진 문자열에 일치하는지 확인합니다.

직원 목록 애플리케이션을 떠올려 봅시다. 입력한 텍스트가 이름에 포함된 모든 직원을 찾고 싶습니다. 예시에서는 데이터베이스가 이미 열린 상태이며, 객체 저장소의 이름이 `employees`라고 가정합니다.

커서는 객체 저장소의 모든 객체를 차례로 훑습니다. 각 객체에서 멈춰 현재 항목에 접근하거나 다음 항목으로 이동할 수 있습니다. 이를 통해 검색 문자열이 이름에 포함되었는지 확인하고, 조건에 맞는 객체만 결과 배열에 저장할 수 있습니다([예 5-12] 참고).

**예 5-12** 커서를 사용한 문자열 값 검색

```
/**
 * 이름으로 직원을 검색한다.
 *
```

```
 * @param name 직원 이름 검색 문자열
 * @param onSuccess Success 해당하는 직원 목록을 받을 콜백
 */
function searchEmployees(name, onSuccess) {
  // 검색 문자열을 이름에 포함하는 모든 직원을 저장할 배열
  const results = [];

  const query = name.toLowerCase();

  const request = employeeDb
    .transaction(['employees'], 'readonly')
    .objectStore('employees')
    .openCursor();

  // 커서 요청에서는 발견한 객체마다 'success' 이벤트가 발생한다.
  request.addEventListener('success', () => {
    const cursor = request.result;
    if (cursor) {
      const name = `${cursor.value.firstName} ${cursor.value.lastName}`
      .toLowerCase();
      // 일치하는 직원은 결과 배열에 추가한다.
      if (name.includes(query)) {
        results.push(cursor.value);
      }

      // 다음 객체로 이동한다.
      cursor.continue();
    } else {
      onSuccess(results);
    }
  });

  request.addEventListener('error', () => {
    console.error('직원을 검색하는 중 오류 발생:', request.error);
  });
}
```

**설명** 객체 저장소의 openCursor를 호출하면 IDBRequest 요청 객체가 반환됩니다. 이 요청 객체는 객체 저장소의 첫 번째 데이터 객체에 대해 success 이벤트를 발생시킵니다. success 이벤트가 발생할 때마다 요청 객체의 result 프로퍼티를 통해 커서 객체를 가져올 수 있습니다. 커서가 가리키는 현재 값은 커서의 value 프로퍼티를 통해 접근할 수 있습니다.

success 핸들러는 현재 객체의 성(lastName)과 이름(firstName) 필드를 확인하고, 둘 다 소문자로 먼저 변환하여 대소문자를 구분하지 않는 검색을 수행합니다. 일치하는 이름이 발견되면 결과 배열에 해당 객체를 추가합니다.

현재 객체에 대해 작업을 완료한 후에는 커서 객체의 continue를 호출합니다. 그러면 다음 객체로 이동하고 다시 success 이벤트가 발생합니다. 객체 저장소의 끝에 이르러 남은 객체가 없으면 request.result는 null이 됩니다. 여기까지 오면 검색이 완료되어 일치하는 직원 정보가 구해졌을 것입니다.

커서의 회차마다 검색어와 일치하는 객체가 result라는 결과 배열에 추가됩니다. 이 결과 배열은 커서가 완료되었을 때 onSuccess 콜백 함수에 전달됩니다.

## 5.5 대규모 데이터 페이징

**문제** 대규모 데이터 집합을 여러 페이지로 나누고 각 페이지에 오프셋<sup>offset</sup>과 길이를 설정하고 싶습니다.

**해결** 커서를 사용해 요청받은 페이지의 첫 번째 항목 이전의 데이터는 건너뛰고, 요청받은 숫자만큼의 항목만 수집합니다([예 5-13] 참고).

**예 5-13** 커서를 사용하여 한 페이지의 객체만 가져오기

```
/**
 * 커서를 사용하여 IndexedDB 객체 저장소에서 한 '페이지'의 객체를 가져온다.
 *
 * @param db IndexedDB 데이터베이스 객체
 * @param storeName 객체 저장소의 이름
 * @param offset 시작 오프셋(0이면 첫 번째 항목)
 * @param length 오프셋 이후로 반환할 항목의 갯수
 */
function getPaginatedRecords(db, storeName, offset, length) {
  const request = db
    .transaction([storeName], 'readonly')
    .objectStore(storeName)
    .openCursor();
```

```
  const results = [];

  // 설정한 오프셋만큼 건너뛰었는지 확인하는 플래그
  let skipped = false;

  request.addEventListener('success', event => {
    const cursor = event.target.result;

    if (!skipped) {
      // 주어진 오프셋만큼 건너뛰고 플래그를 설정한다.
      // 다음 이벤트에서는 커서가 시작 위치에 있게 되고,
      // 데이터를 수집하기 시작한다.
      skipped = true;
      cursor.advance(offset);
    } else if (cursor && results.length < length) {
      // 커서가 현재 가리키고 있는 객체를 수집한다.
      results.push(cursor.value);

      // 다음 객체로 이동한다.
      cursor.continue();
    } else {
      // 더 이상 남은 객체가 없거나 설정한 크기를 모두 채운 경우
      console.log('가져온 데이터:', request.result);
    }
  });

  request.addEventListener('error', () => {
    console.error('데이터를 가져오는 중 오류 발생:', request.error);
  });
}
```

**설명** 항상 첫 번째 데이터부터 시작하지 않아도 됩니다. 이럴 때는 offset 인수를 사용합니다. 처음 데이터를 훑기 시작하면 이벤트 핸들러는 advance를 호출하며 요청받은 오프셋 값을 전달합니다. 이 메서드를 사용하면 커서는 시작 위치를 다른 곳으로 옮깁니다. 엄밀히 말하면 advance는 특정 오프셋으로 직접 이동하지 않고 현재 인덱스에서 전달받은 오프셋 숫자만큼 앞으로 이동할 뿐입니다. 하지만 이 예시에서 인덱스는 항상 0부터 시작하기 때문에 결과적으로는 같은 효과를 낳습니다.

값을 수집하려면 커서의 다음 반복 회차까지 기다려야 합니다. 이를 위해 커서가 이미 원하는

오프셋으로 건너 뛰었는지 확인하는 skipped 플래그가 사용됩니다. 다음 회차에서는 이 플래그가 true로 설정되어 있으므로 건너뛰는 작업을 반복하지 않습니다.

커서가 지정된 위치로 이동하고 나면 다시 success 이벤트가 발생합니다. 이번에는 커서가 첫 번째 수집 대상을 가리킵니다. 단, 이때 남은 항목이 없으면 cursor 객체는 null이 됩니다. 그럼 현재 값을 결과 배열에 추가하고 continue를 호출하여 커서를 다음 값으로 이동시킵니다.

이 과정은 결과 배열이 요청된 크기<sup>length</sup>에 도달하거나 객체 저장소에 더 이상 남은 항목이 없을 때까지 계속 반복됩니다. 저장소에 있는 객체 수보다 offset + length가 더 크다면 반복 수행됩니다.

원하는 만큼 모든 객체를 수집했다면, 결과 페이지가 준비됩니다.

## 5.6 IndexedDB API와 Promise 사용하기

**문제** IndexedDB 데이터베이스를 Promise 기반으로 다룰 수 있는 API가 필요합니다.

**해결** IndexedDB 요청을 감싸는 Promise 래퍼를 만드세요. 요청에서 success 이벤트가 발생하면 Promise를 해결하고, error 이벤트가 발생하면 Promise를 거부하세요.

[예 5-14]는 indexedDB.open 함수를 감싸는 래퍼를 생성합니다. 데이터베이스를 열거나 생성한 다음, 데이터베이스가 준비되었을 때 해결되는 Promise를 반환합니다.

예 5-14 Promise를 사용한 데이터베이스 생성

```
/**
 * 데이터베이스를 연다. 필요한 경우에는 새 객체 저장소를 작성한다.
 * @returns 데이터베이스로 해결되는 Promise. 오류가 발생하면 거부된다.
 */
function openDatabase() {
  return new Promise((resolve, reject) => {
    const request = indexedDB.open('contacts-promise');

    // 필요한 경우 객체 저장소를 생성한다.
    request.addEventListener('upgradeneeded', () => {
```

```
      const db = request.result;
      db.createObjectStore('contacts', {
        keyPath: 'id',
        autoIncrement: true
      });
    });

    request.addEventListener('success', () => resolve(request.result));
    request.addEventListener('error', () => reject(request.error));
  });
}
```

[예 5-15]에서는 데이터베이스에서 데이터를 읽어 들이기 위해 getAll의 래퍼를 만들었습니다. 이 래퍼에서 반환하는 Promise는 데이터를 읽어 들였을 때 연락처 객체와 함께 해결됩니다.

**예 5-15** Promise를 활용하여 스토어에서 객체 가져오기

```
/**
 * 데이터베이스에서 연락처를 읽는다.
 * @returns 연락처와 함께 해결되는 Promise. 오류가 발생하면 거부된다.
 */
function getContacts() {
  return new Promise((resolve, reject) => {
    const request = contactsDb
      .transaction(['contacts'], 'readonly')
      .objectStore('contacts')
      .getAll();

    request.addEventListener('success', () => {
      console.log('가져온 연락처:', request.result);
      resolve(request.result);
    });

    request.addEventListener('error', () => {
      console.error('연락처를 읽는 중 발생한 오류:', request.error);
      reject(request.error);
    });
  });
}
```

이제 Promise를 반환하는 API가 생겼습니다. 이를 활용하면 데이터베이스를 사용할 때 then 또는 async, await를 사용할 수 있습니다.

**예 5-16** Promise가 적용된 데이터베이스 사용

```
async function loadAndPrintContacts() {
  try {
    const db = await openDatabase();
    const contacts = await getContacts();
    console.log('가져온 연락처:', contacts);
  } catch (error) {
    console.error('오류:', error);
  }
}
```

**설명** Promise API를 async, await와 함께 사용하면 성공 시 처리할 콜백을 전달할 필요가 없습니다. 또한 [예 5-16]과 같이 Promise의 체이닝을 활용하면 중첩된 콜백과 이벤트 핸들러를 피할 수 있습니다.

CHAPTER 6

# DOM 엘리먼트 감시

## 6.0 소개

이 장에서는 DOM 엘리먼트를 감시할 용도로 브라우저에서 제공하는 세 가지 종류의 옵저버 observer를 알아보겠습니다. 세 옵저버는 각각 `MutationObserver`, `IntersectionObserver`, `ResizeObserver`이며 이들은 DOM 엘리먼트를 감시하고 변화나 이벤트가 발생했을 때 알려주는 역할을 합니다.

옵저버는 콜백 함수와 함께 생성합니다. 전달된 콜백 함수는 페이지 내에서 관련된 이벤트가 발생했을 때 호출되며, 발생한 이벤트에 관한 정보를 한 개 이상 포함한 인수가 전달됩니다. 객체로는 단순히 옵저버를 생성할 뿐입니다. 실제로 엘리먼트를 감시하려면 옵저버 객체의 `observe` 메서드를 호출하여 감시하고자 하는 엘리먼트를 인수로 전달해야 합니다. 필요한 경우에는 세부 설정 사항도 함께 전달합니다.

## MutationObserver

`MutationObserver`(뮤테이션 옵저버)는 DOM 내에 있는 엘리먼트의 변화를 감시합니다. 감시하는 변경 사항은 다음과 같습니다.

- 자식 엘리먼트
- 속성
- 텍스트 콘텐츠

브라우저가 감시할 대상은 observe 함수의 설정 객체 내부에 정의합니다. 함수를 호출할 때 subtree 옵션도 설정할 수 있는데, 이 옵션을 켜면 대상 엘리먼트를 자손 노드로 확대하여 자손 노드의 자식 노드, 속성, 텍스트 콘텐츠까지 모니터링합니다. 옵션을 전달하지 않은 상태의 기본값은 대상 엘리먼트와 직계 자식 노드만 감시합니다.

감시하고자 하는 변경 사항이 발생하면 변경 사항에 대한 정보를 포함하는 MutationEntry 객체의 배열을 인수로 하여 콜백이 실행됩니다.

## ResizeObserver

이름에서 짐작할 수 있듯이 ResizeObserver는 엘리먼트의 크기가 변경되었을 때 알려줍니다. 크기가 변경되면 콜백이 실행되며, 인수로는 변경된 엘리먼트에 대한 정보가 전달됩니다. 전달되는 정보에는 엘리먼트의 새로운 크기가 포함되어 있습니다.

## IntersectionObserver

IntersectionObserver는 뷰포트viewport에 대한 엘리먼트의 상대적인 위치를 감시합니다. 뷰포트는 스크롤이 되는 엘리먼트일 수도 있고, 브라우저 창이 될 수도 있습니다. 스크롤되는 영역 내부에 있는 자식 엘리먼트의 일부가 화면에 보이면 이를 조상 엘리먼트와 교차했다intersecting고 표현합니다. [그림 6-1]은 스크롤되는 페이지에 있는 여러 엘리먼트를 보여줍니다.

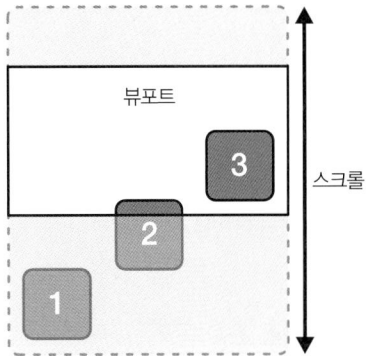

그림 6-1 엘리먼트 1은 교차하지 않고, 엘리먼트 2는 부분적으로 교차하며, 엘리먼트 3은 완전 교차합니다.

IntersectionObserver는 교차 비율이라는 개념을 사용합니다. 교차 비율은 루트와 대상 엘리먼트가 실제로 교차한 비율을 의미합니다. 대상 엘리먼트가 전부 완전하게 보일 때는 비율이 1입니다. 완전히 보이지 않으면 비율이 0입니다. 정확히 절반만 보이고, 절반이 보이지 않을 때는 비율이 0.5입니다. 현재 교차 비율은 콜백 함수에 전달되는 정보의 intersectionRatio 프로퍼티로 확인할 수 있습니다.

IntersectionObserver 인스턴스를 생성할 때 임곗값threshold을 설정할 수 있습니다. 이 값에 따라 옵저버는 이벤트 발생 시점을 결정합니다. 기본 임곗값은 0으로, 이는 엘리먼트의 일부가 단 한 픽셀이라도 화면에 보이면 옵저버가 즉시 이벤트를 발생시킨다는 의미입니다. 임곗값이 1이면 엘리먼트가 완전히 보일 때만 이벤트가 발생합니다.

## 6.1 이미지가 가시 영역에 있을 때 게으르게 로딩하기

> **문제** 이미지가 가시 영역에 나타날 때까지 로딩을 지연하고 싶습니다. 게으른 로딩lazy loading이라고 부르는 방법이기도 합니다.

**해결** IntersectionObserver를 대상 `<img>` 엘리먼트에 사용하고 뷰포트에 이미지 일부가 들어올 때까지 기다립니다. 뷰포트에 이미지가 들어오면 src 속성을 설정하여 이미지를 로딩합니다([예 6-1] 참고).

예 6-1 IntersectionObserver를 사용한 게으른 이미지 로딩

```
/**
 * 게으른 이미지 로딩을 위한 감시
 *
 * @param img 이미지 DOM 노드의 참조
 * @param url 로드할 이미지의 URL
 */
function lazyLoad(img, url) {
  const observer = new IntersectionObserver(entries => {
    // 이미지가 뷰포트에 들어오면 isIntersecting의 값이 true가 된다.
    // 이 시점에서 src의 URL를 설정하고 감시를 중단한다.
    if (entries[0].isIntersecting) {
      img.src = url;
```

```
      observer.disconnect();
    }
  });

  // 이미지 엘리먼트의 감시를 시작한다.
  observer.observe(img);
}
```

**설명** IntersectionObserver 인스턴스를 생성할 때, 콜백 함수를 전달합니다. 엘리먼트가 화면 안으로 들어오거나 화면 밖으로 나갈 때마다 옵저버가 콜백 함수를 호출하며, 대상 엘리먼트의 교차 상태에 관한 정보를 인수로 전달합니다.

옵저버는 여러 개의 엘리먼트를 동시에 감시하며 교차 여부를 확인할 수 있으므로 콜백에는 엘리먼트의 배열이 전달됩니다. [예 6-1]에서 옵저버는 한 개의 이미지 엘리먼트만 감시하기 때문에 배열에는 한 개의 엘리먼트만 있습니다.

여러 개의 엘리먼트가 동시에 화면 안으로 들어오거나 화면 밖으로 나가는 경우에는 엘리먼트마다 하나씩 정보가 생성됩니다.

isIntersecting 프로퍼티를 확인하면 언제 이미지를 로드해야 할지 알 수 있습니다. 이 프로퍼티의 값은 대상 엘리먼트의 일부가 화면에 나타날 때 true가 됩니다.

끝으로 옵저버 객체의 observe 함수를 호출하여 감시할 대상 엘리먼트를 옵저버에 알려주어야 합니다. 이 함수를 호출하면 대상 엘리먼트의 감시를 시작합니다.

스크롤을 아래로 충분히 내리면 엘리먼트가 뷰포트 영역 안으로 들어오고, 따라서 옵저버가 콜백을 호출합니다. 콜백은 이미지의 URL을 설정하고 disconnect를 호출하여 감시를 중단합니다. 이미지를 이미 로딩했으므로 계속 엘리먼트를 감시할 이유가 없기 때문입니다.

IntersectionObserver가 도입되기 전에는 이런 기능을 구현할 방법이 많지 않았습니다. 한 가지 방법은 대상 엘리먼트의 부모 엘리먼트의 스크롤 이벤트를 리스닝하고, 부모 엘리먼트의 경계 영역bounding rectangle과 자식 엘리먼트의 경계 영역을 비교하여 대상 엘리먼트가 뷰포트 안에 들어왔는지 계산하는 것이었습니다.

물론 이 방식은 성능이 그리 좋지 않았습니다. 대체로는 나쁜 방식으로 여겨지기도 했습니다. 따라서 스크롤할 때마다 콜백 함수가 실행되는 것을 방지하기 위해 스로틀throttle이나 디바운스debounce 같은 기능을 적용해야 했습니다.

---

**최신 브라우저의 게으른 로딩**

IntersectionObserver의 브라우저 지원은 매우 좋은 편이지만, 최신 브라우저를 대상으로 한다면 자바스크립트를 사용하지 않고도 게으르게 이미지 로딩을 적용할 수 있습니다.

최신 브라우저에서는 `<img>` 엘리먼트가 `loading` 속성을 지원합니다. 이 속성의 값이 `lazy`로 설정되어 있으면 이미지가 뷰포트에 들어서기 전에는 이미지를 로딩하지 않습니다.

```
<img src="/path/to/image.jpg" loading="lazy">
```

이미지의 `loading` 속성에 대한 브라우저의 최신 지원 현황은 Can I Use(*https://oreil.ly/coP8C*)에서 확인할 수 있습니다.

---

## 6.2 IntersectionObserver를 Promise로 감싸기

**문제** 엘리먼트가 처음 뷰포트 안에 들어왔을 때 해결되는 Promise를 생성하고 싶습니다.

**해결** IntersectionObserver를 Promise로 감쌉니다. 엘리먼트가 처음으로 부모와 교차하면 Promise를 해결합니다([예 6-2] 참고).

예 6-2 IntersectionObserver를 Promise로 감싸기

```
/**
 * 전달된 엘리먼트가 처음 뷰포트 안에 들어왔을 때 해결되는 Promise를 반환한다.
 */
function waitForElement(element) {
  return new Promise(resolve => {
    const observer = new IntersectionObserver(entries => {
      if (entries[0].isIntersecting) {
        observer.disconnect();
        resolve();
```

```
      }
    });

    observer.observe(element);
  });
}
```

**설명** 옵저버가 교차된 엘리먼트에 관한 정보를 인수로 사용하여 콜백을 실행할 때 Promise를 해결합니다.

이 방식을 사용하면 [예 6-3]처럼 게으른 이미지 로딩을 구현할 수 있습니다. 앞서 6.1절에서 보았던 것과 비슷한 기능입니다.

**예 6-3** waitForElement 도우미를 사용하여 게으르게 이미지를 로딩하기

```
function lazyLoad(img, url) {
  waitForElement(img)
    .then(() => img.src = url)
}
```

반환된 Promise가 해결되었다는 것은 대상 엘리먼트가 뷰포트 안에 있다고 확신할 수 있다는 뜻입니다. 이 시점에서 lazyLoad 함수는 이미지의 src 속성을 설정합니다.

## 6.3 동영상을 자동으로 멈추고 재생하기

**문제** 스크롤 가능한 컨테이너 엘리먼트 안에 <video> 엘리먼트가 있습니다. 동영상이 재생 중일 때 스크롤하여 동영상이 화면 밖으로 나가면 자동으로 동영상을 멈추고 싶습니다.

**해결** IntersectionObserver를 사용하여 <video> 엘리먼트를 감시하세요. 뷰포트와 교차하지 않으면, 즉 뷰포트 안에 동영상이 없으면 재생을 중지합니다. 동영상이 다시 뷰포트 안에 들어오면 재생을 재개합니다([예 6-4] 참고).

예 6-4 동영상을 자동으로 멈추고 재개하기

```
const observer = new IntersectionObserver(entries => {
  if (!entries[0].isIntersecting) {
    video.pause();
  } else {
    video.play()
      .catch(error => {
        // 동영상을 자동 재생하려다가 권한 오류가 나는 경우,
        // 취급되지 않은 거부(unhandled rejection) 문제를 피하기 위함.
      });
  }
});

observer.observe(video);
```

**설명** 여기서 observer는 video 엘리먼트를 감시합니다. 스크롤을 하여 이 엘리먼트가 화면 밖으로 나가면 즉시 재생을 중지합니다. 스크롤하여 다시 화면 안으로 들어오면 이어서 재생합니다.

### 동영상 자동 재생

대부분의 브라우저는 동영상의 자동 재생을 엄격하게 취급합니다. [예 6-4]에서 보았던 것처럼 프로그램을 통해 동영상을 재생하려고 시도하면 브라우저에서 예외를 발생시킬 수도 있습니다. video 엘리먼트의 muted 속성[attribute]을 설정해 동영상을 음소거해 두지 않으면 사용자가 해당 페이지와 인터랙션하기 전에는 자동으로 동영상을 재생할 수 없으며, 프로그램을 통해 재생하는 것 또한 불가능합니다.

video 엘리먼트의 play 메서드는 사실 Promise 인스턴스를 반환합니다. 따라서 위에서 설명한 상황을 매끄럽게 다루려면 Promise에 catch를 호출하여 콜백을 추가해야 합니다.

그러나 웹 페이지를 로딩한 직후에는 가능하면 동영상을 자동으로 재생하지 않는 것이 좋습니다. 이는 사용자에게 불편함을 주며, 접근성 문제를 발생시키기 때문입니다. 자동 재생되는 동영상은 전정 기능 장애[1]가 있는 사람에게 자극을 줍니다. 또한 자동 재생되는 동영상의

---

1 역자주_ 귀 안쪽, 내이에 있는 전정신경계에 이상이 생겨 균형감각에 장애가 발생하는 질환이며, 주요 증상으로는 심한 어지러움, 메스꺼움, 구토 등이 있습니다.

소리는 스크린 리더 사용자가 웹 페이지의 설명을 들을 때 방해가 될 수 있습니다.

따라서 실제 제품에 적용한다면 이번에 설명한 방법은 사용자가 재생 버튼을 누른 후에 편의성 기능으로만 사용해야 할 것입니다.

## 6.4 높이 변화 애니메이션 만들기

**문제** 콘텐츠가 변경될 수 있는 엘리먼트가 있습니다. 콘텐츠가 변경되면 부드럽게 서서히 높이에 변화를 주고 싶습니다.

**해결** MutationObserver를 사용하여 엘리먼트의 자식 노드를 감시합니다. 자식 엘리먼트가 추가, 삭제, 수정되면 CSS 트랜지션을 사용해 높이 변화를 부드러운 애니메이션으로 표현합니다. 높이가 auto로 설정된 엘리먼트에는 애니메이션을 적용할 수 없으므로 애니메이션으로 표현할 변경 전, 변경 후 높이를 명시적으로 계산하기 위해 추가적인 작업이 필요합니다.

**예 6-5** 자식 엘리먼트가 변경될 때 대상 엘리먼트의 높이 변화를 애니메이션으로 표현하기

```
/**
 * 전달된 엘리먼트의 자식 노드를 감시한다. 자식 노드의 변경으로 인해
 * 높이가 달라지면 높이 변화를 애니메이션으로 표현한다.
 * @param element 변화를 감시할 엘리먼트
 */
function animateHeightChanges(element) {
  // 'height: auto'로 설정된 엘리먼트에는 애니메이션을 적용할 수 없으므로
  // 여기서 명시적인 높이를 설정해야 한다. details는 미리 정의되었다고 가정한다.
  element.style.height = `${details.offsetHeight}px`;

  // 애니메이션 트랜지션에 필요한 몇 가지 CSS 프로퍼티를 설정한다.
  element.style.transition = 'height 200ms';
  element.style.overflow = 'hidden';

  /**
   * 이 옵저버는 대상의 자식 엘리먼트가 변경될 때 이벤트를 발생시킨다.
   * 새로운 높이를 측정하고 requestAnimationFrame을 사용해 높이를 업데이트한다.
```

```
 * 높이 변화가 애니메이션으로 표현된다.
 */
const observer = new MutationObserver(entries => {
  // entries는 항상 배열이다. 이 배열에 여러 엘리먼트가 포함되는 경우도 있지만,
  // 이 예시에서 필요한 엘리먼트는 첫 번째 엘리먼트 뿐이다.
  const element = entries[0].target;

  // 콘텐츠가 변경되었으므로 높이도 달라진다.
  // 명시적인 높이를 측정하려면 몇 가지 단계를 거쳐야 한다.
  // (1) 애니메이션의 시작 값으로 사용할 현재 높이를 저장해 둔다.
  const currentHeightValue = element.style.height;

  // (2) 높이를 'auto'로 설정하고 offsetHeight 프로퍼티를 읽는다.
  // 이 값은 새로운 높이로 사용될 것이다.
  element.style.height = 'auto';
  const newHeight = element.offsetHeight;

  // (3) 애니메이션 준비를 위해 현재 높이로 다시 돌려 놓는다.
  element.style.height = currentHeightValue;
  // 다음 애니메이션 프레임에 높이를 업데이트한다.
  // 애니메이션 트랜지션이 시작될 것이다.

  requestAnimationFrame(() => {
    element.style.height = `${newHeight}px`;
  });
});

// 엘리먼트의 변경 사항을 감시한다.
observer.observe(element, { childList: true });
}
```

**설명** 다른 옵저버와 마찬가지로 MutationObserver 인스턴스를 생성할 때는 콜백 함수를 전달해야 합니다. 옵저버는 감시 중인 엘리먼트에 변화가 발생했을 때 이 콜백 함수를 호출합니다. 감시하는 변경 사항의 종류는 observer.observe의 옵션으로 설정할 수 있습니다. 대상 엘리먼트의 자식 노드 목록에 변화가 발생하면, 즉 자식 엘리먼트의 추가, 삭제, 수정이 발생하면, 콜백 함수가 새 콘텐츠에 맞는 적절한 높이를 다시 계산합니다.

그 다음에는 많은 작업이 이루어지는데, height가 auto로 설정된 엘리먼트는 애니메이션을 할 수 없습니다. 따라서 애니메이션을 구현하려면 명시적인 시작 높이와 끝 높이를 구해야 합

니다.

엘리먼트의 감시를 시작할 때는 `offsetHeight` 프로퍼티를 읽어서 엘리먼트의 높이를 계산하고, 이 값을 엘리먼트의 명시적인 높이로 설정합니다. 아직까지는 `height: auto`를 다룰 때 사용할 수 있는 방법입니다.

자식 엘리먼트가 변경된다고 해도 부모 엘리먼트는 자동으로 크기가 조절되지 않는데, 이는 명시적인 높이를 설정했기 때문입니다. 옵저버의 콜백은 새로운 높이를 계산합니다. 명시적인 높이는 `offsetHeight` 프로퍼티와 같은 값이 될 것입니다.

새로운 높이를 구하려면 먼저 `height` 프로퍼티를 `auto`로 돌려 놓고, `offsetHeight`를 읽어서 새로운 높이의 값으로 사용합니다. 다시 한번 말하자면, `height: auto` 엘리먼트는 애니메이션을 구현할 수 없기 때문에 높이를 업데이트하기 전에 높이의 값을 `auto`에서 이전에 설정했던 값으로 돌려 놓아야 합니다.

여기까지 오면 새로운 높이를 알 수 있습니다. 높이의 실제 업데이트는 `requestAnimationFrame`에 전달된 함수를 통해 이루어집니다.

이런 방식으로 높이를 계산하려면 코드를 많이 추가해야 합니다. 8장에서 다루는 웹 애니메이션 API는 이와 같은 종류의 애니메이션에 들일 노력을 줄여줍니다.

## 6.5 엘리먼트의 크기에 따라 콘텐츠 바꾸기

**문제** 엘리먼트의 크기에 따라 내부에 표시하는 콘텐츠를 다르게 보여주고 싶습니다. 한 가지 예로, 엘리먼트가 가로로 매우 넓은 경우도 다루고 싶습니다.

**해결** `ResizeObserver` 인스턴스를 엘리먼트에 사용하고 엘리먼트의 크기가 미리 정한 임곗값보다 크거나 작은 경우에 맞추어 콘텐츠를 업데이트합니다([예 6-6] 참고).

예 6-6 엘리먼트의 크기 변경에 따른 콘텐츠 업데이트

```
// 감시할 엘리먼트를 찾는다.
const container = document.querySelector('#resize-container');
```

```
// 엘리먼트 크기 변경을 감시할 ResizeObserver를 생성한다.
const observer = new ResizeObserver(entries => {
  // 감시를 시작할 때 바로 실행되므로 초기 텍스트를 설정할 수 있다.
  // 대체로 배열에는 원소가 한 개만 있다.
  // 첫 번째 엘리먼트가 우리가 감시하려는 대상이다.
  container.textContent = `현재 너비는 ${entries[0].contentRect.width}픽셀이다.`;
});

// 엘리먼트의 감시를 시작한다.
observer.observe(container);
```

**설명** ResizeObserver는 엘리먼트의 크기가 변경될 때마다 생성할 때 전달한 콜백 함수를 실행합니다. 또한 처음 엘리먼트의 감시를 시작할 때도 콜백 함수를 실행합니다.

콜백 함수에는 ResizeObserverEntry 객체의 배열이 전달됩니다. 감시하려는 대상 엘리먼트가 하나라면 배열의 원소도 하나입니다. entry 객체에는 몇 개의 프로퍼티가 있는데, 그 중 contentRect는 대상 엘리먼트의 경계 영역을 나타냅니다. 이를 통해 엘리먼트의 너비를 구할 수 있습니다.

그 결과로 엘리먼트의 크기가 변하면 옵저버의 콜백 함수가 현재 너비를 알려주도록 텍스트를 업데이트합니다.

> **주의** ResizeObserver를 사용할 때는 콜백 함수의 코드가 옵저버를 실행하는 원인이 되지 않도록 주의해야 합니다. 그렇지 않으면 ResizeObserver의 콜백이 다시 콜백을 부르는 무한 루프에 빠지게 됩니다. 이런 문제는 콜백 함수 내에서 대상 엘리먼트의 크기를 다시 변경할 때 발생할 수 있습니다.

## 6.6 엘리먼트가 가시 영역에 있을 때 페이드인 적용하기

**문제** 처음에는 화면에 보이지 않는 콘텐츠가 뷰포트 안으로 들어오면 애니메이션 트랜지션을 사용해 콘텐츠를 보여주고 싶습니다. 예를 들어, 스크롤을 해서 이미지가 가시 영역으로 들어오면 불투명도 opacity를 서서히 변경하여 페이드인 효과와 함께 이미지를 표시하고 싶습니다.

**해결** IntersectionObserver 인스턴스를 사용해 대상 엘리먼트가 가시 영역으로 들어오는 시점을 확인합니다. 가시 영역에 들어오면 애니메이션 트랜지션을 적용합니다([예 6-7] 참고).

**예 6-7 페이지를 스크롤할 때 가시 영역에 들어온 이미지에 페이드인 효과 적용하기**

```javascript
const observer = new IntersectionObserver(entries => {
  // 한 번에 다량의 이미지에 적용되므로
  // entries에 다수의 이미지가 포함된다.
  entries.forEach(entry => {
    // 엘리먼트의 일부가 화면에 보이면,
    // 애니메이션 트랜지션을 적용한다.
    if (entry.isIntersecting) {
      // 이미지의 25%가 화면에 보이면,
      // 페이드인 트랜지션을 시작한다.
      entry.target.style.opacity = 1;

      // 한 번 실행된 후에는 더 실행할 필요가 없다.
      observer.unobserve(entry.target);
    }
  });
}, { threshold: 0.25 }); // 이미지의 25%가 화면에 보일 때 발생

// 페이지의 모든 이미지 중 'animate' 클래스가 있는 이미지만
// 감시한다. 원하는 이미지만 감시하면 되기 때문이다.
document.querySelectorAll('img.animate').forEach(image => {
  observer.observe(image);
});
```

**설명** 이 예시는 IntersectionObserver의 threshold 옵션을 사용합니다. 기본적으로 옵저버는 엘리먼트가 화면에 일부라도 나타나면 즉시 이벤트를 발생시킵니다(threshold가 0일 때). 하지만 이미지가 어느 정도는 화면에 보이는 상태에서 애니메이션 효과를 사용해야 사용자가 알아차릴 수 있으므로 즉시 이벤트를 실행하는 것은 좋은 방법이 아닙니다. 이때 threshold의 값을 0.25로 설정하면 옵저버는 대상 이미지의 최소 25%가 화면 안에 있어야 콜백 함수를 실행합니다.

콜백 함수는 이미지가 실제로 교차하는지 확인합니다. 다시 말해, 이미지가 화면에 보이는지 확인합니다. 옵저버는 엘리먼트를 감시하기 시작하면서 즉시 콜백 함수를 실행하기 때문에 화

면에 보이는지 확인하는 과정은 꼭 필요합니다. 이 예시에서 화면 밖에 있는 이미지는 아직 교차하지 않습니다. 따라서 이미지가 실제로 화면에 표시되는지 확인해야 애니메이션을 너무 빨리 시작하지 않을 수 있습니다.

이벤트에 전달된 이미지가 교차한다면 애니메이션이나 트랜지션을 적용하는 스타일을 설정합니다. 이 예시에서는 콜백 함수가 이미지의 불투명도를 1로 설정합니다. 이 효과가 제대로 적용되려면 이전에 설정된 불투명도가 0이어야 하고, `transition` 프로퍼티 또한 `opacity`로 설정되어 있어야 합니다([예 6-8] 참고).

**예 6-8** 이미지 페이드인을 위한 스타일

```
img.animate {
  opacity: 0;
  transition: opacity 500ms;
}
```

이 스타일을 사용하면 이미지는 화면에 보이지 않지만, 옵저버 콜백이 불투명도를 1로 설정하면 트랜지션이 동작하여 이미지가 서서히 나타나는 것을 볼 수 있습니다.

이 애니메이션은 한 번만 실행하면 되기 때문에 일단 이미지가 화면에 나타난 후에는 더 이상 엘리먼트를 감시할 필요가 없습니다. 이때는 `observer.unobserve`를 실행하고 대상 엘리먼트를 인수로 전달하면 해당 엘리먼트에 대한 감시를 중단합니다.

## 6.7 무한 스크롤 사용하기

**문제** 사용자가 '더 불러오기' 버튼을 클릭하지 않아도 목록의 끝까지 스크롤이 되면 자동으로 추가 데이터를 읽어 들이고 싶습니다.

**해결** 스크롤 가능한 엘리먼트의 맨 끝에 엘리먼트를 추가하고 `IntersectionObserver`를 사용해 이 엘리먼트를 감시합니다. 엘리먼트가 교차하면 추가 데이터를 읽어 들입니다([예 6-9] 참고).

예 6-9 IntersectionObserver를 사용한 무한 스크롤

```
/**
 * IntersectionObserver를 사용해 placeholder 엘리먼트를 감시한다.
 * placeholder가 화면 안으로 들어오면, 추가 데이터를 읽어 들인다.
 *
 * @param placeholder '더 불러오기' 플레이스홀더 엘리먼트
 * @param loadMore 추가 데이터를 불러오는 함수
 */
function observeForInfiniteScroll(placeholder, loadMore) {
  const observer = new IntersectionObserver(entries => {
    // placeholder가 화면 안으로 들어왔다는 것은, 사용자가
    // 목록의 끝까지 스크롤했다는 뜻이다.
    // 추가 데이터를 불러올 때이다.
    if (entries[0].isIntersecting) {
      loadMore();
    }
  });

  observer.observe(placeholder);
}
```

**설명** 예시의 placeholder 엘리먼트는 '더 불러오기'라는 텍스트를 포함하며 화면 안에 없을 수 있습니다. IntersectionObserver는 placeholder 엘리먼트를 감시합니다. 이 엘리먼트가 뷰포트 안으로 들어오면 추가 데이터를 불러오는 콜백 함수를 실행합니다. 이 방법을 통해 사용자는 목록에 표시할 데이터가 모두 소진될 때까지 계속 아래로 스크롤할 수 있습니다.

placeholder는 로딩 스피너[2]로 대체할 수도 있습니다. 사용자가 목록의 제일 아래에 도달하면 새로운 네트워크 요청을 생성하고, 새 데이터를 읽어 들이는 동안 로딩 애니메이션을 보여주면 됩니다. 기본 임곗값 0.0인 경우 옵저버는 사용자의 스크롤 위치가 로딩 스피너에서 충분히 떨어져 있을 때 이벤트를 발생시킵니다. 스피너가 화면에 보이는 시점에서는 이미 데이터 로딩이 시작되었을 것이므로 로딩 스피너를 보여주기에 적절한 상황이 됩니다.

옵저버는 감시를 시작하면서 즉시 콜백 함수를 호출합니다. 목록이 비어 있고 플레이스홀더가 화면에 보이면, 첫 번째 페이지의 데이터를 읽어 들이는 코드를 실행합니다.

---

[2] 역자주_ 데이터 처리 중 또는 로딩 중 상태를 표현하기 위해 주로 반복되는 애니메이션을 표현하는 엘리먼트. 대표적인 로딩 스피너로는 윈도우의 빙글빙글 돌아가는 모래시계가 있습니다.

CHAPTER 7

# 폼

## 7.0 소개

폼Form은 원격 URL이나 API 엔드포인트로 전송할 사용자의 입력을 수집합니다. 모던 브라우저는 텍스트, 숫자, 색상 등 다양한 폼 입력을 내장하고 있습니다. 폼은 사용자로부터 입력을 획득하는 주요한 수단입니다.

### FormData

FormData(폼데이터) API는 폼의 데이터에 접근하는 데이터 모델을 제공합니다. 이는 일일이 DOM 엘리먼트를 찾고 값을 구할 때 겪는 여러 문제를 해결하는 데 도움이 됩니다.

게다가 `FormData` 객체는 그대로 페치Fetch API에 전달해서 폼을 전송할 수 있습니다. 또한 전송하기 전에 `FormData` 객체에 있는 데이터를 수정하거나 추가할 수도 있습니다.

### 유효성 검사

사용자가 올바르지 않은 데이터를 전송하지 않도록 방지하려면 폼을 위한 클라이언트 측 유효성 검사를 추가해야 합니다. 폼 필드를 `required`(필수)로 표시하는 단순한 작업도 있지만, 여러 폼 값이 연관되어 있거나 API를 호출하는 복잡한 유효성 로직이 필요할 수도 있습니다.

과거에는 개발자가 직접 자바스크립트 라이브러리를 사용해서 폼 유효성 검사를 수행했습니다. 이 방식은 실제로 폼에 있는 데이터는 물론, 유효성 검사 라이브러리에서 사용하는 객체의 데이터도 고려해야 해서 골칫거리가 되곤 했습니다.

HTML5는 몇 가지 유효성 검사 설정을 자체적으로 지원하고 있으며, 일부는 다음과 같습니다.

- 필드를 필수 필드로 표시하기
- 숫자 필드의 최솟값, 최댓값 설정하기
- 필드의 입력을 검증하는 정규표현식 설정하기

이런 설정들은 `<input>` 엘리먼트의 속성<sup>attribute</sup>으로 사용됩니다.

브라우저는 간단한 유효성 오류 메시지를 보여주지만([그림 7-1] 참고), 스타일이 애플리케이션의 디자인과 잘 어울리지 않을 수도 있습니다. 제약 조건 유효성 검사 API<sup>Constraint Validation API</sup>를 사용하면 브라우저에서 제공하는 기본 유효성 검사 결과를 확인하고 개발자가 직접 유효성 검사 로직을 설정할 수 있으며, 직접 만든 유효성 검사 메시지도 사용할 수 있습니다.

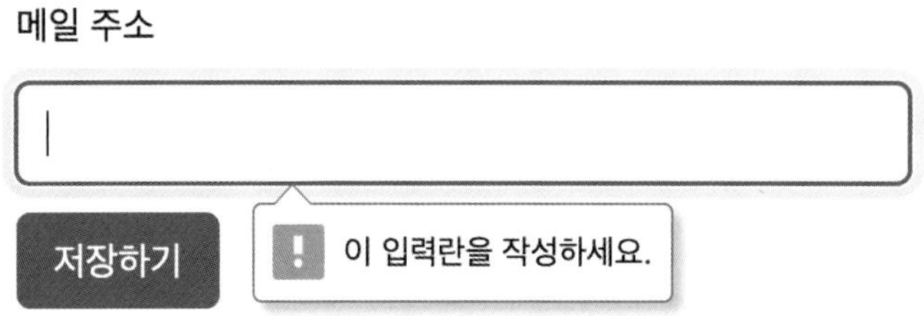

**메일 주소**

저장하기 ! 이 입력란을 작성하세요.

그림 7-1 크롬 브라우저에 내장된 유효성 검사 메시지

폼의 유효성을 검사할 때는 폼의 `checkValidity` 메서드를 호출합니다. 그러면 폼 내부의 모든 필드에 대해 유효성 검사를 수행합니다. 모든 필드가 유효하다면 `checkValidity`가 `true`를 반환합니다. 필드가 하나라도 유효하지 않다면 `checkValidity`가 `false`를 반환하며, 유효하지 않은 필드에서는 `invalid` 이벤트가 발생합니다. 폼 필드에 바로 `checkValidity`를 실행해서 특정 엘리먼트의 유효성만 확인하는 것도 가능합니다.

모든 폼 필드에는 유효성 검사의 결과를 저장한 `validity` 객체 프로퍼티가 있습니다. 이 객체에는 `valid`라는 불리언 프로퍼티가 있는데, 이는 폼 전체의 유효성 검사 상태를 나타냅니다. `validity` 객체에는 발생한 유효성 검사의 상세 정보를 알려주는 몇 가지 플래그도 있습니다.

## 7.1 로컬 스토리지의 값으로 폼 필드 채우기

**문제** 폼 필드의 값을 로컬 스토리지에 저장해두고 싶습니다. 예를 들어, 사용자 이름을 기억했다가 로그인 폼에 미리 입력해두려고 합니다.

**해결** 폼을 전송할 때 FormData 객체를 사용해 필드의 값을 가져오고 로컬 스토리지에 저장합니다([예 7-1] 참고). 그 다음에 페이지를 다시 읽어 들일 때 저장된 값이 있는지 확인합니다. 저장된 값이 있다면 해당 값으로 폼 필드를 채웁니다.

예 7-1 username 필드의 값 기억하기

```
const form = document.querySelector('#login-form');

const username = localStorage.getItem('username');
if (username) {
  form.elements.username.value = username;
}

form.addEventListener('submit', event => {
  const data = new FormData(form);
  localStorage.setItem('username', data.get('username'));
});
```

**설명** FormData 생성자에 폼을 전달하면 폼의 현재 값이 FormData 객체에 설정됩니다. 이후 get 메서드를 사용해 원하는 필드의 값을 가져와 이 값을 로컬 스토리지에 저장할 수 있습니다.

페이지를 읽어 들일 때 폼을 채우는 것은 조금 다릅니다. FormData 객체는 현재 폼의 값과 동기화되지 않고, 처음 FormData 객체가 생성된 시점의 폼 값만 포함하고 있습니다. 반대의 경우도 마찬가지입니다. FormData 객체에 새 값을 설정한다고 해도 폼 자체에는 반영되지 않습니다. 따라서 폼 값을 채울 때는 FormData 객체가 유용하지 않습니다. [예 7-1]은 폼의 elements 속성을 사용하여 username 필드를 찾고 해당 필드의 값을 설정합니다.

> **폼의 elements 프로퍼티를 사용한 폼 필드 검색**
>
> 폼의 `elements` 프로퍼티를 사용하면 폼 필드를 이름으로 검색할 수 있습니다. 폼 안에는 폼 필드가 포함하는 `name` 프로퍼티의 값이 `form.elements`의 프로퍼티로 존재합니다. 예를 들어, `form.elements.username`을 통해 `name`이 `username`인 `input` 필드를 찾을 수 있습니다. 주의할 점은 이렇게 사용하려면 필드의 `name` 속성을 정해야 한다는 점입니다. `id` 속성은 이와 관련이 없습니다.

## 7.2 페치와 폼데이터 API를 사용한 폼 채우기

**문제** 페치 API를 사용해서 폼을 전송하고 싶습니다. 이 방식을 사용하면 브라우저가 포함하지 않은 정보를 추가하여 폼을 전송할 수 있습니다. 또는 폼 전송에 필요한 API 토큰을 메모리에서 가져와서 포함시킬 수도 있습니다.

이 방식은 브라우저가 새 페이지로 이동하거나 전체 페이지를 새로 고침하는 것을 막고 싶을 때도 사용할 수 있습니다.

**해결** 전송할 데이터를 포함한 `FormData` 객체를 생성합니다. 그리고 더 추가하고 싶은 데이터를 추가한 다음, Fetch API를 사용해 폼을 전송합니다([예 7-2] 참고).

예 7-2 FormData API를 사용한 데이터 추가

```
// 실제 애플리케이션에서는 API 토큰을 다른 방식으로 저장한다.
// 이와 같이 하드코딩하지 않는다.
const apiToken = 'aBcD1234EfGh5678IjKlM';

form.addEventListener('submit', event => {
  // 중요! 브라우저가 자동으로 실행하는 폼 전송을 막는다.
  event.preventDefault();

  // FormData 객체를 만들고 API 토큰을 추가한다.
  const data = new FormData(event.target);
  data.set('apiToken', apiToken);
```

```
    // Fetch API를 사용해 FormData 객체를 엔드포인트로 전송한다.
    fetch('/api/form', {
      method: 'POST',
      body: data
    });
  });
```

**설명** 일반적으로는 폼의 전송submit 버튼을 클릭하면 브라우저가 알아서 폼 데이터를 수집하고 전송합니다. 예시에서는 API 토큰을 추가하기 위해 자동 폼 전송을 막아두었습니다.

예시의 `submit` 핸들러는 먼저 `submit` 이벤트의 `preventDefault` 메서드를 호출했습니다. 이를 통해 브라우저의 기본 폼 전송 동작을 막고 사용자가 원하는 로직을 수행할 수 있도록 합니다. 여기서 말하는 기본 동작이란 페이지 전체를 새로 고치는 것을 뜻합니다. 이는 아마 우리가 원하는 동작은 아닐 것입니다.

`FormData` 객체는 `form` 엘리먼트 객체를 `FormData` 생성자에 전달하여 작성합니다. 작성된 객체에는 폼 엘리먼트에 포함된 데이터가 저장되는데, 이 시점에서 API 토큰과 같은 추가 정보도 저장해 둘 수 있습니다.

마지막으로 `FormData` 객체를 Fetch API의 POST 요청 본문으로 전달합니다. 본문이 JSON이 아니면 브라우저는 콘텐츠의 타입을 `multipart/form-data`로 설정하여 폼 데이터를 전송합니다.

다음과 같은 폼 데이터가 포함된 객체가 있다고 생각해봅시다.

```
{
  username: 'hanbit',
  apiToken: 'aBcD1234EfGh5678IjKlM'
}
```

이 값과 동일한 값을 전송하는 요청 본문은 다음과 같습니다.

```
------WebKitFormBoundaryl6AuUOn9EbuYe9XO
Content-Disposition: form-data; name="username"

hanbit
------WebKitFormBoundaryl6AuUOn9EbuYe9XO
```

```
Content-Disposition: form-data; name="apiToken"

aBcD1234EfGh5678IjKlM
------WebKitFormBoundaryl6AuUOn9EbuYe9XO--
```

## 7.3 폼을 JSON 형식으로 전송하기

**문제** JSON 데이터를 받는 엔드포인트에 폼을 전송하고 싶습니다.

**해결** FormData API를 사용하여 폼 데이터를 자바스크립트 객체로 변형하고, Fetch API를 사용해 변형한 JSON 데이터를 서버에 전송하고 싶습니다([예 7-3] 참고).

예 7-3 페치를 사용하여 폼을 JSON으로 바꿔 전송하기

```
form.addEventListener('submit', event => {
  // 중요! 브라우저가 자동으로 실행하는 폼 전송을 막는다.
  event.preventDefault();

  // 현재 폼의 데이터를 포함한 새로운 FormData를 작성한 다음
  // 요청 본문에 키/값 쌍을 추가한다.
  const data = new FormData(event.target);
  const body = {};
  for (const [key, value] of data.entries()) {
    body[key] = value;
  }

  // JSON 본문을 폼 엔드포인트로 전송한다.
  fetch('/api/form', {
    method: 'POST',
    // 객체는 JSON 문자열로 변환해야 한다.
    body: JSON.stringify(body),
    // 서버에 현재 전송하는 요청이 JSON 타입임을 알린다.
    headers: {
      'content-type': 'application/json'
    }
  })
    .then(response => response.json())
```

```
      .then(body => console.log('받은 응답:', body));
  });
```

> **설명** 이 방법은 FormData 객체를 바로 전송하는 것과 비슷합니다. 차이가 있다면 폼 데이터를 JSON으로 변경하고 변경된 콘텐츠에 맞는 올바른 Content-Type 헤더를 사용해 전송했다는 것뿐입니다.

타입 변환은 빈 객체를 만든 뒤 FormData의 키/값 쌍을 순회하면서 새로 만든 자바스크립트 객체로 키와 값을 복사하는 방식으로 수행됩니다.

이 방식의 문제는 FormData에 같은 키를 가진 값이 여러 개일 경우에는 사용할 수 없다는 점입니다. 예를 들어 이름이 같은 한 무리의 체크박스가 있는 경우, 동일한 키에 여러 값이 포함되어야 하므로 문제가 될 수 있습니다.

변환 부분을 [예 7-4]와 같이 발전시키면 앞서 말한 문제가 발견되면 값을 배열로 설정하도록 만들 수 있습니다.

**예 7-4 폼 값 배열 다루기**

```
/**
 * JSON 형태로 전송할 수 있도록 폼의 데이터를 객체로 변환한다.
 * @param form 폼 엘리먼트
 * @returns 매핑된 모든 키와 값이 포함된 객체
 */
function toObject(form) {
  const data = new FormData(form);
  const body = {};

  for (const key of data.keys()) {
    // 주어진 키에 해당하는 모든 값을 배열로 가져온다.
    const values = data.getAll(key);

    // 배열에 원소가 하나 밖에 없으면 해당 원소를 그대로 사용한다.
    if (values.length === 1) {
      body[key] = values[0];
    } else {
      // 그 외에는 배열로 설정한다.
      body[key] = values;
    }
```

```
    }
    return body;
}
```

[예 7-4]에서 사용한 `FormData` 객체의 `getAll` 함수는 주어진 키에 해당하는 모든 값을 배열로 반환합니다. 이 함수를 사용하면 주어진 체크 박스 그룹의 모든 값을 수집하여 배열로 만들 수 있습니다.

`getAll`은 항상 배열을 반환합니다. 따라서 주어진 키에 해당하는 값이 하나밖에 없으면 원소가 하나인 배열을 반환합니다. `toObject`는 배열의 원소가 하나인 경우 그 원소를 결과 객체의 값으로 바로 사용합니다. 그 외에는 배열을 결과 객체의 값으로 사용합니다.

## 7.4 폼 필드를 필수 입력으로 만들기

**문제** 값을 반드시 입력해야 하는 필수 폼 필드를 만들고, 값을 비워 둔 경우에는 유효성 오류가 발생하도록 만들고 싶습니다.

**해결** `<input>` 엘리먼트의 `required` 속성을 사용합니다([예 7-5] 참고).

**예 7-5 필수 필드**

```
<label for="username">사용자명</label>
<input type="text" name="username" id="username" required>
```

여기서 주의할 점은 `required` 속성은 값을 필요로 하지 않는다는 것입니다.

**설명** 폼 필드가 `required`로 표시되면 이 필드에는 반드시 값이 입력되어야 합니다. 필드가 비어 있으면 필드의 `validity.valid` 프로퍼티가 `false`가 되고 `validity.valueMissing` 프로퍼티는 `true`가 됩니다.

`required`로 표시되면 입력된 값이 빈 문자열일 때만 필드가 비었다고 판단합니다. 공백 문자를 제거하지 않으므로 입력된 값이 스페이스뿐이라도 유효한 값으로 처리됩니다.

## 7.5 숫자만 입력할 수 있도록 만들기

**문제** 숫자 입력(`<input type="number">`)에 허용할 숫자 범위를 설정하고 싶습니다.

**해결** 허용할 숫자 범위는 min과 max 프로퍼티를 사용해 설정할 수 있습니다([예 7-6] 참고). 이 값들은 자기 자신까지 허용할 값 범위에 포함합니다.

예 7-6 숫자 필드에 범위 설정하기

```
<label for="quantity">수량</label>
<input type="number" name="quantity" id="quantity" min="1" max="10">
```

**설명** 숫자 입력의 value가 최솟값보다 작거나 최댓값보다 크다면 validity.valid 프로퍼티의 값이 false가 됩니다. 최솟값보다 작으면 rangeUnderflow 유효성 플래그가 true로 설정되고, 마찬가지로 최댓값보다 크면 rangeOverflow가 true로 설정됩니다.

입력 엘리먼트(`<input>`)의 타입을 number로 만들면 브라우저가 엘리먼트에 스피너<sup>spinner</sup>를 추가하는데, 이 스피너의 위 또는 아래 화살표를 클릭하면 값이 증가하거나 감소합니다. 스피너는 최솟값과 최댓값을 제한합니다. 엘리먼트의 값이 최솟값인 상태에서 값을 감소시키려 하면 아무런 동작을 하지 않고, 마찬가지로 최댓값인 상태에서 증가시키려 할 때도 동작하지 않습니다. 하지만 사용자는 필드에 값을 자유롭게 입력할 수 있습니다. 허용된 범위를 넘어서는 값도 입력할 수 있는데, 입력한 값에 맞추어 유효성 상태가 설정됩니다.

허용하는 값을 더 세밀하게 다루고 싶다면 step 프로퍼티를 활용할 수 있습니다. 이 프로퍼티는 값이 증가하는 단계를 제한합니다. 가령 최솟값이 0, 최댓값이 4, 그리고 스텝이 2인 입력 엘리먼트를 떠올려 봅시다. 이 필드에서 허용되는 값은 0, 2, 4 뿐입니다.

## 7.6 유효성 검사 패턴 설정하기

**문제** 텍스트 필드의 값이 특정한 패턴에 일치하도록 제한하고 싶습니다.

**해결** input의 pattern 속성을 사용해 정규표현식을 설정합니다([예 7-7] 참고). 필드에 입력된 값이 정규표현식에 일치하지 않으면 유효하지 않은 것으로 간주합니다.

**예 7-7 필드에 알파벳과 숫자 입력만 허용하기**

```
<label for="username">사용자 아이디를 입력하세요</label>
<input type="text" pattern="[A-Za-z0-9]+" id="username" name="username">
```

필드에 알파벳과 숫자가 아닌 다른 문자가 있으면 username 필드가 유효하지 않은 것으로 간주합니다. 유효하지 않은 상태에서는 유효성 상태의 patternMismatch 플래그가 true로 설정됩니다.

**설명** 직접 설정한 유효성 검사 로직(7.8절 참고) 다음으로 유연한 유효성 검사 옵션입니다.

> **팁** 정규표현식을 사용해 URL이나 이메일 주소의 유효성을 검사하기는 어렵습니다. 이런 경우에는 입력 엘리먼트의 type 속성을 url이나 email로 설정하면, 브라우저가 알아서 필드에 입력된 값이 유효한 URL 또는 이메일 주소인지 검사합니다.

## 7.7 폼 유효성 검사

**문제** 폼 유효성 검사 절차를 관리하고 UI에 오류 메시지를 표시하고 싶습니다.

**해결** 제약 조건 유효성 검사 API와 invalid 이벤트를 사용하여 유효하지 않은 필드를 찾고 표시합니다.

유효성 검사를 다루는 방법은 많습니다. 어떤 웹 사이트에서는 사용자가 값을 입력하기도 전에 성급하게 오류 메시지를 보여주는 경우도 있습니다. 예를 들어 email 타입의 입력 필드는 유효한 이메일 주소가 입력되기 전에는 유효하지 않은 것으로 간주됩니다. 유효성 검사가 즉시 이루어진다면 사용자가 이메일을 입력하는 도중에 이메일 주소가 올바르지 않다는 오류를 보게 될 것입니다.

이런 문제를 방지하기 위해 다음과 같은 두 가지 조건을 만족할 때만 유효성 검사를 수행합니다.

- 폼을 전송할 때
- 필드가 포커스를 얻었다가 잃었을 때. 이러한 필드는 사용되었다고 간주합니다.

먼저 [예 7-8]과 같이 폼에 **novalidate** 속성을 추가하여 브라우저의 기본 유효성 UI를 비활성화해야 합니다.

#### 예 7-8 브라우저의 기본 유효성 UI 비활성화

```
<form id="my-form" novalidate>
  <!-- 여기에 폼 엘리먼트가 자리한다. -->
</form>
```

각 필드는 [예 7-9]와 같이 오류 메시지를 표시할 플레이스홀더<sup>placeholder</sup> 엘리먼트도 동반해야 합니다.

#### 예 7-9 오류 메시지 플레이스홀더 추가

```
<div>
  <label for="email">이메일</label>
  <input required type="email" id="email" name="email">
  <div class="error-message" id="email-error"></div>
</div>
```

이 예시에서는 오류 메시지 엘리먼트의 아이디를 관련된 입력 필드의 아이디를 기반으로 만들었습니다. 필드의 아이디가 **email**이라면 오류 메시지 엘리먼트의 아이디는 **email-error**입니다. 만약 **name**이라는 필드가 있었다면 관련 오류 메시지는 **name-error**가 되었을 것입니다.

각 폼 엘리먼트에서는 세 종류의 이벤트를 리스닝합니다.

- **invalid**
  폼의 유효성 검사에서 필드가 유효하지 않은 경우 발생. 여기서 오류 메시지를 설정합니다.

- **input**
  필드의 값이 변경될 경우 발생. 필요한 경우 유효성 검사를 다시 수행하고, 필드가 유효하다면 오류 메시지를 지웁니다.

- blur

  필드가 포커스를 잃었을 때 발생. 사용된 필드에 data-should-validate 속성을 설정하여 최소 한 번은 사용되었음을 표시하고, 이후 input 이벤트 핸들러에서 해당 필드를 검증합니다.

유효성 검사 코드는 [예 7-10]에서 보는 것과 같습니다.

**예 7-10 폼 필드의 유효성 검사 설정**

```
/**
 * 폼 유효성 검사에서 처리할 엘리먼트에 필요한 이벤트 리스너를 추가한다.
 * 이벤트 리스너는 유효성 상태에 따라 오류 메시지를 설정하거나 지운다.
 * @param element 유효성을 검사할 input 엘리먼트
 */
function addValidation(element) {
  const errorElement = document.getElementById(`${element.id}-error`);

  /**
   * 폼에 유효성 검사를 수행했는데 필드가 유효하지 않을 때 발생하는 이벤트.
   * 오류 메시지와 스타일을 설정한다. shouldValidate 플래그도 설정한다.
   */
  element.addEventListener('invalid', () => {
    errorElement.textContent = element.validationMessage;
    element.dataset.shouldValidate = true;
  });

  /**
   * 필드에 사용자 입력이 일어날 때 발생하는 이벤트. shouldValidate 플래그가
   * 설정되어 있으면 필드의 유효성을 다시 검사하고,
   * 필드가 유효하다면 오류 메시지를 지운다.
   */
  element.addEventListener('input', () => {
    if (element.dataset.shouldValidate) {
      if (element.checkValidity()) {
        errorElement.textContent = '';
      }
    }
  });

  /**
   * 필드가 포커스를 잃을 때 발생하고, shouldValidate 플래그를 설정한다.
   */
  element.addEventListener('blur', () => {
```

```
      // 이 필드는 사용되었으므로 이후 발생하는 'input' 이벤트에서는
      // 유효성 검사를 수행한다.
      // DOM input 엘리먼트의 data-should-validate 속성을 true로 설정한다.
      element.dataset.shouldValidate = true;
  });
}
```

> **노트** 이 예시에서는 input 이벤트를 리스닝합니다. 그러나 폼에 체크박스나 라디오 버튼이 포함되어 있다면 해당 엘리먼트에 대해서는 change 이벤트를 사용해야 될 수도 있습니다. MDN에서 input 이벤트 관련 문서 (https://oreil.ly/cFIjY)를 확인해 보세요.
> HTML 공식 명세에 따르면 type=checkbox 또는 type=radio 속성을 가진 <input> 엘리먼트는 사용자가 토글할 때마다 input 이벤트가 발생해야 합니다. 하지만 과거에는 이 동작이 브라우저에 따라 다르게 동작했습니다. 따라서 호환성을 확인하거나 체크박스나 라디오 버튼이라면 change 이벤트를 대신 사용하는 편이 좋습니다.

간단한 유효성 검사 도구를 완성하려면 폼 필드에 이벤트 리스너를 추가하고, 폼의 submit 이벤트도 리스닝하고, submit 이벤트 핸들러에서 유효성 검사를 실행합니다([예 7-11] 참고).

**예 7-11** 폼 유효성 검사 실행

```
// 폼에 'name'과 'email'이라는 input이 있다고 가정한다.
addValidation(form.elements.name);
addValidation(form.elements.email);

form.addEventListener('submit', event => {
  event.preventDefault();
  if (form.checkValidity()) {
    // 유효성 검사를 통과하면 폼을 전송한다.
  }
});
```

**설명** 이 코드는 브라우저의 기본 유효성 검사를 처리하는 간단한 유효성 검사 도구를 설정합니다. 폼을 전송하기 전에 checkValidity를 호출하여 폼 내부의 모든 입력 엘리먼트를 확인합니다. 입력 엘리먼트 중 하나라도 유효하지 않으면 해당 엘리먼트에 invalid 이벤트가 발생합니다. 이 이벤트를 다루기 위해 각각의 입력 엘리먼트에 invalid 이벤트 리스너를 추가하고, 이벤트 발생 시 적절한 오류 메시지를 표시해 주면 됩니다.

유효성 오류 메시지를 본 사용자는 필드의 값이 유효할 때 즉시 오류 메시지를 지우고 싶을 것입니다. 이를 위해 addValidation이 input 이벤트를 리스닝합니다. 사용자가 입력 필드에 무언가를 입력하면 즉시 input 이벤트가 발생하여[1] 입력 필드의 유효성을 다시 검사할 수 있습니다. 유효한 것으로 판명되면, 다시 말해 checkValidity가 true를 반환하면 오류 메시지를 지웁니다.

입력 필드는 data-should-validate 속성이 true로 설정된 경우에만 유효성을 검사합니다. 이 속성은 폼 전송 시 유효성 검사에 실패하거나 해당 입력 필드가 포커스를 잃었을 때 추가됩니다. 이를 통해 사용자가 입력을 마치기 전에 성급하게 유효성 검사 오류 메시지가 표시되는 것을 방지할 수 있습니다. 필드가 포커스를 한 번 잃으면, 그 다음 변경부터는 즉시 유효성 검사를 다시 수행합니다.

## 7.8 사용자 정의 유효성 검사 로직 사용하기

**문제** 제약 조건 유효성 검사 API에서 지원하지 않는 유효성 검사를 수행하고 싶습니다. 예를 들어, 패스워드 필드와 패스워드 확인 필드가 동일한 값인지 유효성 검사를 하려고 합니다.

**해결** 폼의 checkValidity를 호출하기 전에 사용자 정의 유효성 검사 로직을 수행합니다. 사용자 정의 유효성 검사가 실패하면 입력 엘리먼트의 setCustomValidity 메서드를 사용하여 적절한 오류 메시지를 표시합니다. 유효성 검사를 통과하면 이전에 설정된 유효성 메시지를 지웁니다([예 7-12] 참고).

예 7-12 사용자 정의 유효성 검사 사용

```
/**
 * password와 confirmPassword 필드의 값이 같은지
 * 확인하는 사용자 정의 유효성 검사 함수
 * @param form 두 필드를 포함한 폼
 */
function validatePasswordsMatch(form) {
  const { password, confirmPassword } = form.elements;
```

---

[1] 역자주_ 한국어 입력은 input 이벤트가 즉시 발생하지 않을 수도 있습니다.

```
    if (password.value !== confirmPassword.value) {
      confirmPassword.setCustomValidity('패스워드가 일치하지 않습니다.');
    } else {
      confirmPassword.setCustomValidity('');
    }
  }

  form.addEventListener('submit', event => {
    event.preventDefault();

    validatePasswordsMatch(form);
    if (form.checkValidity()) {
      // 유효성 검사를 통과하면 폼을 전송한다.
    }
  });
```

> **노트** 브라우저의 기본 유효성 UI를 사용하고 있다면 사용자 정의 유효성 메시지를 설정하기 전에 폼 필드의 `reportValidity` 메서드를 호출해야 합니다. 유효성 UI를 직접 관리하는 경우에는 이를 호출할 필요가 없지만, 오류 메시지가 적절한 위치에 표시되는지 확인해야 합니다.

**설명** 엘리먼트에 `setCustomValidity`를 호출하면서 비어 있지 않은 문자열을 전달하면 엘리먼트가 유효하지 않은 것으로 간주됩니다.

`validatePasswordsMatch` 함수는 `password` 필드와 `confirmPassword` 필드의 값을 검사합니다. 두 값이 서로 다르면 `confirmPassword` 필드의 `setCustomValidity`를 호출하여 유효성 오류 메시지를 설정합니다. 두 값이 일치하면 빈 문자열과 함께 `setCustomValidity`를 호출하여 유효한 필드로 표시합니다.

폼의 `submit` 핸들러는 기본 유효성 검사를 수행하기 전에 `validatePasswordsMatch`를 호출합니다. `validatePasswordsMatch`의 유효성 검사에 실패하여 사용자 정의 유효성 메시지가 설정되면 `form.checkValidity`도 실패하고, 다른 엘리먼트와 마찬가지로 `confirmPassword` 필드에서는 `invalid` 이벤트가 발생합니다.

## 7.9 체크박스 그룹 유효성 검사

**문제** 체크박스 그룹에서 적어도 한 개 이상의 체크박스가 선택되도록 강제하고 싶습니다. 하지만 체크박스에 required 속성을 설정하는 것은 소용없습니다. 이 속성은 개별 입력 요소에만 적용될 뿐, 그룹에는 적용되지 않기 때문입니다. 체크박스에 required가 설정되어 있으면 같은 그룹의 다른 체크박스가 선택되어 있더라도 해당 체크박스가 선택되어 있지 않으면 유효성 검사 오류가 발생합니다.

**해결** FormData 객체를 사용하여 선택된 체크박스의 배열을 구하고, 배열이 비어 있을 때 사용자 정의 유효성 검사 오류를 설정합니다.

직접 작성한 유효성 검사를 수행할 때 FormData의 getAll 메서드를 사용해 모든 선택된 체크박스의 값을 배열로 가져옵니다([예 7-13] 참고). 배열이 비어 있으면 아무 체크박스도 선택되지 않은 것이므로 유효하지 않은 것으로 간주합니다.

예 7-13 체크박스 그룹 유효성 검사

```
function validateCheckboxes(form) {
  const data = new FormData(form);

  // 여러 요소에 유효성 검사 오류를 설정하지 않도록,
  // 첫 번째 체크박스에만 그룹의 유효성 검사 메시지를 설정합니다.
  const element = form.elements.option1;

  if (!data.has('options')) {
    element.setCustomValidity('최소 한 개 이상의 옵션을 선택해주세요.');
  } else {
    element.setCustomValidity('');
  }
}
```

전체 그룹의 유효성 검사 상태를 한 곳에서 보여주기 위해 첫 번째 체크박스(이름이 option1이라고 가정합니다)에만 사용자 정의 유효성 메시지를 설정합니다. 유효성 메시지는 실제 <input> 엘리먼트에만 설정할 수 있으므로, 첫 번째 체크박스를 전체 그룹의 유효성 검사 메시지를 표시하는 일종의 컨테이너로 사용합니다.

그 다음에는 invalid와 change 이벤트를 리스닝합니다. invalid 이벤트가 발생하면 오류 메

시지를 표시합니다. change 이벤트가 발생하면(체크박스의 체크 표시가 토글될 때) 직접 작성한 유효성 검사를 수행하고, 검사를 통과했다면 오류 메시지를 제거합니다([예 7-14] 참고).

**예 7-14 체크박스 유효성 검사 설정**

```
/**
 * 폼 유효성 검사에서 처리할 엘리먼트에 필요한 이벤트 리스너를 추가한다.
 * 이벤트 리스너는 유효성 상태에 따라 오류 메시지를 설정하거나 지운다.
 * @param element 유효성을 검사할 input 엘리먼트
 * @param errorId 오류 메시지를 보여줄 플레이스홀더 엘리먼트의 아이디
 */
function addValidation(element, errorId) {
  const errorElement = document.getElementById(errorId);

  /**
   * 폼에 유효성 검사를 수행했는데 필드가 유효하지 않을 때 발생하는 이벤트.
   * 오류 메시지와 스타일을 설정한다.
   */
  element.addEventListener('invalid', () => {
    errorElement.textContent = element.validationMessage;
  });

  /**
   * 필드에 사용자 입력이 일어날 때 발생하는 이벤트.
   * 필드의 유효성을 다시 확인하고 유효한 경우에는 오류 메시지를 지운다.
   */
  element.addEventListener('change', () => {
    validateCheckboxes(form);
    if (form.elements.option1.checkValidity()) {
      errorElement.textContent = '';
    }
  });
}
```

마지막으로 각 체크박스 필드에 유효성 검사를 추가하고 폼의 유효성을 확인하기 전에 `validateCheckboxes` 함수를 호출합니다. [예 7-15]는 checkbox-error라는 아이디를 가진 엘리먼트가 있다고 가정하고, 체크박스 유효성 오류가 발생하면 메시지를 checkbox-error 엘리먼트에 설정합니다.

예 7-15 체크박스가 있는 폼의 유효성 검사

```
addValidation(form.elements.option1, 'checkbox-error');
addValidation(form.elements.option2, 'checkbox-error');
addValidation(form.elements.option3, 'checkbox-error');

form.addEventListener('submit', event => {
  event.preventDefault();
  validateCheckboxes(form);
  console.log(form.checkValidity());
});
```

**설명** 한 그룹 내에 있는 체크박스에 required를 설정해도 원하는 대로 동작하지 않을 것입니다. 약관 동의처럼 체크박스가 하나뿐이라면 유용하겠지만, 같은 그룹에 있는 다수의 체크박스를 required로 설정하면 개중 하나만 체크가 안 되어 있어도 폼 유효성 검사가 실패합니다. 체크박스 그룹을 위한 HTML 엘리먼트가 존재하지 않기 때문에 발생하는 문제인데, 원하는 동작을 구현하려면 약간의 추가 작업이 필요합니다.

예시에서는 그룹에 있는 첫 번째 체크박스를 유효성 메시지를 표시하기 위한 '컨테이너'로 사용합니다. 사용자가 그룹에 있는 체크박스를 토글하면 브라우저가 change 핸들러를 호출하고, 핸들러는 그룹의 체크박스 중 하나라도 체크가 되었는지 확인합니다. 선택된 체크박스를 수집한 배열이 비어 있으면 오류 상황으로 간주합니다. 사용자 정의 유효성 메시지는 첫 번째 체크박스에만 설정됩니다. 덕분에 필요에 따라 메시지를 항상 보여줄 수도 있고 숨길 수도 있습니다.

사용자 정의 유효성 검사 로직을 변경된 체크박스에 적용할 때 발생하는 일을 알아보겠습니다.

사용자가 아무 체크박스도 선택하지 않은 상태에서 폼을 전송하려고 하면 모든 체크박스에 사용자 정의 유효성 오류 메시지가 설정됩니다. 그럼 세 개의 체크박스 모두 유효하지 않은 상태가 됩니다. 이후 체크박스 하나를 선택하면 해당 체크박스에서 change 이벤트가 발생하고, 이벤트 핸들러는 체크박스 그룹 전체를 확인합니다. 이 시점에서는 선택된 체크박스가 있으므로 사용자 정의 유효성 메시지가 해제됩니다. 하지만 다른 체크박스는 여전히 오류 상태로 남아있을 것입니다. 결국 모든 체크박스에 required 속성을 설정한 것과 같은 결과가 됩니다.

validateCheckboxes 함수에서 모든 체크박스의 유효성 메시지를 설정하는 것도 한 가지 해결 방법이 될 수는 있습니다. 하지만 체크박스 하나만 골라서 사용자 정의 유효성 메시지를 해당 체크박스에만 설정하는 편이 더 간단합니다. 그룹 전체에 대응하는 오류 메시지 엘리먼트가 한 개만 존재하고, 해당 엘리먼트에 유효성 오류 메시지를 설정하는 편이 더 효율적입니다.

> **노트** 이 예시는 자체적으로 유효성 검사 메시지를 관리하기 때문에 브라우저의 기본 유효성 검사 UI가 사용자 정의 유효성 검사 오류와 함께 표시될 수 있습니다. 폼에 novalidate 속성을 추가하면 이런 문제를 방지할 수 있습니다.

## 7.10 비동기적으로 폼 필드 유효성 검사하기

> **문제** 직접 작성한 유효성 검사 로직에 네트워크 요청과 같은 비동기 작업이 필요합니다. 예를 들어 사용자 가입 폼에 비밀번호 필드가 있는 경우, 가입 폼에 입력된 비밀번호가 충분히 안전한지 확인하기 위해 API를 호출해야 합니다.

> **해결** 네트워크 요청을 수행한 후 사용자 정의 유효성 메시지를 설정합니다. 이 작업을 Promise를 반환하는 함수에서 처리합니다. 그럼 폼의 submit 핸들러에서 앞서 작성한 함수에서 반환된 Promise가 완료되기를 기다렸다가 폼의 checkValidity 메서드를 호출합니다. 비동기 유효성 검사 코드가 사용자 정의 유효성 메시지를 설정하면 checkValidity가 호출한 폼 유효성 검사가 이 메시지를 처리합니다.

[예 7-16]은 유효성 검사 로직입니다. 이 함수는 패스워드의 안전성 수치를 확인하는 API[2]를 호출하고 응답 결과에 따라 유효성 메시지를 설정합니다.

**예 7-16** 비동기 패스워드 안전성 검사 수행

```
/**
 * 패스워드가 충분히 안전한지 확인하는 API를 호출한다.
 * @param form 패스워드 필드가 포함된 폼
 */
async function validatePasswordStrength(form) {
  const { password } = form.elements;
```

---

[2] 실제로 존재하는 API는 아니므로 여기서는 작동 방식만 확인하세요.

```
    const response = await fetch(`/api/password-strength?password=${password.value}`);
    const result = await response.json();

    // 이전 예시와 마찬가지로 브라우저에서 제공하는 기본 유효성 검사 UI를
    // 사용하고 있다면, 패스워드 필드의 reportValidity를 호출해야 합니다.
    if (result.status === 'error') {
      password.setCustomValidity(result.error);
    } else {
      password.setCustomValidity('');
    }
  }
```

> 주의   패스워드는 반드시 HTTPS와 같이 안전한 연결을 통해 전송해야 합니다. 그렇지 않으면 사용자의 패스워드가 평문으로 전송되어 보안 측면에서 매우 위험할 수 있습니다.

이 함수는 async로 표시되었으므로 Promise를 반환합니다. 폼의 submit 핸들러에서는 [예 7-17]과 같이 반환된 Promise가 완료될 때까지 대기해야(await) 합니다.

예 7-17 비동기 폼 submit 핸들러

```
form.addEventListener('submit', async event => {
  event.preventDefault();
  await validatePasswordStrength(form);
  console.log(form.checkValidity());
});
```

폼을 전송할 때 패스워드가 안전성 기준에 미달하면 필드를 유효하지 않은 것으로 표시합니다. 필드의 값이 변경될 때마다 유효성 검증 로직을 다시 실행할 수도 있지만, 여기서는 동기식 사용자 정의 유효성 검사에서처럼 input 대신 blur 이벤트를 사용합니다([예 7-18] 참고).

예 7-18 blur 이벤트 발생시 유효성 검사 재실행

```
form.elements.password.addEventListener('blur', async event => {
  const password = event.target;
  const errorElement = document.getElementById('password-error');
  if (password.dataset.shouldValidate) {
    await validatePasswordStrength(form);
    if (password.checkValidity()) {
```

```
      errorElement.textContent = '';
      password.classList.remove('border-danger');
    }
  }
});
```

> **설명** 만약 input 이벤트에서 유효성 검사를 수행한다면 사용자가 키를 누를 때마다 네트워크 요청을 전송해야 합니다. blur 이벤트는 필드가 포커스를 잃은 뒤에 발생하므로 유효성 검사를 미뤄 둘 수 있습니다. 이벤트 핸들러는 유효성 검사 API를 실행하고 새로운 유효성 상태를 확인합니다.

> **팁** 디바운스debounce된 유효성 검사 함수를 사용할 수도 있습니다. 그러면 input 이벤트가 발생할 때마다 재검사를 수행한다 해도, 사용자가 일정 시간 동안 잠시 입력을 멈추었을 때만 재검사가 수행됩니다.
> 디바운스된 함수를 작성하는 방법에 관해 알고 싶다면 freeCodeCamp(*https://oreil.ly/kLRJa*)의 기사를 확인해 보세요. 평범한 함수를 디바운스된 함수로 만들어 주는 npm 패키지를 사용하는 방법도 있습니다.[3]

---

[3] 유명한 유틸리티 패키지인 lodash나 es-toolkit에서 제공하는 debounce 함수를 사용하면 손쉽게 디바운스된 함수를 만들 수 있습니다.

# CHAPTER 8

# 웹 애니메이션 API

## 8.0 소개

모던 웹 브라우저에서 엘리먼트를 애니메이션으로 표현하는 방법에는 여러 종류가 있습니다. 1장에서는 `requestAnimationFrame` API를 사용하여 엘리먼트의 애니메이션을 일일이 구현했습니다(1.6절 참고). 이 방법을 사용하면 다룰 수 있는 것은 많아지지만 그에 따른 대가도 큽니다. 프레임 비율을 계산하기 위해 계속 타임스탬프를 확인해야 하고, 자바스크립트에서 애니메이션의 각 단계마다 증가시켜야 할 값도 계산해야 합니다.

### 키프레임 기반 애니메이션

CSS3에서는 키프레임keyframe 애니메이션을 도입했습니다. CSS 규칙을 사용해 시작 스타일, 마지막 스타일, 진행 시간을 설정해주면 됩니다. 중간 과정 애니메이션 프레임은 브라우저가 자동으로 계산하고 채웁니다. 애니메이션은 `@keyframes` 규칙과 `animation` 프로퍼티를 사용해서 정의합니다. [예 8-1]은 페이드인 애니메이션을 정의한 것입니다.

예 8-1 CSS 키프레임 애니메이션 사용

```
@keyframes fade {
  from {
    opacity: 0;
```

```
    }
    to {
      opacity: 1;
    }
}

.some-element {
  animation: fade 250ms;
}
```

예시에서 페이드인 애니메이션은 불투명도가 0으로 시작해서 1로 끝납니다. 애니메이션이 실행되면 브라우저는 250밀리초짜리 애니메이션을 위한 중간 프레임의 스타일을 계산합니다. 그리고 엘리먼트가 DOM에 나타나자마자 혹은 `some-element` 클래스가 적용되자마자 애니메이션이 시작됩니다.

## 자바스크립트를 사용한 키프레임 애니메이션

웹 애니메이션Web Animation API를 이용하면 자바스크립트 코드에서 키프레임 애니메이션을 사용할 수 있습니다. `Element` 인터페이스에는 키프레임과 애니메이션 설정을 정의할 수 있는 `animate` 메서드가 있습니다. [예 8-2]는 웹 애니메이션 API를 사용해 [예 8-1]의 애니메이션을 구현한 것입니다.

**예 8-2** 웹 애니메이션 API를 사용한 페이드인 효과

```
const element = document.querySelector('.some-element');
element.animate([
  { opacity: 0 },
  { opacity: 1 }
], {
  // 250밀리초짜리 애니메이션
  duration: 250
});
```

결과는 같습니다. 엘리먼트가 250밀리초에 걸쳐서 페이드인 효과와 함께 나타납니다. 애니메이션은 `element.animate`를 호출하여 시작합니다.

## Animation 객체

`element.animate`를 호출하면 `Animation` 객체가 반환됩니다. 이 객체를 사용하면 애니메이션을 멈추거나 재개, 취소 혹은 반대 방향으로 실행할 수 있습니다. 이 객체 또한 애니메이션이 완료되면 해결되는 `Promise`를 제공합니다.

애니메이션을 적용할 프로퍼티는 신중하게 선택해야 합니다. `height`나 `padding`과 같은 일부 프로퍼티는 페이지 전체의 레이아웃에 영향을 미칩니다. 이들 속성을 애니메이션으로 표현하면 성능 문제가 발생할 수 있으며, 대체로 애니메이션도 부자연스럽게 보입니다. 애니메이션하기 제일 좋은 프로퍼티는 `opacity`와 `transform`입니다. 페이지의 레이아웃에 영향을 끼치지 않고, 시스템의 GPU에 의해 가속되기 때문입니다.

## 8.1 클릭할 때 물결 효과 적용하기

**문제** 버튼을 클릭할 때 버튼을 클릭한 위치부터 시작하는 '물결<sup>ripple</sup>' 애니메이션을 보여주고 싶습니다.

**해결** 버튼을 클릭할 때 물결 애니메이션을 위한 임시 자식 엘리먼트를 생성합니다. 이 엘리먼트로 애니메이션을 보여줄 것입니다.

먼저 물결 엘리먼트를 위한 스타일을 작성합니다. 버튼에도 몇 가지 스타일을 적용해야 합니다 ([예 8-3] 참고).

예 8-3 버튼과 물결 엘리먼트를 위한 스타일

```
.ripple-button {
  position: relative;
  overflow: hidden;
}

.ripple {
  background: white;
  pointer-events: none;
  transform-origin: center;
  opacity: 0;
```

```
    position: absolute;
    border-radius: 50%;
    width: 150px;
    height: 150px;
}
```

버튼의 클릭 핸들러에서 새로운 물결 엘리먼트를 동적으로 생성하고 이를 버튼에 추가한 다음, 위치를 업데이트하고 애니메이션을 실행합니다([예 8-4] 참고).

**예 8-4 물결 애니메이션 실행**

```
button.addEventListener('click', async event => {
  // 물결 표현을 위한 임시 엘리먼트를 만들고, 클래스를 설정한 다음,
  // 버튼에 추가한다.
  const ripple = document.createElement('div');
  ripple.className = 'ripple';

  // 버튼의 너비와 높이를 구해서 물결의 크기로 사용한다.
  const rippleSize = Math.max(button.offsetWidth, button.offsetHeight);
  ripple.style.width = `${rippleSize}px`;
  ripple.style.height = `${rippleSize}px`;

  // 물결 엘리먼트의 중심을 클릭 위치로 설정한다.
  ripple.style.top = `${event.offsetY - (rippleSize / 2)}px`;
  ripple.style.left = `${event.offsetX - (rippleSize / 2)}px`;

  button.appendChild(ripple);

  // 물결 애니메이션을 실행하고 완료될 때까지 기다린다.
  await ripple.animate([
    { transform: 'scale(0)', opacity: 0.5 },
    { transform: 'scale(2.5)', opacity: 0 }
  ], {
    // 500밀리초 동안 애니메이션 실행한다.
    duration: 500,
    // ease-in 이징 함수를 사용한다.
    easing: 'ease-in'
  }).finished;

  // 모두 끝났으므로 물결 엘리먼트를 제거한다.
  ripple.remove();
});
```

**설명** 예시에서 `ripple` 변수에 저장된 물결 엘리먼트는 원 모양이며, 버튼 크기에 상대적인 크기로 정해집니다. 이 엘리먼트의 불투명도<sup>opacity</sup>와 확대 트랜스폼<sup>scale transform</sup>에 애니메이션을 적용하여 물결 효과를 만듭니다.

예시에는 몇 가지 주목할 만한 엘리먼트 스타일이 있습니다. 먼저, 버튼 자체의 `position`이 `relative`로 설정되었습니다. 덕분에 물결에 `absolute` 위치를 설정하면 사실상 버튼에 상대적인 위치가 됩니다.

---

### CSS의 절대적인 위치

엘리먼트의 `position` 프로퍼티를 `absolute`(절대적인 위치)로 설정하면 브라우저는 해당 엘리먼트를 문서의 레이아웃에서 제거하고, 설정된 위치에서 가장 가까운 조상 엘리먼트의 상대적인 위치로 엘리먼트의 위치를 설정합니다. 엘리먼트의 '위치가 설정되었다'는 것은 그 엘리먼트의 `position` 프로퍼티의 값이 기본값인 `static` 외의 값으로 설정되었다는 의미입니다.

절대적인 위치로 설정된 엘리먼트가 올바르지 않은 위치에 나타난다면 조상 엘리먼트의 위치가 모두 제대로 설정되었는지 확인하세요. 바로 위 부모 엘리먼트는 문제의 원인이 아닐 수도 있습니다.

---

버튼은 `overflow: hidden`으로 설정되어 있습니다. 물결 효과가 버튼 바깥에서 보이지 않도록 방지하는 것입니다.

눈치챘을지 모르지만 물결 엘리먼트에는 `pointer-events: none`이 설정되어 있습니다. 물결 엘리먼트는 버튼 내부에 있기 때문에 브라우저는 물결의 클릭 이벤트를 버튼의 클릭 이벤트에 위임<sup>delegation</sup>합니다. 다시 말해 물결 엘리먼트를 클릭하면 새로운 물결 엘리먼트를 만든다는 뜻인데, 이때 새로운 물결은 잘못된 위치에 생성됩니다. 새로운 물결의 위치는 클릭된 위치를 바탕으로 계산하는데, 버튼이 아닌 클릭한 물결에 상대적인 클릭 위치를 가져오기 때문입니다.

이 문제를 피하기 위한 가장 좋은 방법은 `pointer-events: none`을 설정하여 물결 엘리먼트의 클릭 이벤트를 무시하는 것입니다. 애니메이션이 진행되는 중에 물결을 클릭하면 클릭 이벤트는 버튼에서만 발생합니다. 이는 다음 물결 파동을 올바른 위치에 만들기 위해 필요한 것입니다.

그 다음에는 `top`과 `left` 위치를 설정하여 클릭한 곳을 물결의 중심 위치로 삼았습니다.

이제 물결에 애니메이션을 적용합니다. `ripple.animate`를 실행하면 반환되는 애니메이션 객체에 있는 `finished` 프로퍼티는 애니메이션이 종료될 때 해결되는 `Promise`입니다. 이 `Promise`가 해결되면 물결 애니메이션이 완료되었다는 의미이므로, DOM에서 해당 물결 엘리먼트를 제거하면 됩니다.

물결이 진행 중일 때 버튼을 클릭하면 다른 물결 파동이 발생하고 함께 애니메이션됩니다. 물결 애니메이션은 서로 방해하지 않습니다. 일반적인 CSS 애니메이션을 사용했다면 구현이 더 까다로웠을 것입니다.

---

### 이징 함수

이징easing 함수는 `easing` 프로퍼티를 통해 설정할 수 있으며, 애니메이션되는 프로퍼티의 변화 속도를 정합니다. 이 값의 세부적인 조정 방법은 이 책의 범위를 벗어나지만, 알아두면 좋을 몇 가지 기본 이징 함수만 간단히 설명합니다.

- `linear` (기본값)
  애니메이션이 일정한 속도로 진행됩니다.

- `ease-out`
  애니메이션을 시작할 때는 빠르게 움직이다가 점차 느려집니다.

- `ease-in`
  애니메이션이 시작할 때는 느리게 움직이다가 점차 빨라집니다.

- `ease-in-out`
  애니메이션이 느리게 시작했다가, 빨라졌다가, 다시 점차 느려지면서 끝납니다.

---

## 8.2 애니메이션 시작과 중지

**문제** 코드를 통해 애니메이션을 시작하고 중지하고 싶습니다.

**해결** 애니메이션 객체의 pause와 play 함수를 사용합니다([예 8-5] 참고).

**예 8-5** 애니메이션 재생 상태 토글

```
/**
 * 주어진 애니메이션의 재생 상태를 토글한다.
 * 애니메이션이 실행 중이라면 중지하고,
 * 중지된 상태라면 이어서 재생한다.
 */
function toggleAnimation(animation) {
  if (animation.playState === 'running') {
    animation.pause();
  } else {
    animation.play();
  }
}
```

**설명** element.animate를 호출할 때 반환되는 애니메이션 객체에 있는 playState 프로퍼티로 애니메이션이 현재 진행 중인지 아닌지 알 수 있습니다. 실행 중이라면 프로퍼티의 값이 running이라는 문자열이 됩니다. 그 외의 값은 다음과 같습니다.

- **paused**
  애니메이션을 실행했지만, 완료되기 전에 중지된 상태.

- **finished**
  애니메이션이 완료되었고 중지된 상태.

toggleAnimation 함수는 playState 프로퍼티에 따라 pause나 play를 실행하여 애니메이션의 상태를 변경합니다.

## 8.3 DOM 추가와 제거 애니메이션

**문제** DOM에 엘리먼트를 추가하거나 제거할 때 애니메이션 효과를 보여주고 싶습니다.

**해결** 원하는 동작에 따라 해결책이 조금 다릅니다.

엘리먼트를 추가할 때는 DOM에 먼저 엘리먼트를 추가한 다음 바로 페이드인과 같은 애니메이션을 실행합니다. DOM에 있는 엘리먼트만 애니메이션할 수 있으므로, 애니메이션을 실행하기 전에 먼저 추가부터 해야 합니다([예 8-6] 참고).

**예 8-6 애니메이션과 함께 엘리먼트 표시하기**

```
/**
 * DOM에 막 추가된 엘리먼트를 페이드인 애니메이션과 함께 보여준다.
 * @param element 보여줄 엘리먼트
 */
function showElement(element) {
  document.body.appendChild(element);
  element.animate([
    { opacity: 0 },
    { opacity: 1 }
  ], {
    // 250밀리초짜리 애니메이션
    duration: 250
  });
}
```

엘리먼트를 제거할 때는 페이드아웃과 같은 애니메이션을 먼저 실행해야 합니다. 그리고 애니메이션이 완료되자마자 엘리먼트를 DOM에서 제거합니다([예 8-7] 참고).

**예 8-7 애니메이션과 함께 엘리먼트 제거하기**

```
/**
 * 페이드아웃 애니메이션을 실행한 후에 엘리먼트를 DOM에서 제거한다.
 * @param element 제거할 엘리먼트
 */
async function removeElement(element) {
  // 먼저, 애니메이션을 실행하여 엘리먼트를 보이지 않게 만든다.
  // 결과로 반환되는 애니메이션 객체의 finished 프로퍼티는 Promise 객체이다.
  await element.animate([
    { opacity: 1 },
    { opacity: 0 }
  ], {
    // 250밀리초짜리 애니메이션
    duration: 250
```

```
    }).finished;

    // 애니메이션이 끝나면 DOM에서 엘리먼트를 제거한다.
    element.remove();
}
```

**설명** 엘리먼트를 추가하면서 애니메이션을 실행하면 최초 렌더링 전에 완전 투명 상태, 다시 말해 불투명도가 0인 상태에서 시작하는 애니메이션을 시작합니다. 엘리먼트가 숨겨진 상태에서 시작해서 서서히 나타나는 효과가 되는 것입니다.

엘리먼트를 제거할 때는 애니메이션의 `finished` 프로퍼티인 `Promise` 객체를 통해 애니메이션이 완료될 때까지 기다릴 수 있습니다. 애니메이션이 완료되기 전에는 DOM에서 엘리먼트를 제거하지 않아야 합니다. 그렇지 않으면 애니메이션 효과 도중에 엘리먼트가 사라지게 될 것입니다.

## 8.4 역방향 애니메이션

**문제** 진행 중인 애니메이션을 취소하고 싶습니다. 호버 효과[1]처럼 취소 후 역방향 애니메이션을 보여주며 처음 상태로 부드럽게 되돌리고 싶습니다.

**해결** `Animation` 객체의 `reverse` 메서드를 사용해 애니메이션을 역방향으로 재생합니다.

진행 중인 애니메이션은 변수를 통해 추적할 수 있습니다. 애니메이션의 상태를 변경할 때 이 변수에 값이 있다면 다른 애니메이션이 이미 실행 중이라는 뜻이므로, 브라우저는 이 애니메이션을 역방향으로 재생해야 합니다.

호버 효과를 예로 들면([예 8-8] 참고) 마우스를 엘리먼트에 올렸을 때 애니메이션을 시작할 수 있습니다.

---

1 역자주_ 어떤 엘리먼트에 마우스 커서를 올릴 때와 올리지 않을 때 주는 효과입니다. 예를 들어 마우스 커서가 올라오면 요소의 크기가 커지고 빠져나가면 원래 크기로 작아지는 애니메이션을 보여줄 수 있습니다.

예 8-8 호버 효과

```
element.addEventListener('mouseover', async () => {
  if (animation) {
    // 애니메이션이 이미 실행 중이므로 새로 시작하지 말고,
    // 기존 애니메이션을 역방향으로 재생한다.
    animation.reverse();
  } else {
    // 진행 중인 애니메이션이 없으므로 새로운 애니메이션을 시작한다.
    animation = element.animate([
      { transform: 'scale(1)' },
      { transform: 'scale(2)' }
    ], {
      // 1초짜리 애니메이션
      duration: 1000,
      // 처음과 끝 스타일을 적용한다.
      fill: 'both'
    });

    // 애니메이션이 완료되면 현재 애니메이션 변수를 null로 설정한다.
    await animation.finished;
    animation = null;
  }
});
```

마우스가 엘리먼트를 벗어날 때 동일한 로직을 적용합니다([예 8-9] 참고).

예 8-9 호버 효과 제거

```
button.addEventListener('mouseout', async () => {
  if (animation) {
    // 애니메이션이 이미 실행 중이므로 새로 시작하지 말고,
    // 기존 애니메이션을 역방향으로 재생한다.
    animation.reverse();
  } else {
    // 진행 중인 애니메이션이 없으므로 새로운 애니메이션을 시작한다.
    animation = button.animate([
      { transform: 'scale(2)' },
      { transform: 'scale(1)' }
    ], {
      // 1초짜리 애니메이션
      duration: 1000,
      // 처음과 끝 스타일을 적용한다.
```

```
      fill: 'both'
    });

    // 애니메이션이 완료되면 현재 애니메이션 변수를 null로 설정한다.
    await animation.finished;
    animation = null;
  }
});
```

> **설명** 두 가지 경우 모두 키프레임은 동일합니다. 키프레임의 순서만 다를 뿐입니다. 따라서 애니메이션의 direction 프로퍼티를 설정하는 함수 하나로만 구현할 수도 있습니다. 마우스가 엘리먼트 위에 위치할 때는 애니메이션을 원래 방향, 다시 말해 정방향으로 재생합니다. 마우스가 엘리먼트를 떠날 때는 동일한 애니메이션을 보여주되, 역방향으로 설정합니다([예 8-10] 참고).

**예 8-10 함수 하나로 구현한 애니메이션**

```
let animation = null;

async function animate(element, direction) {
  if (animation) {
    animation.reverse();
  } else {
    animation = element.animate([
      { transform: 'scale(1)' },
      { transform: 'scale(2)' }
    ], {
      // 1초짜리 애니메이션
      duration: 1000,
      // 애니메이션이 완료된 후 끝 스타일을 적용한다.
      fill: 'forwards',
      // direction 값에 따라 애니메이션을 정방향(원래 방향)
      // 또는 반대 방향(역방향)으로 실행한다.
      direction
    });

    // 애니메이션이 완료되면, 해당 변수를 null로 설정하여
    // 진행 중인 애니메이션이 없음을 알린다.
    await animation.finished;
    animation = null;
```

```
    }
  }
element.addEventListener('mouseover', () => {
  animate(element, 'normal');
});

element.addEventListener('mouseout', () => {
  animate(element, 'reverse');
});
```

결과는 앞에서 구현한 것과 같습니다. 엘리먼트에 마우스를 올리면 scale(2)로 설정된 transform 프로퍼티 덕분에 엘리먼트의 크기가 커집니다. 마우스가 엘리먼트를 벗어나면 역방향 애니메이션과 함께 크기가 점차 작아집니다.

차이점은 이벤트 핸들러에서 찾을 수 있습니다. 두 이벤트 핸들러 모두 똑같은 함수를 호출합니다. 다른 점은 애니메이션의 방향을 뜻하는 설정뿐입니다.

[예 8-8]은 애니메이션의 fill 모드를 both로 설정합니다. 애니메이션의 채움(fill) 설정을 통해 애니메이션을 시작하기 전이나 끝낸 후의 스타일을 정의할 수 있습니다. 채움 설정의 기본값은 none입니다. 애니메이션이 완료된 후, 엘리먼트의 스타일이 애니메이션을 사용하기 전의 상태로 바로 변경된다는 의미입니다.

예시를 기준으로 설명해 보겠습니다. 엘리먼트에 마우스를 올리면 엘리먼트가 점차 커지다가 목표한 크기에 도달합니다. 채움 모드가 설정되어 있지 않으면 이 시점에서 즉시 원래의 크기로 돌아가버리게 됩니다.

다음은 none 외에 사용할 수 있는 채움 모드 값입니다.

- **backwards**
  애니메이션을 시작하기 전, 시작 키프레임의 스타일을 엘리먼트에 적용합니다. 주로 애니메이션 지연 시간 delay을 사용하는 경우에만 적용되며, 지연 시간 동안 보여줄 엘리먼트의 스타일을 정의합니다.

- **forwards**
  애니메이션이 완료된 후 끝 키프레임 스타일을 그대로 유지합니다.

- **both**
  backwards와 forwards를 모두 적용합니다.

[예 8-10]의 애니메이션은 지연 시간이 없으므로 forwards 설정만 사용됩니다. 즉, 애니메이션이 종료된 후 끝 스타일을 그대로 유지합니다.

## 8.5 스크롤 프로그레스 바

**문제** 페이지 상단에 페이지를 스크롤할 때마다 움직이는 프로그레스 바<sup>progress bar</sup>를 보여주고 싶습니다. 스크롤을 아래로 내리면 프로그레스 바가 오른쪽으로 이동합니다.

**해결** 스크롤과 연계된 애니메이션은 ScrollTimeline 인스턴스를 생성하고 이를 animate 메서드에 전달하여 만들 수 있습니다. 엘리먼트가 왼쪽에서 오른쪽으로 자라도록 만들려면 transition 프로퍼티를 scaleX(0)에서 scaleX(1)로 애니메이션하면 됩니다.

> **노트** 이 API는 모든 브라우저에서 지원되지 않습니다. 최신 호환성 자료는 Can I Use(*https://oreil.ly/l-hvN*)를 참고하세요.

먼저 [예 8-11]과 같이 프로그레스 바 엘리먼트에 스타일을 설정합니다.

**예 8-11 스크롤 프로그레스 바 스타일**

```
.scroll-progress {
  height: 8px;
  transform-origin: left;
  position: sticky;
  top: 0;
  transform: scaleX(0);
  background: blue;
}
```

예시의 position: sticky 속성은 사용자가 페이지를 스크롤할 때 이 엘리먼트가 계속 보이도록 해줍니다. 또한 초기 스타일을 scaleX(0)으로 설정하면 프로그레스 바가 화면에 나타나지 않도록 숨겨집니다. 이 설정이 없으면 프로그레스 바가 잠깐 전체 너비로 표현되었다가 사라지는 현상이 발생할 수 있습니다. 이 설정을 사용하면 스크롤을 할 때까지 확실하게 프로그레스바를 표시하지 않습니다.

다음으로 [예 8-12]와 같이 `ScrollTimeline` 객체를 생성하고 이를 애니메이션의 타임라인 옵션으로 전달하겠습니다.

**예 8-12** 스크롤 타임라인 생성하기

```
const progress = document.querySelector('.scroll-progress');

// 문서의 스크롤 위치와 연결된 timeline을 생성한다.

const timeline = new ScrollTimeline({
  source: document.documentElement
});

// 애니메이션을 시작하면서 방금 작성한 timeline을 전달한다.
progress.animate(
  [
    { transform: 'scaleX(0)' },
    { transform: 'scaleX(1)' }
  ],
  { timeline }
);
```

이제 스크롤과 연계된 애니메이션을 볼 수 있습니다.

**설명** 애니메이션의 `timeline`은 `AnimationTimeline` 인터페이스를 구현한 객체입니다. 기본적으로 애니메이션은 `DocumentTimeline` 객체인 문서의 기본 타임라인timeline을 사용합니다. 이 타임라인은 진행된 시간과 연결되어 있습니다. 기본 타임라인을 사용해 애니메이션을 시작하면, 애니메이션은 초기 키프레임에서 시작해서 계속 진행되다가 마지막 키프레임을 만나 종료됩니다(물론 수동으로 중단할 수도 있습니다). 기본 타임라인은 진행된 시간에 연결되어 있기 때문에 초기값에서 출발한 값은 시간이 지나면서 계속 증가하게 됩니다.

하지만 스크롤 기반 애니메이션에서 제공하는 타임라인은 스크롤 위치에 연결되어 있습니다. 최상단으로 스크롤하면 스크롤 위치는 0이 되고 애니메이션이 초기 상태가 될 것입니다. 아래로 스크롤하면 그에 따라 스크롤 위치가 증가하고 애니메이션도 진행됩니다. 스크롤을 제일 하단으로 스크롤하면 애니메이션도 끝에 다다릅니다. 스크롤을 다시 위로 올리면 애니메이션이 역방향으로 진행됩니다.

ScrollTimeline 인스턴스는 source 설정을 통해 기준이 되는 엘리먼트를 정의합니다. [예 8-12]에서는 source를 문서 엘리먼트, 즉 html 태그로 설정했습니다. 스크롤 가능한 엘리먼트는 무엇이든 기준 엘리먼트로 전달할 수 있고, ScrollTimeline은 엘리먼트의 스크롤 위치를 통해 현재 진행 정도를 정합니다.

이 글을 작성하는 시점을 기준으로 모던 브라우저는 모두 DocumentTimeline을 지원하지만 ScrollTimeline은 일부만 지원하고 있습니다.[2] ScrollTimeline을 사용하기 전에는 항상 브라우저 지원 여부를 확인해야 합니다.

## 8.6 통통 튀는 엘리먼트

**문제** 엘리먼트에 통통 튀는 효과를 잠깐 주고 싶습니다.

**해결** 일련의 애니메이션을 하나씩 순차적으로 적용합니다. 애니메이션 객체의 finished 프로퍼티를 사용하여 끝나기를 기다렸다가 다음 애니메이션을 실행합니다.

엘리먼트는 위아래로 세 번씩 움직입니다. 한 회차마다 엘리먼트에 translateY 트랜스폼을 적용하여 위로 이동힌 다음에 다시 원레 위치로 내려보냅니다. 첫 번째 회차에서 엘리먼트는 40픽셀만큼 튀고 그 다음에는 20픽셀, 마지막 세 번째에는 10픽셀만큼 튑니다. 이를 통해 튈 때마다 중력에 의해 점차 낮게 튀는 애니메이션을 보여줄 수 있습니다. 반복 작업은 for-of 루프를 통해 수행합니다([예 8-13] 참고).

**예 8-13 통통 튀는 바운스 애니메이션 적용**

```
async function animateBounce(element) {
  const distances = [ '40px', '20px', '10px' ];
  for (let distance of distances) {
    // 다음 애니메이션을 진행하기 전에 현재 애니메이션이 끝날 때까지 대기한다.
    await element.animate([
```

---

[2] 2024년 12월 기준, 크롬 또는 크롬 기반 브라우저는 ScrollTimeline을 지원하지만 사파리와 파이어폭스는 지원하지 않습니다.

```
        // 바닥에서 시작
        { transform: 'translateY(0)' },

        // 현재 거리만큼 위로 이동한다.
        { transform: 'translateY(-${distance})', offset: 0.5 },

        // 다시 바닥으로 이동한다.
        { transform: 'translateY(0)' }
      ], {
        // 250밀리초 동안 애니메이션 실행.
        duration: 250,

        // 자연스러운 효과를 위해 기본값인 linear가 아닌
        // 이징 함수 사용.
        easing: 'ease-in-out'
      }).finished;
  }
}
```

**설명** 이 예시는 웹 애니메이션 API의 동적인 키프레임 값을 잘 활용하고 있습니다. 루프의 회차마다 키프레임 효과 안에서 각기 다른 `distance` 값을 사용합니다.

예시의 `for-of` 루프는 세 가지 거리(40px, 20px, 10px)를 한 번에 하나씩 순회하며 애니메이션을 보여줍니다. 엘리먼트는 회차마다 주어진 거리만큼 위로 이동하고 바닥으로 다시 내려옵니다. 주목해야 할 것은 애니메이션 객체의 `finished` 프로퍼티를 참조한 마지막 줄입니다. 덕분에 현재 애니메이션이 끝나기를 기다렸다가 다음 회차를 진행할 수 있게 되었습니다. 그 결과 애니메이션은 하나씩 순차적으로 진행되어 부드러운 바운스 효과를 만듭니다.

예시에서는 배열의 `forEach()` 메서드를 사용하지 않고 `for-of` 루프를 사용했습니다. `forEach`와 같은 배열 메서드 내에서 `await` 키워드를 사용하면 기대와 다르게 동작할 것입니다. 이러한 메서드는 비동기 동작에 사용하도록 만들어지지 않았습니다. 만약 `forEach` 함수를 사용했다면 `element.animate`가 아무것도 기다리지 않고 줄줄이 이어서 실행되었을 것이고, 그 결과 마지막 애니메이션만 재생되었을 것입니다. `for-of` 루프를 사용하면(일반적인 `for` 루프로도 잘 됩니다) `async/await`가 기대와 같이 동작하여 원하는 결과를 얻게 됩니다.

## 8.7 여러 애니메이션 동시 실행

**문제** 하나의 엘리먼트에 여러 엘리먼트를 사용하여 여러 가지 변형 효과를 동시에 적용하고 싶습니다.

**해결** 엘리먼트에 여러 번 animate를 호출하되, 트랜스폼 키프레임을 호출할 때마다 다르게 적용합니다. 그리고 [예 8-14]처럼 composite 프로퍼티를 사용해 트랜스폼을 조합합니다.

예 8-14 두 종류의 트랜스폼 애니메이션 조합

```
// 첫 번째 애니메이션은 X 축을 기준으로 엘리먼트를 앞뒤로 이동한다.
element.animate([
  { transform: 'translateX(0)' },
  { transform: 'translateX(250px)' }
], {
  // 5초 동안 애니메이션을 실행한다.
  duration: 5000,
  // 정방향으로 실행한 다음, 역방향으로 실행한다.
  direction: 'alternate',
  // 애니메이션을 무한 반복한다.
  iterations: Infinity,
  // 느리게 시작해서 빨라졌다가 다시 느리게 끝난다.
  easing: 'ease-in-out'
});

// 두 번째 애니메이션은 엘리먼트를 회전시킨다.
element.animate([
  { transform: 'rotate(0deg)' },
  { transform: 'rotate(360deg)' }
], {
  // 3초 동안 애니메이션을 실행한다.
  duration: 3000,
  // 애니메이션을 무한 반복한다.
  iterations: Infinity,
  // 실행 중인 다른 애니메이션과 효과를 조합한다.
  composite: 'add'
});
```

예시에서 `alternate` 방향은 애니메이션을 정방향으로 실행해서 완료한 후 역방향으로 다시 실행해서 완료하라는 뜻입니다. 반복 횟수를 의미하는 `iterations`가 Infinity로 설정되었으므로 이 애니메이션은 무한 반복됩니다.

**설명** 이 효과에서 가장 중요한 부분은 두 번째 애니메이션에 추가된 composite 프로퍼티입니다. 만약 composite: add를 설정하지 않으면 두 번째 애니메이션이 translateX 트랜스폼을 덮어쓰기 때문에 rotate 트랜스폼 애니메이션만 실행됩니다. 엘리먼트는 수평으로 움직이지 않고 회전만 할 것입니다.

이 효과에서는 두 종류의 트랜스폼을 하나로 합쳤습니다. 눈여겨보아야 할 것은 각 트랜스폼 애니메이션은 다른 속도로 실행된다는 점입니다. 회전은 3초 동안 실행되지만 좌표 이동은 5초 동안 실행되었습니다. 또한 각 애니메이션은 이징 함수도 다르게 사용합니다. 이렇듯 설정이 달라도 브라우저는 두 종류의 애니메이션을 매끄럽게 통합합니다.

## 8.8 로딩 애니메이션

**문제** 네트워크 요청이 완료되기를 기다리는 동안 사용자에게 로딩 애니메이션을 보여주고 싶습니다.

**해결** 로딩 표시 엘리먼트를 만들고 꾸민 후, fetch 요청 Promise가 완료될 때까지 계속 회전시킵니다.

부드러운 효과를 위해 페이드인 애니메이션을 먼저 실행합니다. 네트워크 Promise가 해결되면 페이드아웃을 실행합니다.

먼저 [예 8-15]와 같이 로딩 표시 엘리먼트를 만들고 스타일을 설정합니다.

**예 8-15 로딩 표시 엘리먼트**

```
<style>
  #loader {
    width: 64px;
    height: 64px;

    /* 동그라미를 만든다. */
    border-radius: 50%;
    border-width: 10px;
    border-style: solid;
    border-color: skyblue blue skyblue blue;
```

```
      /* 최초 불투명도를 설정하여 자연스럽게 나타나도록 한다. */
      opacity: 0;
    }
  </style>

  <div id="loader"></div>
```

[그림 8-1]에서 보듯이 로딩 표시 엘리먼트는 외곽선 색상이 번갈아 가며 나타나는 반지 형태를 띄고 있습니다.

그림 8-1 스타일이 적용된 로딩 표시 엘리먼트

다음으로는 [예 8-16]처럼 애니메이션을 시작하는 함수를 정의하고 Promise가 해결될 때까지 기다립니다.

예 8-16 로딩 애니메이션

```
async function showLoader(promise) {
  const loader = document.querySelector('#loader');

  // 페이드인 효과 전에 빙글빙글 회전하는 애니메이션을 시작한다.
  const spin = loader.animate([
    { transform: 'rotate(0deg)' },
    { transform: 'rotate(360deg)' }
  ], { duration: 1000, iterations: Infinity });

  // opacity가 0이므로 로딩 엘리먼트는 아직 안 보이는 상태이다.
  // 이 엘리먼트를 페이드인 애니메이션과 함께 표시한다.
  // 로더 엘리먼트에는 회전 효과와 페이드인이 동시에 적용된다.
  loader.animate([
    { opacity: 0 },
    { opacity: 1 }
  ], { duration: 500, fill: 'both' });
```

```
    // Promise가 해결될 때까지 기다린다.
    await promise;

    // Promise가 완료된 상태. 로딩 엘리먼트에 페이드아웃을 적용한다.
    // 페이드아웃이 완료될 때까지 회전 애니메이션을 중단하지 않는다.
    // 'finished'의 Promise를 통해 애니메이션 완료 시까지 기다린다.
    await loader.animate([
      { opacity: 1 },
      { opacity: 0 }
    ], { duration: 500, fill: 'both' }).finished;

    // 마지막으로 회전 애니메이션을 중단한다.
    spin.cancel();

    // 체이닝을 위해 원래의 Promise를 반환한다.
    return promise;
}
```

이제 [예 8-17]처럼 fetch 호출의 결과를 showLoader에 인수로 전달할 수 있습니다.

**예 8-17 로딩 엘리먼트 사용하기**

```
showLoader(
  fetch('https://example.com/api/users')
    .then(response => response.json())
);
```

**설명** 로딩 애니메이션을 만드는 데 반드시 웹 애니메이션 API를 사용할 필요는 없으며, 평범한 CSS로도 작성할 수 있습니다. 하지만 예시에서 보듯이 웹 애니메이션 API를 사용하면 여러 애니메이션을 조합할 수 있습니다. 무한하게 빙글빙글 도는 애니메이션에 더해서 페이드인 애니메이션도 함께 보여줄 수 있습니다. 이것을 평범한 CSS로 구현하려면 조금 까다로운 작업이 되었을 것입니다.

## 8.9 사용자 설정에 따르는 애니메이션

**문제** 사용자가 운영체제의 애니메이션 동작을 줄이도록 설정한 경우, 구현할 애니메이션을 아예 안 보여주거나 덜 역동적으로 보여주고 싶습니다.

**해결** window.matchMedia를 사용하여 prefers-reduced-motion 미디어 쿼리를 확인합니다([예 8-18] 참고).

예 8-18 prefers-reduced-motion 미디어 쿼리 사용

```
if (!window.matchMedia('(prefers-reduced-motion: reduce)').matches) {
    // 동작을 줄이도록 설정되어 있지 않다면 일반적인 애니메이션을 보여준다.
} else {
    // 애니메이션을 아예 안 보여주거나 덜 역동적으로 보여준다.
}
```

**설명** 접근성을 위해 매우 중요한 기능입니다. 뇌전증이나 전정 기능 장애가 있는 사용자는 크거나 빠르게 움직이는 애니메이션으로 인해 발작, 편두통, 또는 그 외 부정적인 증상이 유발될 수 있습니다.

애니메이션을 완전히 비활성화할 필요는 없습니다. 대신 덜 자극적으로 만들어도 됩니다. 통통 튀는 바운스 효과가 있는 엘리먼트를 보여준다고 생각해 봅시다. 멋지게 보일지라도 장애가 있는 사용자에게는 어지럼증을 유발할 수 있습니다. 사용자가 동작을 덜 보여주도록 설정한 경우, 바운스 대신 페이드인 애니메이션을 보여주는 방법도 있습니다.

CHAPTER 9

# 웹 스피치 API

## 9.0 소개

스마트 기기와 스마트 비서의 시대가 된 오늘날, 음성은 이미 널리 사용되는 입력 방법 중 하나입니다. 텍스트 메시지를 받아쓰기하든 내일의 날씨를 물어보든 음성 인식과 합성은 애플리케이션 개발에 유용한 도구가 되고 있습니다. 웹 스피치 API(Web Speech API)를 사용하면 애플리케이션이 말하게 할 수도 있고, 사용자의 목소리를 듣게 할 수도 있습니다.

## 음성 인식

웹 스피치 API를 사용하면 브라우저에 음성 인식 기능을 추가할 수 있습니다. 사용자가 마이크 사용을 허가해주면 애플리케이션이 음성을 들을 수 있습니다. 일련의 단어를 인식하면 인식한 콘텐츠와 함께 이벤트가 발생합니다.

> **노트** 음성 인식은 일부 브라우저에서만 지원됩니다. Can I Use(*https://caniuse.com/speech-recognition*)에서 최신 호환성 정보를 확인하세요.

음성을 리스닝하려면 먼저 사용자의 허가가 필요합니다. 개인 정보 설정으로 인해 애플리케이션이 처음 리스닝을 시도할 때면 사용자에게 마이크 사용을 허가할 것인지 묻는 창이 나타납니다([그림 9-1] 참고).

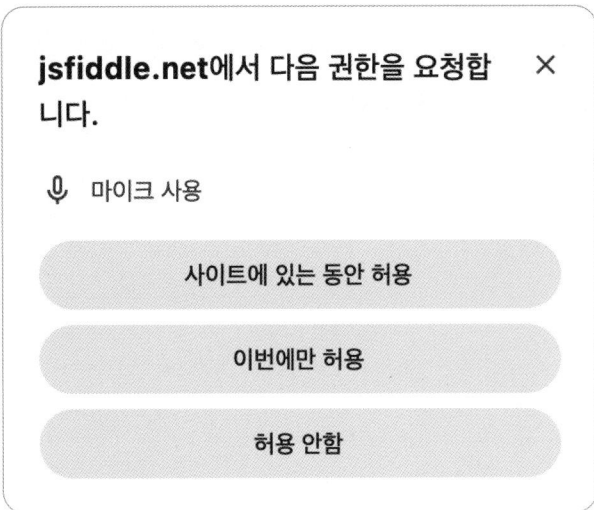

그림 9-1 크롬에서 요청받은 마이크 사용 권한

크롬 등 일부 브라우저는 음성 인식을 위해 캡쳐한 오디오 분석에 외부 서버를 사용합니다. 즉, 음성 인식 기능은 오프라인에서 동작하지 않을 수 있으며 프라이버시 문제도 생길 수 있습니다.

---

**음성 인식과 언어 처리**

말한 단어가 무엇인지 탐지하는 음성 인식speech recognition과 단어의 의미를 이해하는 언어 처리language processing는 서로 다릅니다. 웹 스피치 API 자체로는 인식한 단어에 어떠한 의미도 부여하지 않습니다. 단어를 문자열로 반환할 뿐이므로 추가적인 처리는 여러분의 몫입니다. 이 데이터를 마이크로소프트 LUIS나 IBM 왓슨 NLP와 같은 서드파티 자연어 처리natural language processing(NLP) API를 사용해 다룰 수도 있습니다. 이러한 API와 서비스는 이 책의 범위를 벗어나므로 따로 다루지 않겠습니다.

---

## 음성 합성

웹 스피치 API는 음성 합성speech synthesis 기능도 제공합니다. 어떤 텍스트가 주어지면 텍스트를 말해주는 음성을 합성합니다. 브라우저에는 음성이 내장되어 있어서 콘텐츠를 말하게 하는 데

쓸 수 있습니다. 대상 언어에 맞는 언어를 적절하게 선택하면 음성의 높낮이나 말하기 속도를 조절할 수 있습니다. 음성 인식과 음성 합성 기능을 사용하여 음성 대화형 사용자 인터페이스를 만들 수도 있습니다. 사용자의 질문이나 명령을 듣고 응답도 음성으로 해주는 것입니다.

### 브라우저 지원

이 글을 작성하는 시점을 기준으로 웹 스피치 API 지원은 다소 제한적입니다.

이 API의 명세에는 브라우저에서 지원하는 경우 음성 인식과 합성 기능을 향상시킬 수 있는 몇 가지 추가 기능도 포함되어 있습니다.

하나는 사용자 정의 문법으로, 인식하기를 원하는 특정 단어와 문구를 설정하여 음성 인식을 파인튜닝Fine-tuning할 수 있는 기능입니다. 예를 들어 음성 명령으로 사용하는 계산기를 설계한다고 하면 숫자('일', '이', '삼' 등)와 계산 연산('더하기', '빼기' 등)을 사용자 정의 문법에 포함할 수 있습니다. 사용자 정의 문법을 사용하면 애플리케이션에서 필요로 하는 단어를 음성 인식 엔진이 캡쳐할 수 있도록 가이드할 수 있습니다.

음성 합성Speech Synthesis API는 SSMLSpeech Synthesis Markup Language (음성 합성 마크업 언어)도 지원합니다. SSML은 음성 합성을 위해 맞추어진 XML 언어입니다. 한 글자 한 글자 읽을 때마다 남성과 여성의 음성을 번갈아 사용하도록 설정할 수도 있습니다. 이 글을 작성하는 시점 기준으로는 엔진이 SSML 마크업을 해석하고 이해하고 있어서 마크업 태그를 음성으로 표현하지는 않지만, 아직까지는 브라우저가 대부분의 명령을 무시합니다.

## 9.1 텍스트 필드에 받아쓰기 추가하기

> **문제** 음성을 인식하여 텍스트 필드의 콘텐츠로 추가하고 싶습니다. 이를 통해 사용자의 음성을 받아쓰기 하는 텍스트 필드를 만들고 싶습니다.

**해결** SpeechRecognition 인터페이스를 사용하여 음성을 리스닝하세요. 음성이 인식되면 인식된 텍스트를 추출하여 텍스트 필드에 추가합니다([예 9-1] 참고).

예 9-1 텍스트 필드에 간단한 받아쓰기 기능 추가하기

```
/**
 * 음성을 리스닝하기 시작한다. 음성이 인식되면 주어진 텍스트 필드의 값에 추가한다.
 * 음성 인식 객체가 중단될 때까지 음성 인식을 계속한다.
 *
 * @param textField 값을 추가할 텍스트 필드
 * @returns 음성 인식 객체
 */
function startDictation(textField) {
  // 브라우저가 음성 인식 기능을 지원하는 경우에만 진행한다.
  if ('webkitSpeechRecognition' in window || 'SpeechRecognition' in window) {
    const SpeechRecognition = window.SpeechRecognition
      || window.webkitSpeechRecognition;
    const recognition = new SpeechRecognition();

    recognition.continuous = true;
    recognition.addEventListener('result', event => {
      const result = event.results[event.resultIndex];
      textField.value += result[0].transcript;
    });

    recognition.addEventListener('error', event => {
      console.log('error', event);
    });

    recognition.start();

    // 사용자가 토글 버튼 등을 사용해 음성 인식을 중단할 수 있도록
    // 음성 인식 객체를 반환한다.
    return recognition;
  }
}
```

**설명** 이 글을 작성하는 지금 웹킷 브라우저는 웹 스피치 API를 지원하지만, SpeechRecognition 생성자 앞에 접두어를 추가하여 webkitSpeechRecognition으로 사용해야 합니다. 지원하지 않는 브라우저에는 SpeechRecognition와 webkitSpeechRecognition 둘 다 정의되어 있지 않으므로 사용하기 전에 반드시 브라우저 지원 여부를 확인해야 합니다.

나중에도 잘 동작하는 코드를 작성하기 위해 예시에서는 표준 SpeechRecognition과 접두어가 있는 webkitSpeechRecognition을 둘 다 확인합니다. 이를 통해 나중에 특정 브라우저에

웹 스피치 API 지원이 추가되었을 때 우리 코드는 변경하지 않아도 잘 동작하게 됩니다.

startDictation 함수의 다음 로직에서는 SpeechRecognition 객체를 생성하고 continuous 플래그를 true로 설정합니다. 이 플래그를 설정하지 않으면 기본 설정에 따라 한 번 음성을 인식하고 난 후에는 음성 인식 기능을 중단합니다. 예시처럼 continuous(연속) 플래그를 설정하면 음성 인식 엔진에게 추가 결과를 위해 리스닝을 계속하라는 지시를 내립니다.

음성 인식 엔진이 음성을 인식하면 result 이벤트가 발생합니다. 이 이벤트의 results 프로퍼티는 결과를 담은 배열과 비슷한 객체입니다. 배열과 비슷한 방식으로 사용할 수 있지만, 실제로는 SpeechRecognitionResultList 객체입니다.

예시처럼 연속 모드로 작동하면 음성 인식 엔진이 인식한 모든 결과의 목록이 결과로 반환됩니다. 처음 사용자가 말하고 음성을 인식했을 때는 결과가 한 개밖에 없습니다. 사용자가 다시 말하고 브라우저가 단어를 추가로 인식하면 두 개의 결과가 포함됩니다. 즉, 기존에 인식한 결과와 방금 인식한 새로운 결과를 포함합니다. continuous를 false로 설정하면(기본값) 엔진은 한 문장만 인식하고, 그 이후에는 result 이벤트를 발생시키지 않습니다.

다행히 이벤트에는 이 이벤트를 발생시킨 새로운 결과 목록의 인덱스를 가리키는 resultIndex 프로퍼티도 포함되어 있습니다.

인식 결과를 뜻하는 result는 SpeechRecognitionAlternative라는 유사 배열$^{array-like}$ 객체입니다. SpeechRecognition 객체를 만들 때 maxAlternatives 프로퍼티를 설정할 수 있는데, 브라우저는 인식한 음성에 일치한다고 생각하는 결과와 신뢰값$^{confidence\ value}$의 목록을 이 프로퍼티에 설정된 크기까지 반환합니다. 하지만 maxAlternatives의 기본값은 1이므로 예시의 받아쓰기 코드가 반환하는 결과에는 단 한 개의 SpeechRecognitionAlternative 객체만 존재합니다.

마지막으로 이 객체에는 엔진이 인식한 문장을 포함하는 transcript 프로퍼티도 있습니다. 이 값을 가져와서 텍스트 필드의 현재 값에 추가할 수 있습니다.

recognition 객체의 start 메서드를 실행하면 음성을 듣기 시작하고, 음성을 인식했을 때 이벤트를 발생시킵니다. 그러면 startDictation 함수가 반환하는 recognition 객체를 사용하여 사용자가 받아쓰기를 중단하고 싶을 때 인식을 멈출 수 있습니다.

다른 API와 마찬가지로 발생한 오류를 다루는 것은 매우 중요합니다. 음성 인식에서 자주 접하는 오류는 다음과 같습니다.

- **권한 오류**

  사용자가 마이크 사용을 허락하지 않은 경우에 발생합니다. 이벤트 객체의 error 프로퍼티 값이 not-allowed가 됩니다.

- **네트워크 오류**

  브라우저가 음성 인식 서비스에 접근할 수 없는 경우에 발생합니다. 이때 error 프로퍼티의 값은 network가 됩니다.

- **하드웨어 오류**

  브라우저가 마이크에 접근할 수 없는 경우에 발생합니다. 이때 error 프로퍼티의 값은 audio-capture가 됩니다.

## 9.2 Promise 기반 음성 인식 도우미 작성하기

**문제** 음성 인식 기능을 하나의 함수로 캡슐화하고 싶습니다.

**해결** 도우미 함수 내에 새로운 Promise를 만들고 이 안에서 음성 인식을 호출합니다. 도우미 함수 내에서는 새로운 SpeechRecognition 객체를 생성하고 음성 인식을 시작합니다. 브라우저가 음성을 인식하면 반환된 Promise가 해결됩니다.

예 9-2 Promise를 사용하는 음성 인식

```
/**
 * 음성을 듣고 음성 인식을 수행한다.
 * 현재 브라우저에서 음성 인식을 지원한다고 가정한다.
 * @returns 음성의 내용을 인식했을 때 해결되고 에러가 발생하면 거부되는 Promise.
 */
function captureSpeech() {
  const speechPromise = new Promise((resolve, reject) => {
  const SpeechRecognition = window.SpeechRecognition ||
    window.webkitSpeechRecognition;

    // 현재 브라우저에서 음성 인식을 지원하지 않는다면 Promise를 거부한다.
    if (!SpeechRecognition) {
      reject('현재 브라우저는 음성 인식을 지원하지 않습니다.')
```

```
  }

  const recognition = new SpeechRecognition();

  // 음성을 성공적으로 인식하면 Promise를 해결한다.
  recognition.addEventListener('result', event => {
    const result = event.results[event.resultIndex];
    resolve(result[0].transcript);
  });

  recognition.addEventListener('error', event => {
    // 인식 과정에서 오류가 발생하면 Promise를 거부한다.
    reject(event);
  });

  // 음성 인식을 시작한다.
  recognition.start();
});

// 음성 인식이 성공적으로 수행되거나 실패하여 결과가 결정되었다면,
// 음성 인식 엔진을 중단한다.
return speechPromise.finally(() => {
  recognition.stop();
});
}
```

**설명** captureSpeech 함수는 continuous 모드를 사용하지 않습니다. 다시 말해, 이 함수는 음성 인식 이벤트를 딱 한 번 인식할 때만 사용할 수 있습니다. 반환된 Promise가 해결된 후에 추가로 음성 인식을 하고 싶다면 captureSpeech를 다시 실행하고 새로 반환된 Promise가 해결되기를 기다려야 합니다.

[예 9-2]를 보면 알겠지만 Promise를 그대로 반환하지는 않습니다. 대신 Promise에 finally를 호출하여 결과에 상관없이 음성 인식 엔진을 중지합니다. captureSpeech 함수를 사용하면 Promise를 기다리는 것만으로도 빠르게 음성 인식을 사용할 수 있습니다.

예 9-3 captureSpeech 함수 사용하기

```
const spokenText = await captureSpeech();
```

## 9.3 사용할 수 있는 목소리 확인하기

**문제** 현재 브라우저에서 음성 합성에 사용할 수 있는 목소리의 목록을 알고 싶습니다.

**해결** [예 9-4]처럼 speechSynthesis.getVoices를 호출해서 목소리 목록을 조회하고, 필요한 경우 voiceschanged 이벤트를 리스닝하면 됩니다.

예 9-4 사용 가능한 음성 합성 목소리의 목록 구하기

```
function showVoices() {
  speechSynthesis.getVoices().forEach(voice => {
    console.log('목소리:', voice.name);
  });
}

// 브라우저에 따라 목소리 목록을 비동기로 읽어 들이기도 하는데, 이런 브라우저에서는
// voiceschanged 이벤트가 발생한 후에 사용 가능한 목소리 목록을 알 수 있다.
speechSynthesis.addEventListener('voiceschanged', () => showVoices());

// 그 외의 브라우저에서는 목소리 목록을 즉시 가져올 수 있다.
showVoices();
```

**설명** 크롬을 포함한 일부 브라우저는 목소리 목록을 비동기로 읽어 들입니다. 따라서 목록이 준비되기 전에 getVoices를 호출하면 빈 배열이 반환됩니다. 이러한 브라우저에서는 목소리 목록이 준비되었을 때 speechSynthesis 객체가 voiceschanged 이벤트를 발생시킵니다.

파이어폭스를 포함한 그 밖의 브라우저는 사용 가능한 목소리 목록을 즉시 반환합니다. 이러한 브라우저에서는 voiceschanged 이벤트가 발생하지 않습니다. [예 9-4]의 코드는 두 가지 경우를 모두 지원합니다.

> **노트** 각 목소리에는 목소리의 언어를 알려주는 lang 속성이 포함되어 있습니다. 텍스트를 읽을 때, 목소리는 각 언어에 맞는 발음 규칙을 사용합니다. 따라서 합성한 음성으로 읽으려는 텍스트의 언어와 맞는 목소리를 사용하는지 먼저 확인해야 합니다. 그렇지 않으면 올바르지 않은 음성으로 들릴 것입니다.

## 9.4 음성 합성

**문제** 애플리케이션이 사용자에게 텍스트를 읽어주도록 만들고 싶습니다.

**해결** SpeechSynthesisUtterance 객체를 생성하고 이 객체를 speechSynthesis.speak에 전달합니다([예 9-5] 참고).

예 9-5 웹 스피치 API를 사용한 텍스트 읽기

```
function speakText(text) {
  const utterance = new SpeechSynthesisUtterance(text);
  speechSynthesis.speak(utterance);
}
```

**설명** 예시의 utterance는 브라우저가 발음해 주기를 바라는 단어의 모음입니다. SpeechSynthesisUtterance 객체로 생성할 수 있습니다.

**노트** 브라우저는 사용자가 어떤 방식으로든 해당 페이지와 상호작용을 한 경우에만 음성 합성을 허가합니다. 이는 페이지를 읽어 들이자마자 말하는 것을 방지하기 위해서입니다. 따라서 speakText 도우미 함수는 사용자가 페이지에서 어떤 동작이든 하기 전까지는 아무런 음성도 출력하지 않습니다.

이 함수는 텍스트를 기본 목소리로 읽습니다. 시스템에서 지원하는 다른 목소리를 사용하고 싶을 때는 9.3절에서 설명한 기술을 통해 사용할 수 있는 목소리의 목록을 배열로 가져올 수 있습니다. 이렇게 구한 배열에서 목소리 객체를 하나 가져와 [예 9-6]처럼 utterance의 voice 속성에 설정할 수 있습니다.

예 9-6 다른 목소리 사용하기

```
// 모든 목소리가 사용 가능하다고 가정한다.
const aliceVoice = speechSynthesis
  .getVoices()
  .find(voice => voice.name === 'Alice');

function speakText(text) {
  const utterance = new SpeechSynthesisUtterance(text);
```

```
  // "Alice" 목소리가 있는지 확인한다.
  if (aliceVoice) {
    utterance.voice = aliceVoice;
  }

  speechSynthesis.speak(utterance);
}
```

\* 한국어 사용자는 'Yuna' 목소리를 사용하면 한국어 텍스트를 올바르게 읽을 수 있습니다.

## 9.5 음성 합성 커스터마이징

**문제** 텍스트를 읽는 속도를 빠르게 혹은 느리게 하거나 목소리의 높낮이를 조절하고 싶습니다.

**해결** SpeechSynthesisUtterance 객체를 생성할 때 rate와 pitch 속성을 통해 각각 말하는 속도와 높낮이를 조절할 수 있으며, 이를 통해 말하는 목소리를 조절할 수 있습니다.

예 9-7 음성 출력 커스터마이징하기

```
const utteranceLow = new SpeechSynthesisUtterance('낮은 톤으로 천천히 읽습니다');
utteranceLow.pitch = 0.1;
utteranceLow.rate = 0.5;
speechSynthesis.speak(utteranceLow);

const utteranceHigh = new SpeechSynthesisUtterance('높은 톤으로 빠르게 읽습니다');
utteranceHigh.pitch = 2;
utteranceHigh.rate = 2;
speechSynthesis.speak(utteranceHigh);
```

**설명** 음성의 높낮이를 의미하는 pitch 옵션의 값은 0부터 2 사이의 부동 소수점 수<sup>floating number</sup>입니다. 값이 낮을수록 더 낮은 목소리가 되고, 높을수록 톤이 높은 목소리가 됩니다. pitch의 값을 낮춘다고 해도 말하는 속도에는 영향이 없습니다. 단, 사용 중인 브라우저나 목소리에 따라 높낮이의 범위가 제한될 수 있습니다.

말하는 속도를 빠르게 혹은 느리게 변경할 때는 rate 속성을 조절합니다. 목소리의 말하는 속도가 기본값일 때의 **rate**는 1입니다. 여기서 **rate**의 값에는 배가 효과가 있습니다. 만약 **rate**의 값을 **0.5**로 설정하면 말하는 속도가 절반으로 줄어듭니다. 마찬가지로 **rate**의 값이 **1.5**라면 기본 속도에서 50% 빨라진 속도가 됩니다. 명세에서는 **rate**의 유효한 값을 0.1부터 10까지로 정의하고 있지만, 브라우저와 목소리에서 지원하는 범위는 일반적으로 이보다 적습니다.

## 9.6 음성 합성 자동으로 중단하기

> **문제** 애플리케이션이 음성을 출력하는 도중에 다른 탭으로 이동하면 음성 출력을 중지하여 다른 탭의 활동에 영향을 주고 싶지 않습니다. 해당 페이지를 떠났을 때도 음성 출력을 중단하고 싶습니다.

> **해결** visibilitychange 이벤트를 리스닝하여 document.visibilityState 속성을 확인하세요. 해당 페이지가 숨겨질 때 음성 합성을 중지하면 됩니다. 페이지가 화면에 다시 표시될 때 음성 합성을 재개하세요([예 9-8] 참고).

예 9-8 페이지가 숨겨지면 음성 합성을 중지

```
document.addEventListener('visibilitychange', () => {
  // speechSynthesis.speaking의 값이 true라면
  // (1) 음성이 현재 출력 중인 경우
  // (2) 또는 음성 출력 중이었지만 일시 중지된 경우
  if (speechSynthesis.speaking) {
    if (document.visibilityState === 'hidden') {
      speechSynthesis.pause();
    } else if (document.visibilityState === 'visible') {
      speechSynthesis.resume();
    }
  }
});
```

> **설명** 기본적으로 웹 스피치 API를 사용하면 텍스트를 읽는 도중에 다른 탭으로 전환해도 텍스트를 계속 읽습니다. 일반적으로는 사용자가 예상한 동작입니다. 음악이나 동영상을 듣거나 보다가 다른 탭으로 전환하더라도 해당 탭에서 음악과 동영상이 계속 재생되는 것과 같은 원리입니다.

탭을 전환할 때는 visibilitychange 이벤트가 발생합니다. 이벤트 객체에는 탭의 가시성 상태에 관한 어떠한 정보도 포함하지 않지만 document.visibilityState 속성을 통해 가시성을 확인할 수 있습니다. [예 9-8]에서는 다른 탭으로 전환할 때 음성 출력을 중지합니다. 다시 원래 탭으로 돌아오면 떠났던 지점부터 이어서 재생합니다.

일부 브라우저는 전체 페이지를 새로 읽어 들이거나 페이지를 떠나도 음성 출력을 중지하지 않습니다. 페이지를 떠나거나 새로 읽어 들이면 visibilitychange 이벤트가 발생하므로, [예 9-8]의 코드는 이 경우에도 올바르게 동작하여 음성 출력을 중지할 것입니다.

CHAPTER 10

# 파일 다루기

## 10.0 소개

많은 애플리케이션이 파일을 읽고 씁니다. 과거에는 브라우저에서 로컬 파일을 직접 다룰 수 없었습니다. 파일 데이터를 읽으려면 먼저 백엔드 서버로 파일을 업로드한 후에 이를 처리하여 브라우저로 전송해야 했습니다.

파일 작성은 서버가 전송해주는 파일을 다운로드하는 식으로 이루어졌습니다. 그래서 브라우저 플러그인이 없으면 파일을 직접 다룰 방법이 없었습니다.

오늘날 브라우저는 파일의 읽고 쓰기를 기본적으로 지원합니다. 파일 입력 필드는 파일 선택기를 열고 선택된 파일의 데이터를 제공합니다. 파일의 확장자나 MIME 타입을 통해 지원할 파일을 제한할 수도 있습니다. 그리고 파일 API<sup>File API</sup>를 사용해 파일의 콘텐츠를 읽어 메모리에 저장할 수도 있습니다.

뿐만 아니라 파일 시스템 API<sup>File System API</sup>를 사용하면 파일 입력 필드에서 파일을 선택하지 않아도 자바스크립트 코드가 직접 로컬 파일시스템과 상호 작용할 수 있습니다. 물론 이는 설정에 따라 다를 수 있으며, 사용자의 권한 허가가 필요할 수도 있습니다.

이러한 API를 사용하면 텍스트 편집기, 이미지 뷰어, 음악과 동영상 플레이어 등을 손쉽게 만들 수 있습니다.

## 10.1 파일에서 텍스트 읽기

**문제** 사용자의 로컬 파일 시스템에서 텍스트 데이터를 읽어 들이고 싶습니다.

**해결** `<input type="file">`을 사용하여 파일을 선택합니다([예 10-1] 참고).

**예 10-1** 파일 입력 엘리먼트

```
<input type="file" id="select-file">
```

파일 입력 엘리먼트를 클릭하면 로컬 시스템의 파일과 폴더를 탐색할 수 있는 대화창을 브라우저가 표시합니다. 대화창의 형태는 브라우저나 운영 체제 버전에 따라 달라질 수 있습니다. 이 대화창을 통해 파일 시스템을 탐색하고 원하는 파일을 선택할 수 있습니다.

**예 10-2** 파일에서 일반적인 텍스트를 읽어 오기

```
/**
 * 파일의 텍스트 콘텐츠를 읽는다.
 * @param file 읽을 데이터가 포함된 파일 File 객체 data to be read
 * @param onSuccess 데이터를 읽은 후 호출하는 함수
 */
function readFileContent(file, onSuccess) {
  const reader = new FileReader();

  // 콘텐츠를 읽어 들였을 때, 리더가 'load' 이벤트를 발생시킨다.
  reader.addEventListener('load', event => {
    onSuccess(event.target.result);
  });

  // 오류는 빠짐없이 다루자!
  reader.addEventListener('error', event => {
    console.error('파일을 읽는 중 오류 발생:', event);
  });

  // 파일 읽기 작업을 시작한다.
  reader.readAsText(file);
}

const fileInput = document.querySelector('#select-file');
```

```
  // 파일을 선택하면 입력 필드에서 'change' 이벤트가 발생한다.
  fileInput.addEventListener('change', event => {
    // 파일 입력은 복수 개의 파일을 선택할 수 있기 때문에
    // 이 값은 배열이 된다. 여기서는 한 번에 하나만 선택할 수 있게 했다.
    // 배열 비구조화 할당 문법을 사용해 첫 번째 파일을 가져온다.
    const [file] = fileInput.files;

    readFileContent(file, content => {
      // 이제 파일의 텍스트 콘텐츠를 사용할 수 있다.
      // 가져온 텍스트를 추가할 수 있는 textarea 엘리먼트가 있다고 가정한다.
      const textArea = document.querySelector('.file-content-textarea');
      textArea.textContent = content;
    });
  });
```

**설명** FileReader는 파일을 비동기식으로 읽는 객체이며, 파일의 종류에 따라 다양한 방법으로 파일의 콘텐츠를 읽습니다. [예 10-2]에서는 readAsText 메서드를 사용하여 파일의 콘텐츠를 평범한 텍스트로 읽습니다.

Zip 압축 파일이나 이미지와 같은 바이너리 파일을 다룰 때는 readAsBinary를 사용합니다. 이미지의 경우에는 이후에 10.2절에서 설명하는 것처럼 readAsDataURL을 사용해 Base64 형식으로 인코딩된 이미지 데이터를 data URL로 읽을 수 있습니다.

이러한 API는 이벤트 기반이기 때문에 readFileContent 함수에는 콘텐츠가 준비되었을 때 호출할 콜백 함수를 전달합니다.

이 함수를 [예 10-3]처럼 Promise로 감싸면 Promise 기반 API로 만들 수 있습니다.

**예 10-3** Promise가 적용된 readFileContent 함수

```
function readFileContent(file) {
  return new Promise((resolve, reject) => {
    const reader = new FileReader();

    reader.addEventListener('load', event => {
      resolve(event.target.result);
    });

    reader.addEventListener('error', reject);
```

```
      reader.readAsText(file);
    });
  }

  try {
    const content = await readFileContent(inputFile);
    const textArea = document.querySelector('.file-content-textarea');
    textArea.textContent = content;
  } catch (error) {
    console.error('파일 콘텐츠를 읽는 중 오류 발생:', error);
  }
```

텍스트 콘텐츠를 읽어 들이고 나면 이 텍스트를 여러 가지 방법으로 페이지에 추가할 수 있습니다. DOM 노드의 textContent를 설정하거나 textarea 엘리먼트에 추가하여 편집 가능하게 만들 수도 있습니다.

## 10.2 이미지를 Data URL로 읽기

**문제** 사용자가 로컬 이미지 파일을 선택하도록 하고, 선택한 이미지를 페이지에서 보여주고 싶습니다.

**해결** FileReader의 readAsDataURL 메서드를 사용해 Base64 인코딩된 데이터 URL을 가져온 다음, img 태그의 src 속성으로 설정합니다([예 10-4]와 [예 10-5] 참고).

**예 10-4** 파일 입력과 이미지 플레이스홀더

```
<input
  type="file"
  id="select-file"
  accept="image/*"
>
<img id="placeholder-image">
```

코드의 accept="image/*" 속성은 파일 선택기가 이미지만 선택하도록 제한합니다. 여기서는 와일드카드 패턴이 사용되었지만 image/png처럼 특정한 MIME 타입을 설정할 수도 있습니다.

예 10-5 이미지를 페이지에 읽어 들이기

```javascript
/**
 * 파일에서 이미지를 읽어 들인 후 표시한다.
 * @param file 이미지 데이터를 포함한 File 객체
 * @param imageElement 이미지 데이터를 표시할 플레이스홀더 이미지 엘리먼트
 */
function showImageFile(file, imageElement) {
  const reader = new FileReader();

  reader.addEventListener('load', event => {
    // 데이터 URL을 이미지의 src 속성에 바로 설정하여
    // 이미지를 읽어 들인다.
    imageElement.src = event.target.result;
  });

  reader.addEventListener('error', event => {
    console.log('error', event);
  });

  reader.readAsDataURL(file);
}

const fileInput = document.querySelector('#select-file');
fileInput.addEventListener('change', event => {
  showImageFile(
    fileInput.files[0],
    document.querySelector('#placeholder-image')
  );
});
```

**설명** 데이터 URL은 데이터 URL 스키마를 따릅니다. 해당 데이터의 MIME 타입을 설정하고, Base64로 인코딩된 이미지 데이터를 포함합니다.

```
data:image/png;base64,UHJldGVuZCB0aGlzIGlzIGltYWdlIGRhdGE=
```

`FileReader`가 인코딩된 이미지를 데이터 URL 형식으로 반환하면 데이터 URL을 이미지 엘리먼트의 src 속성으로 설정합니다. 이렇게 하면 페이지에 이미지가 렌더링됩니다.

이 모든 작업은 사용자 브라우저에서 로컬로 이루어진다는 점에 주목해야 합니다. 파일 API는

로컬 파일 시스템에서 동작하기 때문에 아무것도 원격 서버로 업로드하지 않습니다.

앞서 `<input type="file">`을 사용해서 원격 서버로 파일 데이터를 업로드하는 4.4절과는 달리, 이번에는 FormData API 대신 파일 API를 사용합니다.

데이터 URL과 Base64 인코딩에 관한 더 자세한 설명은 MDN의 글(*https://oreil.ly/kMtDy*)을 참고하세요.

## 10.3 동영상을 객체 URL로 읽기

**문제** 사용자가 선택한 동영상 파일을 브라우저에서 재생하고 싶습니다.

**해결** File 객체에 관한 객체(object) URL을 생성하고, 이 URL을 `<video>` 엘리먼트의 src로 설정합니다.

먼저 `<video>` 엘리먼트가 있어야 하고, 동영상 파일을 선택할 `<input type="file">`도 필요합니다([예 10-6] 참고).

#### 예 10-6 동영상 플레이어 마크업

```html
<input id="file-upload" type="file" accept="video/*">
<video id="video-player" controls>
```

동영상 파일만 선택되도록 설정하고, 재생 컨트롤을 포함하도록 합니다.

파일 입력의 change 이벤트가 발생할 때는 [예 10-7]처럼 객체 URL을 생성합니다.

#### 예 10-7 동영상 파일 재생

```javascript
const fileInput = document.querySelector('#file-upload');
const video = document.querySelector('#video-player');

fileInput.addEventListener('change', event => {
  const [file] = fileInput.files;
  // File은 Blob를 확장한 것이므로 createObjectURL에 전달할 수 있다.
  const objectUrl = URL.createObjectURL(file);
```

```
    // <video> 엘리먼트는 객체 URL을 통해 동영상을 읽어 들일 수 있다.
    video.src = objectUrl;
});
```

**설명** 객체 URL은 파일 콘텐츠를 참조하는 특수한 URL입니다. 파일을 그대로 `createObjectURL` 메서드에 전달할 수 있기 때문에 `FileReader`가 없어도 객체 URL을 만들 수 있습니다. 이렇게 만들어진 객체 URL은 `<video>` 엘리먼트에 전달됩니다.

---

### 데이터 URL과 객체 URL

데이터 URL과 객체 URL에는 중요한 차이점이 몇 가지 있습니다.

데이터 URL은 URL 안에 데이터를 포함하는 것입니다. 일반적으로 바이너리 형태인 데이터를 Base64 형식으로 인코딩해서 URL에 추가합니다.

반면 객체 URL은 브라우저 메모리에 로드된 데이터를 나타냅니다. 보통 Blob나 파일이 데이터가 됩니다. 객체 URL은 실제 데이터에 대한 참조일 뿐이므로 URL 자체에는 데이터가 포함되어 있지 않습니다. 객체 URL을 다룰 때는 메모리 누수 방지를 위해 객체 URL을 해제할 수 있습니다.

---

## 10.4 드래그앤드롭을 통한 이미지 읽기

**문제** 브라우저 창으로 이미지를 드래그한 다음 드롭하면 해당 이미지를 페이지에 표시하고 싶습니다.

**해결** 드롭 영역으로 사용할 엘리먼트와 플레이스홀더 이미지 엘리먼트를 정의합니다([예 10-8] 참고).

**예 10-8 드롭 대상과 이미지 엘리먼트**

```
<label id="drop-target">
```

```
    <div>여기에 이미지를 드래그앤드롭 하세요</div>
    <input type="file" id="file-input">
  </label>
  <img id="placeholder">
```

이 예시에도 파일 입력이 포함된 것에 주목하세요. 굳이 드래그앤드롭 동작을 하지 않고도 보조 기술[1]을 사용해 이미지를 업로드할 수 있도록 보장하기 위해서 사용되었습니다.

먼저, 전달받은 이미지 파일을 데이터 URL로 읽고 화면에 표시하는 함수를 작성합니다([예 10-9] 참고).

**예 10-9 드롭된 파일 읽고 표시하기**

```
function showDroppedFile(file) {
  // 이미지 파일 데이터를 읽고 페이지에 표시한다.
  const reader = new FileReader();
  reader.addEventListener('load', event => {
    const image = document.querySelector('#placeholder');
    image.src = event.target.result;
  });

  reader.readAsDataURL(file);
}
```

그 다음에는 dragover와 drop 이벤트의 핸들러 함수를 작성합니다. 이 이벤트들은 drop 대상 엘리먼트에 추가됩니다([예 10-10] 참고).

**예 10-10 드래그앤드롭 코드 추가**

```
const target = document.querySelector('#drop-target');

target.addEventListener('drop', event => {
  // drop 이벤트를 취소한다. 취소하지 않으면
  // 현재 페이지를 떠나 파일로 직접 이동해버린다.
  event.preventDefault();

  // 선택된 파일 데이터를 가져온다. dataTransfer.items는
```

---

1 역자주_ 보조 기술(Assistive Technology)은 장애나 특정 어려움을 겪는 사용자를 지원하기 위한 하드웨어, 소프트웨어 또는 서비스를 의미합니다. 시각 장애인이 사용하는 스크린 리더도 보조 기술의 일종입니다.

```
    // DataTransferItemList 인스턴스이다. 목록의 각 항목은
    // DataTransferItem의 인스턴스인데 드롭된 각 파일의 데이터를 포함한다.
    // 이 예시에서는 한 개 파일만 다루므로 목록의 첫 번째 항목만 가져온다.
    const [item] = event.dataTransfer.items;

    // 드롭된 데이터를 File 객체로 가져온다.
    const file = item.getAsFile();
    // 드롭된 파일이 이미지일 때만 처리한다.
    if (file.type.startsWith('image/')) {
        showDroppedFile(file);
    }
});

// dragover 이벤트도 취소해서 파일이
// 전체 페이지 콘텐츠를 대체하지 않도록 방지한다.
target.addEventListener('dragover', event => {
    event.preventDefault();
});
```

마지막으로 폴백fallback 파일 입력을 연결하는 것도 잊지 마세요. 파일 입력에서 선택된 파일을 **showDroppedFile** 메서드에 전달하면 동일한 결과를 얻을 수 있습니다([예 10-11] 참고).

#### 예 10-11 파일 입력 다루기

```
const fileInput = document.querySelector('#file-input');

fileInput.addEventListener('change', () => {
  const [file] = fileInput.files;
  showDroppedFile(file);
});
```

**설명** 기본적으로 이미지 파일을 웹 페이지로 드래그하면 브라우저는 현재 페이지에서 벗어나 버립니다. 그럼 URL은 파일의 경로로 변경되고, 브라우저 창에 이미지가 표시됩니다. 이 예시에서는 현재 페이지에서 벗어나지 않도록 방지하는 대신 `<img>` 엘리먼트에 이미지 데이터를 표시하도록 했습니다.

페이지를 벗어나는 기본 동작을 방지하려면 drop 핸들러에서 drop 이벤트 객체의 prevent Default를 호출합니다. 기본 동작을 완전히 방지하려면 dragover 이벤트 객체에서도 pre ventDefault를 호출해야 합니다. 예시에서 dragover 이벤트 리스너를 추가한 이유입니다. 이렇게 해야 엘리먼트가 실제로 drop 이벤트를 받을 수 있습니다.

## 10.5 권한 확인하고 요청하기

**문제** 로컬 파일 시스템에 있는 파일에 접근할 수 있는 권한이 있는지 확인하고 필요한 경우 권한을 요청하고 싶습니다.

**해결** 파일 선택기를 표시하고, 파일이 선택되면 queryPermission을 호출하여 현재 권한을 확인합니다. 권한 확인 후 prompt가 반환되면 requestPermission을 호출하여 권한 요청 화면을 표시합니다([예 10-12] 참고).

**예 10-12** 파일을 선택하고 접근 권한 확인하기

```
/**
 * 파일을 선택하고, 권한을 확인하고, 필요한 경우 권한을 요청한다.
 * @returns 해당 파일의 쓰기 권한이 있으면 true, 아니면 false
 */
async function canAccessFile() {
  if ('showOpenFilePicker' in window) {
    // showOpenFilePicker는 파일을 여러 개 선택할 수 있다.
    // 배열 구조 분해 할당을 사용해 첫 번째 파일만 가져온다.
    const [file] = window.showOpenFilePicker();

    let result = await file.queryPermission({ mode: 'readwrite' });
    if (result === 'prompt') {
      result = await file.requestPermission({ mode: 'readwrite' });
    }

    return result === 'granted';
  }

  // 여기에 도달했다면, 해당 API를 지원하지 않는 환경이다.
  return false;
}
```

> **노트** 이 API는 아직 모든 브라우저에서 지원하지 않습니다. Can I Use(*https://oreil.ly/AfNpL*)에서 최신 호환성 정보를 확인해 보세요.

**설명** queryPermission 함수는 granted(권한이 전에 허가된 적 있을 때), denied(접근이 거부되었을 때), prompt(권한을 물어봐야 할 때) 중 하나를 반환합니다.

요청 모드로 readwrite를 사용하고, 사용자가 허가하면 브라우저가 로컬 파일 시스템에 해당 파일의 파일 쓰기를 할 수 있게 됩니다. 다시 말해, 새로 작성하거나 수정할 수 있다는 뜻입니다. 따라서 보안이나 개인 정보 보호 측면에서 권한 확인이 중요합니다.

queryPermission은 권한만 확인할 뿐 권한 확인창을 보여주지는 않습니다. 이 함수에서 prompt를 반환하면 requestPermission을 호출하여 브라우저가 권한 요청창을 보여주도록 합니다. 반환된 값이 granted라면 해당 파일 쓰기가 가능해집니다.

## 10.6 API 데이터를 파일로 내보내기

**문제** API에서 요청해서 받은 JSON 데이터 그대로 사용자가 다운로드할 수 있는 방법을 제공하고 싶습니다.

**해결** 사용자가 내려받을 파일을 선택하게 한 다음, JSON 데이터를 로컬 파일 시스템에 작성합니다.

> **노트** 이 API는 아직 모든 브라우저에서 지원하지 않습니다. Can I Use(*https://oreil.ly/tsT_j*)에서 최신 호환성 정보를 확인해 보세요.

먼저 파일 선택기를 보여주고 선택된 파일을 반환하는 도우미 함수를 정의합니다([예 10-13] 참고).

### 예 10-13 출력 파일 선택

```
/**
 * 파일 선택기를 보여주고 선택된 파일의 핸들을 반환한다.
 * @returns 선택된 파일의 파일 핸들. 사용자가 취소를 클릭한 경우에는 null.
 */
async function selectOutputFile() {
  // 현재 브라우저에서 이 API를 지원하는지 확인한다.
  if (!('showSaveFilePicker' in window)) {
    return null;
  }

  try {
    return window.showSaveFilePicker({
      // 출력 파일 이름의 기본값
      suggestedName: 'users.json',

      // 파일 확장자를 .json으로 제한한다.
      types: [
        { description: "JSON", accept: { "application/json": [".json"] } }
      ]
    });
  } catch (error) {
    // 사용자가 취소를 클릭하면 예외가 발생한다.
    // 이 경우에는 null을 반환하여 선택된 파일이 없음을 알린다.
    return null;
  }
}
```

다음은 selectOutputFile 함수를 사용해서 실제로 내보내기 동작을 수행하는 함수를 정의하는 예시입니다([예 10-14] 참고).

### 예 10-14 데이터를 로컬 파일에 내보내기

```
async function exportData(data) {
  // 앞서 작성한 도우미 함수를 사용한다.
  const outputFile = await selectOutputFile();

  // 출력 파일이 실제로 선택되었을 때만 진행한다.
  if (outputFile) {
    try {
      // 파일을 디스크에 쓸 때 사용할 쓰기 가능 스트림을 준비한다.
      const stream = await outputFile.createWritable();
```

```
      // JSON을 쓰기 가능 스트림에
      // 사람이 읽기 편한 형태로 작성한다.
      await stream.write(JSON.stringify(data, null, 2));
      await stream.close();

      // 성공 메시지를 표시한다.
      document.querySelector('#export-success').classList.remove('d-none');
    } catch (error) {
      console.error(error);
    }
  }
}
```

**설명** 애플리케이션에 내보내기 기능을 추가하여 사용자가 자신의 데이터를 백업할 수 있도록 허용하는 것은 권장할 만한 방법입니다. 유럽 연합의 일반 데이터 보호 규정General Data Protection Regulation(GDPR)과 같은 일부 규정은 사용자 데이터를 다운로드할 수 있는 방법을 애플리케이션이 제공하도록 강제하고 있습니다.

이 예시에서는 텍스트 데이터를 스트림에 작성했습니다. 여기서 사용된 스트림은 `FileSystemWritableFileStream` 타입입니다. 이러한 스트림은 문자열뿐만 아니라 `ArrayBuffer`, `TypedArray`, `DataView`, `Blob` 객체도 지원합니다.

텍스트 파일을 파일로 작성할 때 `exportData`가 `JSON.stringify`를 호출하면서 몇 가지 인수를 추가로 전달했습니다. 두 번째 `null` 인수는 2장에서 다루었던 `replacer` 변환 함수입니다.

이 글을 작성하는 시점에서 이 API는 여전히 실험적인 상태로 남아있습니다. 브라우저 지원 상황이 더 나아지기 전에는 실제 프로덕션 애플리케이션에서 사용하지 않아야 할 것입니다.

## 10.7 API 데이터를 다운로드 링크로 내보내기

**문제** 10.6절 내용처럼 파일 시스템 권한에 관한 걱정 없이 내보내기 기능을 제공하고 싶습니다.

**해결** API 데이터를 Blob 객체로 만들고, 객체 URL을 만들어 링크의 `href` 속성에 설정합니다.

그리고 내보내기 링크로 바꿀 플레이스홀더 링크를 페이지에 추가합니다([예 10-15] 참고).

**예 10-15 플레이스홀더 내보내기 링크**

```html
<a id="export-link" download="users.json">사용자 데이터 내보내기</a>
```

링크의 **download** 속성은 파일을 다운로드할 때 파일 이름의 기본값으로 사용됩니다.

API에서 데이터를 가져와서 UI에 렌더링하고 Blob 객체와 객체 URL을 생성합니다([예 10-16] 참고).

**예 10-16 내보내기 링크 준비**

```javascript
const exportLink = document.querySelector('#export-link');

async function getUserData() {
  const response = await fetch('/api/users');
  const users = await response.json();

  // 사용자 데이터를 UI에 렌더링한다. 이 작업을 담당하는
  // renderUsers 함수가 정의되어 있다고 가정한다.
  renderUsers(users);

  // 이전에 내보냈던 데이터가 있다면 삭제한다.
  const currentUrl = exportLink.href;
  if (currentUrl) {
      URL.revokeObjectURL(currentUrl);
  }

  // 객체 URL을 작성하기 위해 필요한 Blob 객체
  const blob = new Blob([JSON.stringify(users, null, 2)], {
      type: 'application/json'
  });

  // 해당 Blob 콘텐츠를 가리키는 객체 URL을 만들고 링크에 설정한다.
  const url = URL.createObjectURL(blob);
  exportLink.href = url;
}
```

**설명** 이 방식으로 내보내기를 하면 특수한 권한이 필요하지 않습니다. 링크를 클릭하면 객

체 URL이 설정되고 Blob의 콘텐츠가 파일로 다운로드됩니다. 이때 사전에 제안된 파일 이름 users.json이 사용됩니다.

Blob는 데이터를 보관하는 특수한 객체입니다. 보관하는 데이터는 보통 파일이나 이미지와 같은 바이너리 데이터이지만, 이 예시처럼 문자열 콘텐츠로도 Blob 객체를 만들 수 있습니다.

Blob 객체는 메모리에 존재하고, 객체 URL은 해당 메모리에 연결됩니다. 객체 URL을 링크 엘리먼트에 설정하면 내보내기 다운로드 링크가 됩니다. 사용자가 링크를 클릭하면 객체 URL이 문자열 데이터를 반환하고, 링크에 download 속성이 설정되어 있으면 이 데이터를 로컬 파일로 다운로드합니다.

메모리 누수를 방지하기 위해 URL.revokeObjectURL을 호출하면서 기존 객체 URL을 인수로 전달하여 제거합니다. 사용자가 파일을 다운로드했거나 페이지를 떠날 때와 같이 더 이상 객체 URL이 필요하지 않은 상황에서도 동일한 방법으로 객체 URL을 해제할 수 있습니다.

## 10.8 드래그앤드롭으로 파일 업로드하기

**문제** 사용자가 이미지 등의 파일을 드래그앤드롭하여 원격 서비스로 업로드할 수 있도록 만들고 싶습니다.

**해결** 엘리먼트의 drop 이벤트 핸들러를 통해 받은 File 객체를 Fetch API에 전달합니다([예 10-17] 참고).

예 10-17 드롭된 파일 업로드

```
const target = document.querySelector('.drop-target');

target.addEventListener('drop', event => {
  // drop 이벤트를 취소한다. 취소하지 않으면 현재 페이지를 떠나
  // 파일로 직접 이동해버린다.
  event.preventDefault();

  // 선택된 파일 데이터를 가져온다.
  const [item] = event.dataTransfer.items;
  const file = item.getAsFile();
```

```
    if (file.type.startsWith('image/')) {
        fetch('/api/uploadFile', {
        method: 'POST',
        body: file
        });
    }
});

// dragover 이벤트도 취소해서 파일이
// 전체 페이지 콘텐츠를 대체하지 않도록 방지한다.
target.addEventListener('dragover', event => {
  event.preventDefault();
});
```

**설명** 데이터 전송 객체에서 `getAsFile`을 호출하면 `File` 객체를 얻을 수 있습니다. `File` 객체는 `Blob`를 확장한 것이므로 Fetch API에 사용하면 `Blob`인 파일 콘텐츠를 원격 서버로 전송할 수 있습니다.

이 예시에서는 업로드할 파일의 MIME 타입을 확인하여 이미지 파일일 때만 업로드하도록 제한하고 있습니다.

CHAPTER 11

# 국제화

## 11.0 소개

모던 브라우저는 강력한 국제화Internationalization API가 포함되어 있습니다. 국제화 API는 언어나 로케일locale에 따라 특정 작업을 처리하도록 구성된 API의 모음으로, 다음과 같은 작업을 수행합니다.

- 날짜와 시간 형식 설정
- 숫자 형식 설정
- 통화currency
- 복수형 규칙

국제화 API가 있기 전에는 Moment.js(날짜와 시간)이나 Numeral.js(숫자)와 같은 서드파티 라이브러리를 사용해야 하는 경우도 있었습니다. 하지만 요즘 브라우저는 이와 비슷한 기능을 지원하기 때문에 이제는 Moment.js나 Numeral.js와 같은 라이브러리가 필요하지 않습니다.

국제화 API의 대부분은 로케일이라는 개념을 사용합니다. 로케일은 일반적으로 언어와 지역의 조합으로 이루어집니다. 예를 들어 미국 영어의 로케일은 en-US이고, 캐나다 영어의 로케일은 en-CA입니다. 국제화 API는 기본 로케일, 다시 말해 현재 사용 중인 브라우저에 설정된 값과 함께 사용할 수도 있고, 원하는 지역에 맞게 데이터 형식을 설정하기 위해 특정 로케일을 설정할 수도 있습니다.

> **노트** 템포럴Temporal이라고 부르는 새로운 자바스크립트 날짜 및 시간 API가 개발 중에 있습니다. 이 글을 작성하는 시점 기준으로는 ECMAScript 제안 상태입니다. 가까운 시일 내에 자바스크립트의 일부가 될 것으로 보지만, 이 책에서는 표준 날짜 API만 다루도록 하겠습니다.

## 11.1 날짜 포맷하기

**문제** Date 객체를 사용자 지역에 적절한 형식으로 표시해주고 싶습니다.

**해결** `Intl.DateTimeFormat`을 사용하여 Date 객체를 포맷된formatted[1] 문자열 값으로 바꿉니다. 포맷 객체를 생성할 때는 원하는 로케일과 포맷 스타일을 설정할 옵션 객체를 인수로 전달합니다. 지원하는 날짜 포맷 스타일이 en-US인 로케일에서는 다음과 같습니다.

- `short`: 3/17/25
- `medium`: Mar 17, 2025
- `long`: March 17, 2025
- `full`: Monday, March 17, 2025

참고로 한국어 로케일(ko 또는 ko-KR)에서는 다음과 같이 나타납니다.

- `short`: 25. 3. 17.
- `medium`: 2025. 3. 17.
- `long`: 2025년 3월 17일
- `full`: 2025년 3월 17일 월요일

사용자의 현재 로케일을 구하려면 `navigator.language` 프로퍼티를 확인하면 됩니다([예 11-1] 참고).

**예 11-1** 날짜 포맷하기

```
const formatter = new Intl.DateTimeFormat(
```

---

[1] 역자주_ 어떤 정보를 특정한 형식을 따르는 문자열로 변환하는 과정을 '포맷(format)한다'고 표현합니다.

```
  navigator.language,
  { dateStyle: 'long' }
);
const formattedDate = formatter.format(new Date());
```

**설명** 옵션 객체에 dateStyle과 함께 timeStyle 프로퍼티를 설정하면 Date 객체의 시간 정보도 문자열에 포함합니다.

예 11-2 날짜와 시간 포맷하기

```
const formatter = new Intl.DateTimeFormat(
  navigator.language,
  { dateStyle: 'long', timeStyle: 'long' }
);
const formattedDateAndTime = formatter.format(new Date());
```

## 11.2 포맷된 날짜 일부 가져오기

**문제** 포맷된 날짜를 각 구성 요소로 나누고 싶습니다. 이 작업은 날짜 문자열의 일부에만 다른 스타일을 적용하고 싶을 때 유용할 것입니다.

**해결** Intl.DateTimeFormat의 formatToParts 메서드를 사용해 날짜를 포맷하면 구성 요소의 배열이 반환됩니다([예 11-3] 참고).

예 11-3 포맷된 날짜의 각 구성 요소 구하기

```
const formatter = new Intl.DateTimeFormat(
  navigator.language,
  { dateStyle: 'short' }
);
const parts = formatter.formatToParts(new Date());
```

**설명** 만약 로케일이 en-US이고 short 스타일의 날짜가 3/17/25라면 [예 11-3]의 parts 객체는 [예 11-4]처럼 보일 것입니다.

**예 11-4 포맷된 날짜 구성 요소**

```
[
  { type: 'month', value: '3' },
  { type: 'literal': value: '/' },
  { type: 'day': value: '17' },
  { type: 'literal', value: '/' },
  { type: 'year', value: '25' }
]
```

이 값이 한국어 로케일에서는 어떻게 나타나는지도 직접 한번 확인해 보세요.

## 11.3 상대적인 날짜 포맷하기

**문제** 주어진 날짜와 오늘 날짜의 차이를 대략적으로 구한 값을 사람이 읽기 편한 형태로 표시하고 싶습니다. 예를 들어, '2일 전'이나 '3개월 후'와 같은 문자열을 보여주고 싶습니다.

**해결** `Intl.RelativeTimeFormat`을 사용합니다. 이 객체에 있는 포맷 메서드를 호출할 때는 -2(과거) 또는 3(미래)과 같은 오프셋offset 값과 `'day'`, `'month'` 등의 단위를 전달합니다. 예를 들어 en-US 로케일 환경에서 `format(-2, 'day')`을 호출하면 `'2 days ago'`라는 문자열을 반환합니다. 마찬가지로 한국어 로케일에서는 `'2일 전'`이라는 문자열을 반환합니다.

이 동작은 사실 두 단계의 처리 과정이 필요합니다. `Intl.RelativeTimeFormat`은 오프셋, 다시 말해 두 날짜 사이의 차이를 계산하지 않습니다. 따라서 먼저 오프셋 값을 구한 다음에 이 값과 단위를 `format` 메서드에 전달해야 합니다. 주의할 점은 두 날짜 간의 차이에서 가장 큰 단위를 사용한다는 것입니다.

먼저 오프셋과 단위를 포함한 객체를 반환하는 도우미 함수를 [예 11-5]처럼 작성합니다.

**예 11-5 오프셋과 단위 구하기**

```
function getDateDifference(fromDate) {
```

```
      const today = new Date();

      if (fromDate.getFullYear() !== today.getFullYear()) {
        return {
          offset: fromDate.getFullYear() - today.getFullYear(),
          unit: 'year'
        };
      } else if (fromDate.getMonth() !== today.getMonth()) {
        return {
          offset: fromDate.getMonth() - today.getMonth(),
          unit: 'month'
        };
      } else {
        // 시, 분, 초 단위까지 더 세분화할 수 있다!
        return {
          offset: fromDate.getDate() - today.getDate(),
          unit: 'day'
        };
      }
    }
```

이 함수에서 반환하는 객체에는 offset과 unit이라는 두 개의 프로퍼티가 포함되어 있습니다. 이 값을 Intl.RelativeTimeFormat에 전달하면 됩니다([예 11-6] 참고).

**예 11-6** 상대적인 날짜 포맷하기

```
function getRelativeDate(fromDate) {
  const { offset, unit } = getDateDifference(fromDate);
  const format = new Intl.RelativeTimeFormat();
  return format.format(offset, unit);
}
```

이 함수를 호출한 날짜가 2023년 10월 7일이고 로케일이 en-US라고 가정하면 호출 결과는 다음과 같을 것입니다. 노파심에서 말하자면, Date 객체를 아래와 같이 작성할 때는 월$^{month}$에 해당하는 값은 0부터 시작하고 일$^{day}$에 해당하는 값은 1부터 시작한다는 점에 주의하세요.

- 2023년 10월 1일: getRelativeDate(new Date(2023, 9, 1)): "6 days ago"
- 2023년 5월 2일: getRelativeDate(new Date(2023, 4, 2)): "5 months ago"
- 2025년 6월 2일: getRelativeDate(new Date(2025, 5, 2)): "in 2 years"

**설명** `getDateDifference`는 주어진 날짜와 오늘 날짜를 년, 월, 일 순으로 일치하지 않는 부분이 나타날 때까지 비교를 반복합니다. 그리고 사용할 단위의 이름과 그 단위의 차이를 반환하여 이 값을 `Intl.RealtiveTimeFormat`에 사용할 수 있도록 합니다.

`getRelativeDate` 함수는 월, 일, 시, 분, 초 단위까지 정확한 상대적인 시간을 반환하지 않는 대신 두 시간 차이의 대략적인 크기만 알 수 있도록 합니다.

2023년 5월 2일과 2023년 10월 7일을 비교한다고 생각해 봅시다. 두 날짜의 정확한 차이는 5개월 5일이지만 `getRelativeDate`는 '5개월 전'이라는 대략적인 값만 반환할 것입니다.

## 11.4 숫자 포맷하기

**문제** 로케일별 규칙에 따라 천 단위 구분 기호와 소수점 자릿수를 포함하여 숫자를 포맷하고 싶습니다.

**해결** 숫자를 `Intl.NumberFormat`의 `format` 메서드에 전달합니다. 이 메서드는 포맷된 숫자 문자열을 반환합니다.

기본적으로 `Intl.NumberFormat`은 기본 로케일을 사용합니다. [예 11-7]에서는 기본 로케일이 ko-KR이라고 가정하고 있습니다.

**예 11-7 기본 로케일에서 숫자 포맷하기**

```
// ko-KR 로케일에서는 '5,200.55'를 출력한다.
console.log(
  new Intl.NumberFormat().format(5200.55)
);
```

`Intl.NumberFormat` 생성자에 다른 로케일을 설정할 수도 있습니다([예 11-8] 참고).

**예 11-8 de-DE 로케일에서 숫자 포맷하기**

```
// '5.200,55'를 출력한다.
console.log(
  new Intl.NumberFormat('de-DE').format(5200.55)
);
```

**설명** `Intl.NumberFormat`은 로케일별 포맷 규칙을 사용해 숫자를 포맷합니다. 숫자 두 개를 `formatRange`에 전달하면 [예 11-9]처럼 숫자 범위를 포맷할 수도 있습니다.

예 11-9 숫자 범위 포맷하기

```
// en-US 로케일에서는 '1,000-5,000'을 출력한다.
console.log(
  new Intl.NumberFormat().formatRange(1000, 5000)
);
```

## 11.5 특정 소수점 자리에서 반올림하기

**문제** 소수점 자리가 많은 실수값을 받아서 특정 소수점 이하 자릿수까지 반올림하고 싶습니다.

**해결** `Intl.NumberFormat` 객체를 생성할 때 `maximumFractionDigits` 옵션을 사용하여 소수점 이하 자릿수를 설정합니다. [예 11-10]에서는 소수점 이하 두 자리까지 숫자를 반올림합니다.

예 11-10 숫자 반올림

```
function roundToTwoDecimalPlaces(number) {
  const format = new Intl.NumberFormat(navigator.language, {
      maximumFractionDigits: 2
  });
  return format.format(number);
}

// "5.49" 출력
console.log(roundToTwoDecimalPlaces(5.49125));

// "5.5" 출력
console.log(roundToTwoDecimalPlaces(5.49621));
```

## 11.6 가격 범위 형식 설정하기

**문제** 가격이 숫자로 저장된 배열이 주어졌을 때, 배열에 있는 최저가와 최고가를 가격 범위로 포맷하고 싶습니다.

**해결** 최저가와 최고가를 확인하고 `Intl.NumberFormat` 객체를 생성할 때 `style: 'currency'` 옵션을 설정합니다. 그리고 생성한 `Intl.NumberFormat`을 사용하여 가격 범위 문자열을 생성합니다. 여기에 currency 옵션을 설정하면 적절한 통화 기호도 추가할 수 있습니다. `Intl.NumberFormat`의 `formatRange`를 호출하면서 최저가와 최고가를 전달합니다([예 11-11] 참고).

예 11-11 가격 범위 포맷하기

```
function formatPriceRange(prices) {
  const format = new Intl.NumberFormat(navigator.language, {
      style: 'currency',

      // style: 'currency'을 사용할 때는 통화 코드도 필요하다.
      currency: 'USD'
  });
  return format.formatRange(
      // 배열에서 최저가를 찾는다.
      Math.min(...prices),

      // 배열에서 최고가를 찾는다.
      Math.max(...prices)
  );
}

// en-US 로케일에서는 '$1.75 - $11.00'를 출력한다.
console.log(
  formatPriceRange([5.5, 3, 1.75, 11, 9.5])
);
```

**설명** `Math.max`와 `Math.min` 함수에는 인수를 여러 개 전달할 수 있고, 각각 전달된 인수 중 가장 크거나 가장 작은 값을 반환합니다. [예 11-11]에서는 배열의 전개 구문 spread syntax을 사용하여 배열의 모든 원소를 `Math.max`와 `Math.min`에 전달했습니다.

## 11.7 측정 단위 형식 설정하기

**문제** 숫자를 포맷할 때 측정 단위도 포함하고 싶습니다.

**해결** Intl.NumberFormat 객체를 생성할 때 unit 스타일을 사용하여 원하는 단위를 설정합니다. [예 11-12]는 기가바이트 단위로 숫자를 포맷하는 방법입니다.

예 11-12 기가바이트 포맷하기

```
const format = new Intl.NumberFormat(navigator.language, {
  style: 'unit',
  unit: 'gigabyte'
});

// "1,000GB" 출력
console.log(format.format(1000));
```

**설명** Intl.NumberFormat을 생성할 때 unitDisplay 옵션을 사용하면 단위 표시의 표현 방법을 조정할 수도 있습니다. 사용할 수 있는 값은 다음과 같습니다.

- short

  축약된 단위를 보여주며, 숫자와 단어 사이에 공백이 한 칸 있습니다. (예. 1,000 GB)

- narrow

  축약된 단위를 보여주며 공백이 없습니다. (예. 1,000GB)

- long

  전체 단위 이름을 보여줍니다.[2] (예. 1,000 gigabytes)

---

2 역자주_ 로케일마다 다르게 표기될 수 있습니다. 예를 들어, 한국어 로케일에서는 '1,000기가바이트'로 표기됩니다.

## 11.8 복수형 규칙 적용하기

**문제** 항목의 개수에 따라 올바른 복수형 문장을 사용하고 싶습니다. 예를 들어 사용자의 목록이 있다고 가정해 봅시다. 영어에서는 'one user'(단수) 또는 'three users'(복수)라고 표현합니다. 언어에 따라 더 복잡한 규칙이 있을 수도 있는데, 모든 언어를 잘 지원하고 싶습니다.

**해결** `Intl.PluralRules`를 사용하여 올바른 복수형 문장을 선택합니다.

먼저 원하는 로케일을 전달하여 `Intl.PluralRules` 객체를 생성합니다. 이 객체의 `select` 메서드를 호출하면서 사용자 수를 인수로 전달합니다([예 11-13] 참고).

예 11-13 복수형 선택하기

```javascript
// 사용자 정보를 포함한 배열
const users = getUsers();

const rules = new Intl.PluralRules('en-US');
const form = rules.select(users.length);
```

예시의 `select` 메서드는 설정된 로케일과 복수형을 기준으로 문자열을 반환합니다. 예를 들어 en-US 로케일에서는 'one'(사용자가 한 명일 때)이나 'other'(사용자가 한 명이 아닐 때)를 반환합니다. 이 값을 키로 사용하여 [예 11-14]와 같이 적절한 메시지를 정의할 수 있습니다.

예 11-14 복수형 규칙을 적용한 해결책

```javascript
function formatUserCount(users) {
  // 사용자 수에 따라 메시지를 정의한다.
  const messages = {
    one: 'There is 1 user.',
    other: `There are ${users.length} users.`
  };

  // Intl.PluralRules을 사용해 표시할 메시지를 결정한다.
  const rules = new Intl.PluralRules('en-US');
  return messages[rules.select(users.length)];
}
```

> **번역자의 노트**
>
> 로케일에 따라 select 메서드가 반환하는 값이 다릅니다. 예를 들어, 단수와 복수의 구분이 따로 없는 한국어에서는 숫자에 상관없이 'other'만 반환하고, 복수가 2, 3, 4의 특수 복수와 5 이상인 복수 속격으로 나뉘는 폴란드어에서는 'one', 'few', 'many' 중 하나를 반환합니다. 이를 코드로 표현하면 다음과 같습니다.
>
> ```
> function formatCatCount(cats) {
>   // 고양이 수에 따라 메시지를 정의한다.
>   const messages = {
>     one: '1 kot',
>     few: '${cats.length} koty',
>     many: '${cats.length} kotów'
>   };
>
>   // Intl.PluralRules을 사용해 표시할 메시지를 결정한다.
>   const rules = new Intl.PluralRules('pl-PL');
>   return messages[rules.select(cats.length)];
> }
> ```

**설명** 이 방법을 사용하려면 다양한 복수형 규칙을 미리 알고 정확한 메시지를 정의할 수 있어야 합니다.

Intl.PluralRules는 서수$^{ordinal}$ 모드도 지원하는데, 앞서 보았던 복수형 규칙과는 조금 다르게 동작합니다. 서수 모드를 사용하면 수를 '1st', '2nd', '3rd' 등과 같이 포맷합니다. 포맷 규칙은 언어마다 다르며, 각 숫자에 적절한 접미사를 매핑하여 적용할 수 있습니다.

예를 들어 en-US 로케일에서는 Intl.PluralRules에서 다음과 같이 서수를 반환합니다.

- 1로 끝나는 숫자라면 one을 반환. "1st", "21st" 등
- 2로 끝나는 숫자라면 two를 반환. "2nd", "42nd" 등
- 3으로 끝나는 숫자라면 few를 반환. "3rd", "33rd" 등
- 그 외에는 other를 반환. "5th", "47th" 등

## 11.9 문자 수, 단어 수, 문장 수 세기

**문제** 로케일별 규칙에 따라 문자열의 문자 수, 단어 수, 문장 수를 계산하고 싶습니다.

**해결** Intl.Segmenter를 사용해 문자열을 분리하여 단위별 개수를 계산하고 싶습니다.

세그먼트 분석기를 생성하면서 grapheme(개별 문자), word(단어), sentence(문장) 중 하나를 granularity 옵션의 값으로 전달하여 분석 단위를 설정합니다.

예 11-15 주어진 문자열의 문자 수, 단어 수, 문장 수 계산하기

```
function getCounts(text) {
  const characters = new Intl.Segmenter(
      navigator.language,
      { granularity: 'grapheme' }
  );

  const words = new Intl.Segmenter(
      navigator.language,
      { granularity: 'word' }
  );

  const sentences = new Intl.Segmenter(
      navigator.language,
      { granularity: 'sentence' }
  );

  // 각 구성 요소를 배열로 변환하여, 배열의 크기를 구한다.
  return {
      characters: [...characters.segment(text)].length,
      words: [...words.segment(text)].length,
      sentences: [...sentences.segment(text)].length
  };
}
```

**노트** 이 API는 아직 모든 브라우저에서 지원하지 않습니다. Can I Use(*https://oreil.ly/OL9G0*)에서 최신 호환성 정보를 확인해 보세요.

**설명** 세그먼트 분석기 객체의 `segment` 메서드를 호출하면서 문자열을 전달하면 모든 세그먼트를 포함하는 순회 가능한$^{iterable}$ 객체를 반환합니다. 이 순회 가능한 객체에 포함된 항목의 개수를 가져오는 방법은 많지만, 이 예시에서는 배열 전개 구문을 사용하여 모든 항목을 포함하는 배열을 생성했습니다. 그 다음에는 각 배열의 길이를 가져오기만 하면 됩니다.

과거에는 문자열의 `split` 메서드를 사용해서 비슷한 기능을 구현했습니다. 예를 들면 공백을 기준으로 문자열을 나누어서 단어의 배열을 얻고 단어의 개수를 계산했습니다. 이는 한국어 환경에서도 잘 동작하기는 했지만 `Intl.Segmenter`를 사용하면 단어와 문장을 구분할 때 로케일별 규칙을 적용할 수 있어서 더 좋습니다.

## 11.10 목록 형식 설정하기

**문제** 쉼표로 구분하여 목록의 항목을 표시하고 싶은 배열이 있습니다. 예를 들어, 사용자 배열을 "user1, user2, and user3"과 같이 표시하고 싶습니다.

**해결** `Intl.ListFormat`을 통해 주어진 로케일의 규칙을 사용하여 여러 항목을 하나의 목록으로 조합합니다. [예 11-16]은 `username`이라는 프로퍼티가 있는 사용자 객체의 배열을 사용합니다.

**예 11-16 사용자 객체 목록의 형식 설정하기**

```
function getUserListString(users, locale = 'en-US') {
  // ListFormat의 로케일은 설정할 수 있다.
  const listFormat = new Intl.ListFormat(locale);
  return listFormat.format(users.map(user => user.username));
}
```

**설명** `Intl.ListFormat`은 필요한 경우 단어와 문장 부호를 추가합니다. 예를 들어 en-US 로케일에서는 다음과 같은 결과를 얻을 수 있습니다.

- 사용자가 1명일 때: "user1"
- 사용자가 2명일 때: "user1 and user2"

- 사용자가 3명일 때: "user1, user2, and user3"

만약 de-DE 로케일을 사용하고 있다면 다음과 같습니다.

- 사용자가 1명일 때: "user1"
- 사용자가 2명일 때: "user1 und user2"
- 사용자가 3명일 때: "user1, user2 und user3"

앞서 보았던 결과와 비교하면 'and' 대신 'und'가 사용되었고, 사용자가 3명일 때 en-US 로케일에서는 user2 뒤에 쉼표가 있었지만 de-DE 로케일에서는 쉼표가 없습니다. 독일어 문법에는 '옥스포드 쉼표Oxford comma'[3]라 부르는 쉼표를 사용하지 않기 때문입니다.

보다시피 Intl.ListFormat은 배열의 join 메서드를 호출하면서 쉼표를 전달할 때보다 훨씬 더 정확합니다. 게다가 join 메서드는 지원하지 못하는 로케일별 규칙도 잘 지원합니다.

## 11.11 이름 배열 정렬하기

**문제** 배열에 포함된 이름을 로케일에 맞는 정렬 규칙을 적용하여 정렬하고 싶습니다.

**해결** 비교 로직을 위해 Intl.Collator[4] 인스턴스를 생성한 다음, 이 인스턴스의 compare 함수를 Array.prototype.sort에 전달하여 사용합니다([예 11-17] 참고).[5] compare 함수는 인수로 전달된 두 개의 문자열을 비교하며 첫 번째 문자열이 두 번째 문자열보다 앞에 위치해야 하면 음수를, 같으면 0을 반환하고, 첫 번째 문자열이 두 번째 문자열보다 뒤에 위치해야 하면 양수를 반환합니다.

---

3 역자주_ 문장의 의미를 더 명확하게 하기 위해 목록의 마지막 두 항목 사이에 들어가는 쉼표를 말합니다. 연속 쉼표(serial comma) 또는 하버드 쉼표(Harvard comma)라고도 부릅니다.
4 역자주_ collator(콜레이터)는 '대조하는 사람' 또는 '교정하는 사람'이라는 의미가 있습니다.
5 역자주_ 한국어는 단순 문자열 비교만으로도 정렬이 잘 됩니다. 차이를 보여주기 위해 예시의 이름은 의도적으로 원문을 그대로 사용했습니다.

**예 11-17** Intl.Collator를 사용한 이름 배열 정렬

```
const names = [
  'Elena',
  'Mário',
  'André',
  'Renée',
  'Léo',
  'Olga',
  'Héctor',
]

const collator = new Intl.Collator();
names.sort(collator.compare);
```

> **노트** Collator가 반환하는 값은 음수 또는 양수이기만 하면 되므로 −1이나 1이 아닐 수도 있습니다.

**설명** 여기서 소개하는 것은 문자열 배열을 정렬하는 간단한 방법입니다. `Intl.Collator`가 도입되기 전에는 [예 11-18]과 같은 작업이 필요했습니다.

**예 11-18** 문자열 배열을 직접 정렬하기

```
names.sort((a, b) => a.localeCompare(b));
```

이 코드도 잘 동작하긴 하지만 문자열을 비교할 때 사용할 정렬 규칙의 로케일을 설정할 수가 없다는 큰 차이가 있습니다. 또한 `Intl.Collator`는 유연하다는 장점도 있어 문자열을 비교할 때 사용할 로직을 미세하게 조정할 수 있습니다.

예를 들어 [1, 2, 20, 3]이라는 배열이 있다고 생각해 봅시다. 기본 대조자<sup>collator</sup>를 사용하면 문자열 비교 로직을 사용하기 때문에 '20'이 '3'보다 앞에 위치하게 되고, 따라서 이 배열은 이미 정렬된 상태와 동일합니다. 하지만 `Intl.Collator`에 `numeric: true` 옵션을 전달하면 정렬된 배열은 [1, 2, 3, 20]과 같이 됩니다.

# CHAPTER 12

# 웹 컴포넌트

## 12.0 소개

웹 컴포넌트는 고유한 동작을 하는 새로운 HTML 엘리먼트를 작성하는 방법입니다. 이러한 고유 동작은 커스텀 엘리먼트custom element 내부에 캡슐화됩니다.

### 컴포넌트 작성

[예 12-1]에서 볼 수 있듯이 웹 컴포넌트는 `HTMLElement`를 확장한 클래스를 정의하여 작성합니다.

예 12-1 최소 웹 컴포넌트

```
class MyComponent extends HTMLElement {
  connectedCallback() {
      this.textContent = 'MyComponent가 왔습니다!';
  }
}
```

이렇게 작성한 커스텀 엘리먼트를 DOM에 추가하면 브라우저가 `connectedCallback` 메서드를 호출합니다. 컴포넌트의 로직은 대체로 `connectedCallback`에 작성됩니다. 이 콜백은 생명주기 콜백 중 하나이며, 그 밖에 다른 생명주기 콜백은 다음과 같습니다.

- disconnectedCallback

    커스텀 엘리먼트를 DOM에서 제거할 때 호출됩니다. 이벤트 리스너를 제거하는 것과 같은 정리 과정을 처리하기에 좋습니다.

- attributeChangedCallback

    엘리먼트가 감시하는 속성 중 하나가 변경되었을 때 호출됩니다.

## 커스텀 엘리먼트 등록

작성한 커스텀 엘리먼트 클래스를 HTML 문서에서 사용하려면 먼저 브라우저에 등록해주어야 합니다. 커스텀 엘리먼트는 [예 12-2]와 같이 전역 customElements 객체의 define 메서드를 호출하여 등록합니다.

예 12-2 커스텀 엘리먼트를 브라우저에 등록하기

```
customElements.define('my-component', MyComponent);
```

노트    이미 등록된 커스텀 엘리먼트를 다시 등록하려고 하면 브라우저가 에러를 발생시킵니다. 중복 등록할 가능성이 있다면 등록 전에 customElements.get('my-component')를 실행해서 등록 여부를 확인할 수 있습니다. 만약 undefined가 반환된다면 customElements.define을 호출해도 안전합니다.

엘리먼트를 등록하고 나면 [예 12-3]에서 보듯이 다른 HTML 엘리먼트와 동일한 방법으로 사용할 수 있습니다.

예 12-3 커스텀 엘리먼트 사용

```
<my-component></my-component>
```

노트    명세에 따르면 커스텀 엘리먼트의 이름은 반드시 하이픈(-)을 사용해야 합니다. 또한 자식 콘텐츠가 없는 컴포넌트라 하더라도 언제나 닫는 태그를 사용해야 합니다.

## 템플릿

HTML 마크업을 웹 컴포넌트에 포함하는 방법은 여러 가지가 있습니다. 한 가지 방법은 `connectedCallback`에서 `document.createElement`를 호출하여 엘리먼트를 직접 작성한 다음 컴포넌트에 추가하는 것입니다.

다른 방법으로는 `<template>` 엘리먼트를 사용하여 컴포넌트의 마크업을 설정하는 것입니다. `<template>` 엘리먼트는 `connectedCallback`이 호출될 때 컴포넌트에 콘텐츠로 주어질 HTML을 포함합니다. 템플릿은 매우 단순합니다. 데이터 바인딩도 없고, 삽입된 변수도 없으며, 로직도 존재하지 않습니다. 템플릿은 HTML 콘텐츠의 시작 지점 역할만 합니다. 이후 `connectedCallback`이 호출될 때 필요에 따라 엘리먼트를 선택하거나 동적인 값을 설정하고 이벤트 리스너를 추가하는 것은 여러분의 몫입니다.

## 슬롯

템플릿에서 사용할 수 있는 `<slot>`은 특수한 엘리먼트입니다. 슬롯은 나중에 전달될 자식 콘텐츠의 플레이스홀더placeholder입니다. 컴포넌트는 기본 슬롯을 포함할 수도 있고, 이름이 붙은 슬롯을 포함할 수도 있습니다. 이름 붙은 슬롯을 사용하면 컴포넌트 내부의 다양한 콘텐츠 조각을 배치할 수 있습니다.

[예 12-4]는 기본 슬롯 한 개와 이름 붙은 슬롯 한 개를 포함하는 간단한 템플릿입니다.

**예 12-4** 슬롯이 있는 템플릿

```
<template>
  <h2><slot name="name"></slot></h2>
  <slot></slot>
</template>
```

예를 들어 작가의 프로필을 보여주는 `<author-bio>` 컴포넌트를 [예 12-5]처럼 사용한다고 생각해 봅시다.

예 12-5 슬롯에 콘텐츠 설정하기

```
<author-bio>
  <span slot="name">김태곤</span>
  <p>기술서도 번역하는 프런트엔드 개발자입니다.</p>
</author-bio>
```

컴포넌트의 자식 콘텐츠에서 컴포넌트 템플릿의 이름 붙은 슬롯에 대응하는 slot 속성을 설정할 수 있습니다. 예시에서 '김태곤'이라는 텍스트를 포함하는 span 엘리먼트는 컴포넌트의 h2 엘리먼트 내부에 있는 name 슬롯에 위치합니다. slot 속성이 없는 자식 콘텐츠는 전부 이름이 따로 설정되지 않은 기본 슬롯에 위치합니다.

## 섀도 DOM

섀도 DOM<sup>shadow DOM</sup>은 메인 DOM과 분리된 엘리먼트의 집합입니다. 웹 컴포넌트는 섀도 DOM을 광범위하게 사용합니다. 섀도 DOM을 사용해서 얻는 이점 중 하나는 CSS 스타일의 범위를 한정할 수 있다는 것입니다. 섀도 DOM 내부에서 설정한 스타일은 섀도 DOM 내부의 엘리먼트에만 적용됩니다. 섀도 DOM 안에 정의된 CSS 규칙의 선택자가 섀도 DOM 바깥에 있는 엘리먼트와 일치한다 해도 해당 CSS는 적용되지 않습니다.

이러한 스타일 범위는 양방향으로 동작합니다. 다시 말해, 페이지에 설정된 전역 스타일도 섀도 DOM 내부의 엘리먼트에 적용되지 않습니다.

섀도 DOM은 섀도 루트<sup>shadow root</sup>를 웹 컴포넌트에 추가하여 작성하며, 열거나 닫을 수 있습니다. 섀도 DOM이 열린 상태에서는 자바스크립트를 사용해 섀도 DOM의 엘리먼트에 접근하거나 수정할 수 있습니다. 닫힌 상태에서는 웹 컴포넌트의 shadowRoot 프로퍼티가 null이 되어 섀도 DOM 내부의 콘텐츠에 접근할 수 없습니다.

## 라이트 DOM

섀도 DOM 사용은 어디까지나 선택적입니다. 라이트 DOM<sup>Light DOM</sup>은 웹 컴포넌트 내부에 존재하는 평범하고 캡슐화되지 않은 DOM을 의미합니다.[1] 라이트 DOM은 별도로 격리되지 않기 때문에 라이트 DOM의 자식 엘리먼트에는 전역 스타일이 적용됩니다.

## 12.1 오늘 날짜를 보여주는 컴포넌트 작성

**문제** 오늘 날짜를 브라우저의 로케일에 맞게 포맷하고 보여주는 웹 컴포넌트를 만들고 싶습니다.

**해결** 웹 컴포넌트 내부에서 `Intl.DateTimeFormat`를 사용하여 현재 날짜를 포맷합니다([예 12-6] 참고).

**예 12-6** 현재 날짜를 포맷하는 커스텀 엘리먼트

```
class TodaysDate extends HTMLElement {
  connectedCallback() {
    const formatter = new Intl.DateTimeFormat(
      navigator.language,
      { dateStyle: 'full' }
    );

    this.textContent = formatter.format(new Date());
  }
}

customElements.define('todays-date', TodaysDate);
```

이제 이 웹 컴포넌트를 [예 12-7]과 같이 사용하면 아무런 속성이나 자식 콘텐츠가 없어도 현재 날짜를 보여줄 수 있습니다.

**예 12-7** 현재 날짜 표시하기

```
<p>
  오늘 날짜: <todays-date></todays-date>
</p>
```

---

[1] 역자주_ 이해를 돕기 위해 첨언하자면, 컴포넌트가 명시적으로 shadowRoot를 사용해 캡슐화하지 않은 엘리먼트는 모두 라이트 DOM이라고 보아도 좋습니다. 이 내용은 12.2절에서 다시 다룰 예정입니다.

설명 브라우저는 `<todays-date>` 엘리먼트가 DOM에 표현될 때 컴포넌트의 connectedCallback 메서드를 호출합니다. connectedCallback 안에서 TodaysDate 클래스는 우리가 11장에서 살펴본 Intl.DateTimeFormat 객체를 사용해 현재 날짜를 포맷합니다. connectedCallback은 이렇게 포맷된 문자열을 엘리먼트의 textContent로 설정합니다. textContent는 HTMLElement의 조상인 Node에서 상속받은 프로퍼티입니다.

## 12.2 임의의 날짜를 포맷하는 컴포넌트 작성

문제 임의의 날짜 값을 포맷하는 웹 컴포넌트를 만들고 싶습니다.

해결 웹 컴포넌트에 date 속성을 추가하고 이 속성의 값을 사용해 포맷된 날짜를 생성합니다([예 12-8] 참고). 그럼 이 속성의 변화를 감시할 수 있으므로 속성값이 변경되었을 때 날짜를 다시 포맷할 수 있습니다.

예 12-8 커스텀 날짜 컴포넌트

```
class DateFormatter extends HTMLElement {
  // 여기에 나열된 속성의 값이 변경되면 브라우저가
  // attributeChangedCallback을 통해 컴포넌트에 속성 변경을 알린다.
  static observedAttributes = ['date'];
  constructor() {
    super();
    // 여기서 포맷 객체를 만들어서 날짜가 변경될 때마다
    // 다시 만들지 않도록 한다.
    this.formatter = new Intl.DateTimeFormat(
      navigator.language,
      { dateStyle: 'full' }
    );
  }

  /**
   * 가능한 경우 'date' 속성의 현재 값으로 표현되는 날짜를 포맷한다.
   */
  formatDate() {
    if (this.hasAttribute('date')) {
      this.textContent = this.formatter.format(
```

```
      new Date(this.getAttribute('date'))
    );
  } else {
    // 날짜가 설정되어 있지 않으면 아무것도 표시하지 않는다.
    this.textContent = '';
  }
}

attributeChangedCallback() {
  // date 속성만 감시하고 있으므로, 이 콜백이 실행된다면 date 속성이
  // 변경되었다고 볼 수 있다. 가능한 경우 해당 날짜를 포맷한다.
  this.formatDate();
}

connectedCallback() {
  // 엘리먼트가 지금 막 추가되었으므로 가능한 경우 날짜를 포맷한다.
  this.formatDate();
}
}

customElements.define('date-formatter', DateFormatter);
```

이제 date 속성을 통해 날짜를 전달하여 사용자의 로케일에 맞게 포맷되도록 한다([예 12-9] 참고).

**예 12-9** date-formatter 엘리먼트 사용하기

```
date-formatter date="2023-10-16T03:52:49.955Z"></date-formatter>
```

**설명** 이 예시는 12.1절에서 다룬 내용 기반 위에 고유한 날짜를 설정할 수 있는 기능을 추가한 것입니다.

기본적으로는 커스텀 엘리먼트에 전달된 속성의 값을 변경하면 아무 일도 일어나지 않습니다. 컴포넌트를 최초로 DOM에 추가하면 connectedCallback에 있는 로직만 실행됩니다. 컴포넌트가 속성 변경에도 반응하도록 만들려면 attributeChangedCallback 메서드를 구현해야 합니다. date-formatter 컴포넌트의 attributeChangedCallback 메서드는 업데이트된 date 속성을 가져와서 포맷된 날짜를 새로 만듭니다. 속성이 변경되면 브라우저가 attributeChangedCallback 메서드를 호출하고 속성 이름, 기존 값, 새 값을 인수로 전달합니다.

하지만 이것만으로는 문제를 해결할 수 없습니다. `attributeChangedCallback` 메서드를 구현해도 속성이 변경된다고 해서 호출되지 않습니다. 브라우저는 감시 중인 속성이 변경되었을 때만 `attributeChangedCallback` 메서드를 호출하기 때문입니다. 이를 통해 감시하고 싶은 속성만 골라서 변경 사항을 감시할 수 있고, 브라우저는 이 속성이 변경되었을 때만 `attributeChangedCallback`를 호출합니다. 감시하고자 하는 속성은 컴포넌트 클래스의 정적 프로퍼티인 `observedAttributes`를 통해서 설정할 수 있습니다. 이 프로퍼티는 속성 이름의 배열로 표현됩니다.

예시의 `date-formatter` 컴포넌트는 `date` 속성 하나만 감시합니다. 따라서 `attributeChangedCallback` 내부에서는 굳이 속성 이름을 확인하지 않아도 됩니다. `date` 속성이 변경되었을 것이기 때문입니다. 여러 속성을 감시하는 컴포넌트에서는 속성 이름을 확인해서 변경된 속성이 무엇인지 알아볼 수 있습니다.

자바스크립트를 사용해 `date` 속성의 값이 변경되면 `attributeChangedCallback`이 호출되고 포맷된 날짜가 업데이트됩니다.

## 12.3 피드백 컴포넌트 작성

> **문제** 웹 페이지의 내용이 유용했는지 사용자가 피드백을 줄 수 있는 재사용 가능한 컴포넌트를 만들고 싶습니다.

**해결** 피드백 버튼을 보여주는 웹 컴포넌트를 만들고 사용자가 버튼을 클릭할 때 커스텀 이벤트를 발생시킵니다.

먼저 [예 12-10]처럼 이 컴포넌트에서 사용할 마크업을 포함하는 템플릿 엘리먼트를 작성합니다.

**예 12-10 템플릿 작성**

```
const template = document.createElement('template');
template.innerHTML = `
  <style>
    .feedback-prompt {
```

```
      display: flex;
      align-items: center;
      gap: 0.5em;
    }

    button {
      padding: 0.5em 1em;
    }
  </style>

  <div class="feedback-prompt">
    <p>이 페이지의 내용이 도움이 되었나요?</p>
    <button type="button" data-helpful="true">네</button>
    <button type="button" data-helpful="false">아니요</button>
  </div>
`;
```

이 컴포넌트는 템플릿 마크업을 포함하는 섀도 DOM을 사용합니다([예 12-11] 참고). CSS 스타일 규칙은 이 컴포넌트 내부에만 적용될 것입니다.

**예 12-11 컴포넌트 구현**

```
class FeedbackRating extends HTMLElement {
  constructor() {
    super();
    // 섀도 DOM을 생성하고 템플릿을 섀도 DOM에서 렌더링한다.
    const shadowRoot = this.attachShadow({ mode: 'open' });
    shadowRoot.appendChild(template.content.cloneNode(true));
  }

  connectedCallback() {
    this.shadowRoot.querySelector('.feedback-prompt')
      .addEventListener('click', event => {
      const { helpful } = event.target.dataset;
      if (typeof helpful !== 'undefined') {
        // 피드백 종류를 고르고 나면 버튼을 숨기고 확인 메시지를 보여준다.
        this.shadowRoot.querySelector('.feedback-prompt').remove();
        this.shadowRoot.textContent = '피드백을 주셔서 감사합니다!';

        // 자바스크립트에는 'parseBoolean' 같은 함수가 없으므로
        // 문자열 값을 해당하는 불리언 값으로 변경해야 한다.
        this.helpful = helpful === 'true';
```

```
            // 커스텀 이벤트를 발생시켜서 피드백 버튼이 클릭될 때
            // 애플리케이션이 알 수 있도록 한다.
            this.shadowRoot.dispatchEvent(
              new CustomEvent('feedback', {
                composed: true, // 섀도 DOM의 경계를 벗어나기 위해 필요하다.
                bubbles: true // DOM까지 전파하기 위해서 필요하다.
              })
            );
          }
        });
      }
    }

    customElements.define('feedback-rating', FeedbackRating);
```

이제 이 피드백 컴포넌트를 애플리케이션에 추가할 수 있습니다([예 12-12] 참고).

**예 12-12** feedback-rating 컴포넌트 사용하기

```
<h2>피드백</h2>
<feedback-rating></feedback-rating>
```

커스텀 feedback 이벤트를 리스닝하면 사용자가 피드백 옵션을 클릭할 때 알람을 받을 수 있습니다([예 12-13] 참고). 이 정보를 사용하는 방법은 이제 각자의 몫입니다. 예를 들면, Fetch API를 사용해 서버로 전송하여 피드백 통계를 구할 수도 있습니다.

**예 12-13** feedback 이벤트 리스닝하기

```
document.querySelector('feedback-rating')
  .addEventListener('feedback', event => {
    // 피드백 컴포넌트의 'helpful' 프로퍼티에서 가져온 값을
    // POST 요청을 사용해 서버로 전송한다.
    fetch('/api/analytics/feedback', {
      method: 'POST',
      body: JSON.stringify({ helpful: event.target.helpful }),
      headers: {
        'Content-Type': 'application/json'
      }
    });
  });
```

설명 예시의 feedback-rating 컴포넌트는 설명 메시지와 두 개의 버튼을 표시합니다. 사용자는 해당 페이지가 유용했는지 아닌지 본인이 느낀 바에 따라 두 버튼 중 하나를 클릭합니다.

여기서 click 이벤트 리스너는 이벤트 위임을 사용합니다. 모든 버튼에 리스너를 추가하지 않고 리스너를 하나만 추가하여 피드백 컴포넌트 내부 어느 곳을 클릭해도 응답하도록 했습니다. 클릭된 엘리먼트가 data-helpful 속성을 포함하지 않으면 사용자가 피드백 버튼이 아닌 다른 엘리먼트를 클릭한 것이므로 아무 동작도 하지 않습니다. 해당 속성을 포함하는 경우에는 문자열 값을 불리언 값으로 변경하고 나중에 사용할 수 있도록 커스텀 엘리먼트의 프로퍼티로 설정해 둔 다음 커스텀 이벤트를 발생시킵니다.

발생한 커스텀 이벤트가 섀도 DOM은 물론 일반 DOM까지 전달되게 하려면 composed: true 옵션을 설정해야 합니다. 이 옵션을 설정하지 않으면 커스텀 엘리먼트에 추가한 이벤트 리스너는 절대로 호출되지 않습니다.

커스텀 이벤트가 발생하면 event.target 프로퍼티를 통해 피드백 엘리먼트 자체의 helpful 프로퍼티를 확인하여 사용자가 클릭한 피드백 버튼이 무엇인지 가져옵니다.

스타일과 마크업이 섀도 DOM 내부에 포함되어 있기 때문에 CSS 규칙은 섀도 DOM 외부의 엘리먼트에 영향을 미치지 않습니다. 따라서 button과 같은 엘리먼트 선택자는 페이지에 있는 다른 버튼에 적용되지 않습니다. 스타일의 범위가 제한되어 있기 때문에 해당 스타일은 커스텀 엘리먼트 내부의 버튼에만 적용됩니다.

하지만 컴포넌트 슬롯에 전달된 콘텐츠에는 전역 CSS 규칙이 적용될 수 있습니다. 슬롯에 포함된 콘텐츠는 섀도우 DOM으로 이동되지 않고 표준 DOM 또는 라이트 DOM에 속한 상태를 유지합니다.

## 12.4 프로필 카드 컴포넌트 작성

문제 사용자 프로필을 보여주는 재사용 가능한 카드 컴포넌트를 만들고 싶습니다.

해결 웹 컴포넌트에서 슬롯을 사용하여 특정 영역에 콘텐츠를 전달합니다.

먼저 [예 12-14]와 같이 스타일과 마크업을 포함하여 템플릿을 정의합니다.

**예 12-14 프로필 카드 템플릿**

```
const template = document.createElement('template');
template.innerHTML = `
  <style>
    :host {
      display: grid;
      border: 1px solid #ccc;
      border-radius: 5px;
      padding: 8px;
      grid-template-columns: auto 1fr;
      column-gap: 16px;
      align-items: center;
      margin: 1rem;
    }

    .photo {
      border-radius: 50%;
      grid-row: 1 / span 3;
    }

    .name {
      font-size: 2rem;
      font-weight: bold;
    }

    .title {
      font-weight: bold;
    }
  </style>

  <div class="photo"><slot name="photo"></slot></div>
  <div class="name"><slot name="name"></slot></div>
  <div class="title"><slot name="title"></slot></div>
  <div class="bio"><slot></slot></div>
`;
```

이 템플릿에는 photo, name, title이라는 세 개의 이름 붙은 슬롯이 있고 약력을 위한 한 개의 기본 슬롯이 있습니다. 컴포넌트 자체의 구현은 매우 단순하며, 템플릿을 포함한 섀도 루트 shadow root를 생성하고 연결하는 역할만 수행합니다([예 12-15] 참조).

예 12-15 컴포넌트 구현

```
class ProfileCard extends HTMLElement {
  constructor() {
    super();
    this.attachShadow({ mode: 'open' });
    this.shadowRoot.appendChild(template.content.cloneNode(true));
  }
}

customElements.define('profile-card', ProfileCard);
```

이 컴포넌트를 사용할 때는 자식 엘리먼트에 slot 속성을 설정하여 어느 슬롯으로 보낼 것인지 알려줘야 합니다([예 12-16] 참고). 약력 엘리먼트에는 slot 속성이 없는데, 이로 인해 기본 슬롯에 위치하게 됩니다.

예 12-16 프로필 카드 사용하기

```
<profile-card>
  <img slot="photo" src="/api/portraits/hanbit.jpg" />
  <div slot="name">정한빛</div>
  <div slot="title">CEO</div>
  <p>정한빛은 훌륭한 CEO입니다.</p>
</profile-card>
```

[그림 12-1]은 프로필 카드 컴포넌트가 렌더링된 결과를 보여줍니다.

그림 12-1 렌더링된 프로필 카드

설명  눈치챈 분도 있겠지만 CSS 스타일에는 커스텀 엘리먼트의 섀도 호스트host에 일치하는 :host 선택자가 있습니다. 섀도 호스트는 섀도 DOM을 자식으로 포함하는 엘리먼트입니다.

이 예시를 통해 웹 컴포넌트에서 재사용 가능한 콘텐츠와 레이아웃을 어떻게 작성하는지 살펴보았습니다. 슬롯은 정확히 원하는 곳에 콘텐츠를 삽입할 수 있게 해 주는 강력한 도구입니다.

## 12.5 게으른 로딩 이미지 컴포넌트 작성

**문제** 뷰포트로 스크롤되기 전에는 이미지를 읽어 들이지 않는 재사용 가능한 컴포넌트를 만들고 싶습니다.

**해결** IntersectionObserver를 사용하여 엘리먼트가 뷰포트 안으로 스크롤되어 들어오기를 기다렸다가 이미지에 src 속성을 설정합니다.

이 예시는 6.1절에서 다룬 내용을 기반으로 하되, 웹 컴포넌트 내부에서 사용하도록 했습니다([예 12-17]과 [예 12-18] 참고).

**예 12-17** LazyImage 컴포넌트

```
class LazyImage extends HTMLElement {
  constructor() {
    super();

    const shadowRoot = this.attachShadow({ mode: 'open' });
    this.image = document.createElement('img');
    shadowRoot.appendChild(this.image);
  }

  connectedCallback() {
    const observer = new IntersectionObserver(entries => {
      if (entries[0].isIntersecting) {
        console.log('이미지 로딩 중');
        this.image.src = this.getAttribute('src');
        observer.disconnect();
      }
    });

    observer.observe(this);
  }
}
```

```
customElements.define('lazy-image', LazyImage);
```

**예 12-18** LazyImage 컴포넌트 사용하기

```
<lazy-image src="https://placekitten.com/200/138"></lazy-image>
```

**설명** 엘리먼트가 뷰포트에 들어서면 IntersectionObserver의 콜백이 엘리먼트의 src 속성을 읽고 이미지의 src 속성으로 설정합니다. 이를 통해 이미지를 읽어 들입니다.

**노트** 이 예시는 내장 엘리먼트를 확장하는 커스텀 엘리먼트를 어떻게 만드는지 보여주기 위해 구성되었습니다. 사실 게으른 이미지 로딩을 위해서는 굳이 커스텀 엘리먼트를 만들 필요가 없습니다. 최신 브라우저에서는 img 태그에 loading="lazy" 속성을 설정하면 동일한 효과를 얻을 수 있습니다. 다시 말해, 해당 속성만 설정해도 뷰포트 안으로 이미지가 스크롤되기 전까지는 이미지를 읽어 들이지 않습니다.

## 12.6 더보기 컴포넌트 작성

**문제** 버튼을 클릭할 때 콘텐츠를 보여주거나 감추고 싶습니다. 설정 폼 등에서 볼 수 있는 '고급 설정' 섹션을 예로 생각할 수 있습니다. 이런 섹션은 처음에는 접혀 있다가 버튼을 클릭하면 펼쳐집니다.

**해결** 더보기 웹 컴포넌트를 작성합니다. 이 컴포넌트는 두 개 부분으로 구성됩니다. 하나는 콘텐츠를 토글하는 버튼이고, 다른 하나는 콘텐츠 그 자체입니다. 각 구성 요소는 해당하는 슬롯을 갖출 것입니다. 기본 슬롯은 콘텐츠를 위해 사용되고, 이름 붙은 슬롯은 버튼을 위해 사용됩니다. 더보기 컴포넌트는 open 속성이 변하면 해당 값에 따라 콘텐츠를 펼치거나 접을 수도 있습니다.

먼저 더보기 컴포넌트를 위한 템플릿을 [예 12-19]와 같이 정의합니다.

**예 12-19** 더보기 컴포넌트 템플릿

```
const template = document.createElement('template');
template.innerHTML = `
```

```
    <div>
      <button type="button" class="toggle-button">
        <slot name="title"></slot>
      </button>
      <div class="content">
        <slot></slot>
      </div>
    </div>
`;
```

컴포넌트의 구현은 [예 12-20]과 같이 합니다.

**예 12-20 더보기 컴포넌트 구현**

```
class Disclosure extends HTMLElement {
  // 'open' 속성의 변경을 감시한다.
  static observedAttributes = ['open'];

  constructor() {
    super();
    this.attachShadow({ mode: 'open' });
    this.shadowRoot.appendChild(template.content.cloneNode(true));
    this.content = this.shadowRoot.querySelector('.content');
  }

  connectedCallback() {
    this.content.hidden = !this.hasAttribute('open');
    this.shadowRoot.querySelector('.toggle-button')
      .addEventListener('click', () => {
        if (this.hasAttribute('open')) {
          // 콘텐츠가 표시된 상태이다. 'open' 속성을 제거해
          // 콘텐츠를 숨긴다.
          this.removeAttribute('open');
          this.content.hidden = true;
        } else {
          // 콘텐츠가 숨겨진 상태이다. 'open' 속성을 추가해
          // 콘텐츠를 표시한다.
          this.setAttribute('open', '');
          this.content.hidden = false;
        }
      });
  }
```

```
    attributeChangedCallback(name, oldValue, newValue) {
      // 새 속성값에 따라 콘텐츠의 hidden 상태를 업데이트한다.
      if (newValue !== null) {
        this.content.hidden = false;
      } else {
        this.content.hidden = true;
      }
    }
  }

  // 엘리먼트 이름에는 하이픈이 포함되어야 한다.
  customElements.define('x-disclosure', Disclosure);
```

마지막으로 페이지에 CSS를 조금 추가합니다. 이렇게 CSS를 추가하지 않으면 자식 콘텐츠는 잠깐 반짝 나타났다가 바로 사라지게 될 것입니다. 브라우저는 커스텀 엘리먼트가 등록되기 전에는 컴포넌트를 인식하지 못하고 슬롯도 인식하지 못하기 때문입니다. 즉, 자식 콘텐츠가 페이지에 렌더링된다는 뜻입니다.

커스텀 엘리먼트가 등록되면 자식 콘텐츠를 커스텀 엘리먼트의 슬롯으로 이동시키고 화면에서 감춥니다. 이 잠깐 동안 자식 콘텐츠가 화면에 보이는 반짝임 문제가 발생합니다.

이 문제를 해결하려면 CSS를 사용하면서 `:defined` 가상 클래스$^{pseudo-class}$를 정의하여 커스텀 엘리먼트가 등록되기 전에 엘리먼트의 콘텐츠를 숨겨야 합니다.

**예 12-21 반짝임 문제 수정**

```
x-disclosure:not(:defined) {
  display: none;
}
```

이 CSS 덕분에 콘텐츠는 최초에 숨겨진 상태가 됩니다. 커스텀 엘리먼트가 정의된 뒤에는 커스텀 엘리먼트가 화면에 나타납니다. 이때 콘텐츠는 이미 슬롯으로 이동한 뒤이기 때문에 반짝임 문제가 없습니다.

마지막으로 더보기 엘리먼트를 [예 12-22]와 같이 사용합니다.

예 12-22 더보기 엘리먼트 사용하기

```
<x-disclosure>
  <div slot="title">세부 내용</div>
  이 문단은 세부 내용을 표현하는 자식 콘텐츠이며,
  제목을 클릭하여 펼치거나 접을 수 있습니다.
</x-disclosure>
```

토글 버튼에는 `title` 슬롯이 위치하므로 '세부 내용'이라는 텍스트가 표시됩니다. 나머지 콘텐츠는 기본 슬롯에 표시됩니다.

**설명** 더보기 컴포넌트는 `open` 속성을 사용해 자식 콘텐츠 표시 여부를 정합니다. 토글 버튼이 클릭되면 현재 상태에 기반하여 `open` 속성을 추가하거나 제거하고, 이 속성에 따라 자식 콘텐츠에 `hidden` 속성을 적용합니다.

코드에서 `open` 속성을 추가하거나 제거하는 방법으로 자식 콘텐츠를 토글할 수도 있습니다. 이게 가능한 이유는 컴포넌트가 `open` 속성을 감시하고 있기 때문입니다. 자바스크립트를 사용해 속성을 변경하거나 브라우저 개발자 도구에서 속성을 변경하면 브라우저가 컴포넌트의 `attributeChangedCallback` 메서드를 호출하면서 새 속성값을 인수로 전달합니다.

주의할 점은 `open` 속성 자체는 값을 포함하지 않는다는 것입니다. 처음 렌더링될 때부터 콘텐츠가 표시되기를 원한다면 [예 12-23]처럼 단순하게 `open` 속성을 아무 값 없이 추가하면 됩니다.

예 12-23 콘텐츠를 펼친 상태를 기본으로 하기

```
<x-disclosure open>
  <div slot="title">세부 내용</div>
  이 문단은 세부 내용을 표현하는 자식 콘텐츠이며,
  제목을 클릭하여 펼치거나 접을 수 있습니다.
</x-disclosure>
```

만약 `open` 속성을 제거하면 `attributeChangedCallback`이 호출되며, `newValue` 인수(세 번째 인수)로 `null`이 전달됩니다. 이 경우에는 `hidden` 속성이 적용되어 자식 콘텐츠가 숨겨집니다. [예 12-23]과 같이 `open` 속성을 속성값 없이 추가하면 `newValue` 인수에는 빈 문자열이 전달됩니다. 이때는 `hidden` 속성이 제거됩니다.

## 12.7 스타일이 적용된 버튼 컴포넌트 작성

**문제** 여러 스타일 옵션이 있는 재사용 가능한 버튼 컴포넌트를 만들고 싶습니다.

**해결** 버튼의 변형variant에는 세 종류가 있습니다.

- 기본형. 회색 배경색
- 'primary' 변형. 파란 배경색
- 'danger' 변형. 빨간 배경색

먼저 [예 12-24]와 같이 커스텀 버튼 스타일을 적용한 템플릿을 만들고 'primary'와 'danger' 변형에 해당하는 CSS 클래스도 작성합니다.

**예 12-24** 버튼 템플릿

```
const template = document.createElement('template');
template.innerHTML = `
  <style>
    button {
      background: #333;
      padding: 0.5em 1.25em;
      font-size: 1rem;
      border: none;
      border-radius: 5px;
      color: white;
    }

    button.primary {
      background: #2563eb;
    }

    button.danger {
      background: #dc2626;
    }
  </style>

  <button>
    <slot></slot>
  </button>
`;
```

템플릿의 대부분은 CSS가 차지하고 있으며, 컴포넌트의 마크업 자체는 굉장히 단순합니다. 버튼 엘리먼트 한 개와 기본 슬롯밖에 없습니다.

이 컴포넌트는 두 개의 속성을 지원합니다.

- **variant**

  버튼 변형의 이름(primary 또는 danger)

- **type**

  내부에 있는 button 엘리먼트에 전달될 type 속성. 이 값을 button으로 설정하면 클릭했을 때 폼이 전송되는 것을 방지할 수 있습니다([예 12-25] 참고).

**예 12-25** 버튼 컴포넌트

```
class StyledButton extends HTMLElement {
  static observedAttributes = ['variant', 'type'];

  constructor() {
    super();
      this.attachShadow({ mode: 'open' });
      this.shadowRoot.appendChild(template.content.cloneNode(true));
      this.button = this.shadowRoot.querySelector('button');
  }

    attributeChangedCallback(name, oldValue, newValue) {
      if (name === 'variant') {
        this.button.className = newValue;
      } else if (name === 'type') {
        this.button.type = newValue;
      }
    }
  }
}

customElements.define('styled-button', StyledButton);
```

클릭 이벤트 리스너를 추가하고 싶은 경우 더 해야 할 작업은 없습니다. 이벤트 위임<sup>event delegation</sup> 덕분에 내부에 있는 버튼이 클릭될 때 **styled-button** 엘리먼트의 클릭 리스너가 호출되기 때문입니다. 부모 엘리먼트에 이벤트 리스너를 추가하면 이벤트 위임으로 인해 자식 엘리먼트에서 발생한 이벤트가 부모 엘리먼트의 이벤트 리스너를 호출합니다.

마지막으로, styled-button 컴포넌트를 사용합니다([예 12-26] 참고).

**예 12-26** styled-button 컴포넌트 사용하기

```
<styled-button id="default-button" type="button">Default</styled-button>
<styled-button id="primary-button" type="button" variant="primary">
  기본
</styled-button>
<styled-button id="danger-button" type="button" variant="danger">
  위험
</styled-button>
```

**설명** 스타일은 설정된 변형에 해당하는 클래스 이름을 button 엘리먼트에 설정하여 적용합니다. 이를 통해 해당 클래스에 정의된 CSS 규칙을 적용하여 버튼의 배경색을 원하는 색상으로 적용할 수 있습니다.

브라우저는 초기 속성값이 설정될 때, 그리고 속성값이 변경될 때 attributeChangedCallback을 호출하기 때문에 클래스를 적용하기 위해 connectedCallback을 사용할 필요는 없습니다.

또한 styled-button에는 일반적인 button 엘리먼트와 같은 방법을 통해 클릭 이벤트 리스너를 추가할 수도 있습니다.

**예 12-27** 클릭 이벤트 리스너 추가하기

```
<script>
document.querySelector('#default-button').addEventListener('click', () => {
  console.log('기본 버튼이 클릭됨');
});
</script>

<styled-button id="default-button" type="button">기본</styled-button>
```

CHAPTER 13

# UI 엘리먼트

## 13.0 소개

최신 브라우저는 애플리케이션에서 사용할 수 있는 강력한 내장 UI 엘리먼트를 몇 가지 포함하고 있습니다. 이러한 엘리먼트를 사용하려면 예전에는 서드파티 라이브러리를 적용하거나 직접 작성했어야 했습니다.

### 대화창

팝업 대화창pop-up dialog은 피드백을 제공하거나 사용자의 입력을 유도하기 위한 역할로 많은 애플리케이션의 핵심을 담당했습니다. 대화창을 구현하는 라이브러리는 매우 많지만, 직접 작성할 수도 있습니다. 최신 브라우저는 여러분이 대화창을 직접 작성할 수 있도록 `<dialog>` 엘리먼트를 제공합니다. `<dialog>` 엘리먼트는 팝업 대화창과 대화창을 제외한 나머지 부분을 가리는 백드롭backdrop을 포함합니다. 백드롭이나 대화창에 적은 CSS를 사용하면 스타일을 적용할 수 있습니다. 간단하게 말하면, 대화창은 백드롭 위에 표시되는 상자일 뿐이며 제목이나 버튼, 그 밖의 콘텐츠를 추가하는 것은 사용하는 사람의 몫입니다.

대화창 중에는 버튼을 여러 개 포함하는 것도 있고, 클릭된 버튼에 따라 다른 코드를 실행하기도 합니다. 예를 들어 확인 모달modal 대화창에는 대개 [확인] 버튼과 [취소] 버튼이 존재합니다. 버튼 동작은 클릭 이벤트 리스너를 추가해 직접 다루어야 합니다. 이벤트 리스너에서 대화창의

`close` 메서드를 호출하여 대화창을 닫을 수 있습니다. 여기서 말하는 `close` 메서드는 `dialog` 엘리먼트의 내장 메서드이며, 인수 없이 실행할 수도 있고 반환값을 인수로 전달하여 호출할 수도 있습니다. 인수로 전달된 반환값은 `dialog` 엘리먼트의 `returnValue` 프로퍼티를 통해 가져올 수 있습니다. 이를 통해 대화창이 열린 페이지로 데이터를 전달할 수 있습니다.

## 상세 보기

`<details>` 엘리먼트는 접거나 펼칠 수 있는 콘텐츠를 포함하는 컴포넌트입니다. 사용자가 클릭할 수 있는 엘리먼트에 보여줄 요약 콘텐츠를 표시하는데, 사용자가 이 엘리먼트를 클릭하면 상세 콘텐츠가 표시되거나 숨겨집니다. `<dialog>`와 마찬가지로 CSS를 사용해 스타일을 설정할 수 있으며 자바스크립트를 사용해 보여주거나 감출 수 있습니다.

## 팝오버

팝오버popover는 대화창과 비슷한, 또 다른 스타일의 팝업 엘리먼트입니다. 대화창과 비교할 때 팝오버는 다음과 같은 차이가 있습니다.

- 팝오버 외부를 클릭하면 팝오버가 닫힙니다.
- 팝오버가 표시된 동안 페이지의 다른 부분과 상호 작용할 수 있습니다.
- 모든 HTML 엘리먼트는 팝오버가 될 수 있습니다.

## 알림

스마트폰은 알림notification을 광범위하게 사용합니다. 최신 운영 체제 또한 알림 기능을 지원합니다. 최신 브라우저는 운영 체제의 알림을 표시해 주는 자바스크립트 API를 지원합니다. 알림을 보내기 전에는 사용자의 허가가 필요합니다. 애플리케이션을 실행하는 동안 필요에 따라 자바스크립트를 사용해 알림을 생성할 수 있습니다.

## 13.1 경고창 작성

**문제** 간단한 메시지와 [확인] 버튼이 있는 대화창을 작성하고 싶습니다. 버튼을 클릭하면 창을 닫습니다.

**해결** [확인] 버튼이 있는 `<dialog>` 엘리먼트를 사용합니다.

> **노트** 이 API는 아직 모든 브라우저에서 지원하지 않습니다. Can I Use(*https://oreil.ly/tk52g*)에서 최신 호환성 정보를 확인해 보세요.

먼저 [예 13-1]처럼 대화창을 위한 HTML을 정의합니다.

예 13-1 대화창 마크업

```html
<dialog id="alert">
  <h2>경고</h2>
  <p>경고창입니다.</p>

  <button type="button" id="ok-button">확인</button>
</dialog>

<button type="button" id="show-dialog">대화창 표시</button>
```

사용할 자바스크립트는 두 가지입니다. 하나는 대화창을 표시할 함수이고, 다른 하나는 대화창을 닫기 위해 [확인] 버튼에 추가할 이벤트 리스너입니다([예 13-2] 참고).

예 13-2 대화창 자바스크립트

```javascript
// 대화창과 대화창에 있는 확인 버튼, 대화창 표시 버튼을 선택한다.
const dialog = document.querySelector('#alert');
const okButton = document.querySelector('#ok-button');
const trigger = document.querySelector('#show-dialog');

// 확인 버튼이 클릭되면 대화창을 닫는다.
okButton.addEventListener('click', () => {
  dialog.close();
});

// 표시 버튼을 클릭하면 대화창을 보여준다.
```

```
trigger.addEventListener('click', () => {
  dialog.showModal();
});
```

결과는 [그림 13-1]에서 보는 것과 같은 대화창이 됩니다.

**경고**

경고창입니다.

[확인]

그림 13-1 경고창

**설명** 예시에 있는 `dialog`의 `showModal` 메서드는 모달<sup>modal</sup> 대화창을 표시합니다. 모달 대화창이 열려 있으면 페이지의 나머지 부분을 사용할 수 없습니다. 다시 말해, 모달 대화창이 열려 있는 동안에는 페이지의 다른 엘리먼트를 클릭해도 아무런 동작을 하지 않는다는 뜻입니다. 모달 대화창을 사용할 때 포커스는 대화창 안에 갇혀버립니다. 따라서 탭 키를 계속 누르면 대화창 안에 있는 포커스 가능한 엘리먼트 사이로만 포커스가 이동합니다. 반면 모달리스<sup>modaless</sup> 대화창은 대화창이 열려 있는 동안 페이지의 다른 부분과 인터랙션이 가능합니다.

[확인] 버튼을 클릭하면 클릭 이벤트 리스너가 `dialog.close`를 호출하기 때문에 대화창이 닫힙니다. 대화창은 이스케이프<sup>Escape</sup> 키를 눌러도 닫을 수 있는데, 대화창의 `cancel` 이벤트를 리스닝하면 관련 동작을 감지할 수 있습니다. 이스케이프 키를 눌러 대화창을 취소하면 대화창의 `close` 이벤트가 발생합니다. 대화창의 `close` 메서드를 호출해 대화창을 직접 닫을 때도 `close` 이벤트가 발생합니다.

`dialog` 엘리먼트는 편리한 키보드 접근성 기능을 지원합니다. 사용자가 [대화창 표시] 버튼을 클릭하면 포커스를 받을 수 있는 첫 번째 버튼 엘리먼트가 자동으로 포커스를 받습니다. 예시에서는 [확인] 버튼이 포커스를 자동으로 받습니다. 대화창이 열렸을 때 포커스를 자동으로 받을 엘리먼트를 설정하고 싶다면, 원하는 엘리먼트에 `autofocus` 속성을 추가하면 됩니다.

대화창은 이스케이프 키를 누르거나 [확인] 버튼을 클릭해서 닫을 수 있습니다. 이때 키보드 포커스는 [대화창 열기] 버튼으로 돌아갑니다.

CSS를 사용하면 대화창은 물론이고 반투명한 백드롭의 스타일도 설정할 수 있습니다. 대화창에는 `<dialog>` 엘리먼트를 대상으로 하는 CSS 규칙을 추가하면 됩니다. 백드롭은 `::backdrop`이라는 가상 엘리먼트를 사용해서 스타일을 설정합니다. [예 13-3]은 조금 덜 투명한 검은색 백드롭을 표현합니다.

예 13-3 백드롭 스타일 설정

```
#alert::backdrop {
  background: rgba(0, 0, 0, 0.75);
}
```

## 13.2 확인창 작성

**문제** 사용자가 동작을 확인하도록 요청하고 싶습니다. 확인창은 질문을 보여주어야 하고, [확인] 버튼과 [취소] 버튼을 갖추어야 합니다.

**해결** 이번 예시는 `<dialog>` 엘리먼트를 사용하는 또 하나의 좋은 사례입니다. 먼저 [예 13-4]처럼 질문과 버튼이 있는 대화창 콘텐츠를 작성합니다.

예 13-4 확인 대화창 마크업

```
<dialog id="confirm">
  <h2>확인</h2>
  <p>정말로 실행하겠습니까?</p>

  <button type="button" class="confirm-button">확인</button>
  <button type="button" class="cancel-button">취소</button>
</dialog>
```

> **노트** 이 API는 아직 모든 브라우저에서 지원하지 않습니다. Can I Use(https://oreil.ly/tk52g)에서 최신 호환성 정보를 확인해 보세요.

두 버튼 모두 대화창을 닫도록 하되, 동작은 버튼별로 다르게 하고 싶을 수 있습니다. 이는

`dialog.close`에 문자열 인수를 전달해서 구현할 수 있습니다. 전달된 인수는 대화창의 `returnValue` 프로퍼티에 설정되므로 `close` 이벤트가 발생했을 때 값을 확인할 수 있습니다([예 13-3] 참고).

**예 13-5 확인 대화창의 이벤트 리스너**

```javascript
const dialog = document.querySelector('#confirm');

confirmButton.addEventListener('click', () => {
  // 'confirm' 값을 전달하며 대화창을 닫는다.
  dialog.close('confirm');
});

cancelButton.addEventListener('click', () => {
  // 'cancel' 값을 전달하며 대화창을 닫는다.
  dialog.close('cancel');
});

dialog.addEventListener('cancel', () => {
  // 이스케이프 키를 눌러서 창을 닫으면 반환값을 설정하지 않는다.
  // 따라서 이 이벤트에서 'cancel' 값을 설정하여
  // close 이벤트에서 적절한 값을 확인할 수 있도록 한다.
  dialog.returnValue = 'cancel';
});

dialog.addEventListener('close', () => {
  if (dialog.returnValue === 'confirm') {
    // 사용자가 확인 버튼을 클릭한 경우.
    // 데이터를 저장하거나 제거하는 등의 동작을 수행한다.
  } else {
    // 사용자가 취소 버튼을 클릭하거나 이스케이프 키를 누른 경우.
    // 아무 동작도 수행하지 않는다.
  }
});
```

이 확인 대화창은 [그림 13-2]와 같이 보일 것입니다.

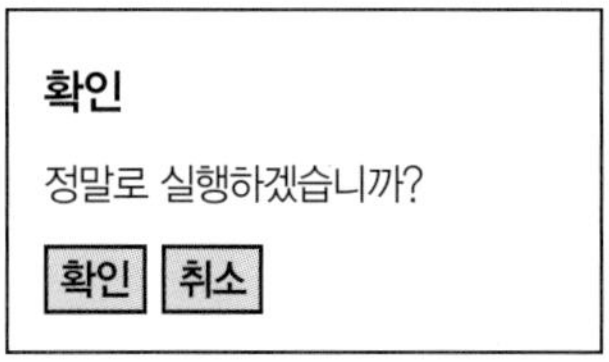

**그림 13-2** 확인창

> **설명** 사용자가 버튼을 클릭하면 클릭한 버튼에 따라 대화창의 반환값이 설정되고 대화창이 닫힙니다. 대화창이 닫힌 직후 close 이벤트가 발생하고, 이 이벤트에서 returnValue 프로퍼티를 통해 반환값을 확인할 수 있습니다. 만약 returnValue의 값이 confirm이면 사용자가 [확인] 버튼을 클릭한 것입니다. 반대로 returnValue의 값이 cancel이면 사용자가 취소 동작을 한 것입니다.

이 예시에서는 cancel 이벤트도 리스닝합니다. 이 이벤트는 이스케이프 키를 눌러 대화창을 닫을 때 발생하는데, 이때는 대화창의 returnValue 프로퍼티가 업데이트되지 않으므로 기존 값을 그대로 유지합니다. returnValue의 값을 올바르게 유지하고 싶다면 cancel 이벤트에서 해당 값을 설정해줘야 합니다. 이 방식이 가능한 이유는 close 이벤트가 cancel 이벤트 다음에 발생하기 때문입니다. 이스케이프 키는 cancel 이벤트를 발생시키기 때문에 굳이 키보드 이벤트를 리스닝하여 이스케이프 키가 눌렸는지 확인하지 않아도 됩니다.

그렇다면 이스케이프 키를 따로 다루어야 하는 이유는 뭘까요? 대화창이 닫혀서 화면에 보이지 않는다 해도 완전히 제거된 것은 아닙니다. 대화창은 닫힌 뒤에도 여전히 DOM에 남아서 숨겨져 있을 뿐 기존에 설정된 returnValue 값을 그대로 보존합니다. 대화창을 연 다음 [확인] 버튼을 클릭했다고 생각해 봅시다. 이때의 반환값은 confirm이 될 것입니다. 대화창을 다시 열고 이스케이프 키를 누르면 close 이벤트가 발생할 때 반환값은 그대로 confirm이 됩니다. 이와 같은 잠재적인 버그를 방지하기 위해 cancel 이벤트에서 명시적으로 returnValue의 값을 cancel로 설정해 주는 것입니다.

## 13.3 확인창 웹 컴포넌트 작성

**문제** 커스터마이징이 가능한 확인창을 작성하고 싶습니다. 대화창을 보여줄 때 여러 이벤트를 리스닝하지 않아도 되도록 반환값으로 해결되는 Promise를 반환하고 싶습니다.

**해결** 대화창을 웹 컴포넌트로 감싸고 확인 메시지를 위한 슬롯을 둡니다. 이 컴포넌트는 Promise를 사용하는 showConfirmation 메서드를 포함합니다.

> 노트 이 API는 아직 모든 브라우저에서 지원하지 않습니다. Can I Use(https://oreil.ly/tk52g)에서 최신 호환성 정보를 확인해 보세요.

대부분의 웹 컴포넌트와 마찬가지로 [예 13-6]과 같이 템플릿을 정의하는 것부터 시작합니다.

**예 13-6** 확인창 컴포넌트를 위한 템플릿

```
const template = document.createElement('template');
template.innerHTML = `
  <dialog id="confirm">
    <h2>확인</h2>
    <p><slot></slot></p>

    <button type="button" class="confirm-button">확인</button>
    <button type="button" class="cancel-button">취소</button>
  </dialog>
`;
```

템플릿에는 컴포넌트의 자식 콘텐츠를 받을 슬롯이 하나 포함되어 있습니다. 이어서 [예 13-7]처럼 컴포넌트를 구현합니다.

**예 13-7** 대화창 컴포넌트 구현

```
class ConfirmDialog extends HTMLElement {
  connectedCallback() {
    const shadowRoot = this.attachShadow({ mode: 'open' });
    shadowRoot.appendChild(template.content.cloneNode(true));

    this.dialog = shadowRoot.querySelector('dialog');
    this.dialog.addEventListener('cancel', () => {
```

```
      this.dialog.returnValue = 'cancel';
    });

    shadowRoot.querySelector('.confirm-button')
      .addEventListener('click', () => {
        this.dialog.close('confirm');
      });

    shadowRoot.querySelector('.cancel-button')
      .addEventListener('click', () => {
        this.dialog.close('cancel');
      });
  }

  showConfirmation() {
    this.dialog.showModal();

    return new Promise(resolve => {
      // 다음 close 이벤트를 리스닝하고 Promise를 해결한다.
      // Promise는 사용자의 확인 여부를 가리키는 불리언 값으로 해결된다.
      this.dialog.addEventListener('close', () => {
        resolve(this.dialog.returnValue === 'confirm');
      }, {
        // 이벤트는 한 번만 리스닝하고, 그 뒤에는 제거한다.
        once: true
      });
    });
  }
}
customElements.define('confirm-dialog', ConfirmDialog);
```

삭제 동작을 확인할 때 이 컴포넌트를 사용했다고 생각해 봅시다. 그럼 다음과 같이 확인 질문을 자식 콘텐츠로 추가할 수 있습니다([예 13-8] 참고).

**예 13-8 컴포넌트 마크업**

```
<confirm-dialog id="confirm-delete">
이 항목을 삭제하시겠습니까?
</confirm-dialog>
```

대화창을 보여주려면 대화창의 DOM 엘리먼트를 선택하고 **showConfirmation** 메서드를 호출합니다. 그리고 반환된 Promise가 해결될 때까지 기다렸다가 대화창의 반환값을 가져옵니다([예 13-9] 참고).

**예 13-9** 대화창 컴포넌트 사용

```
const confirmDialog = document.querySelector('#confirm-delete');
if (await confirmDialog.showConfirmation()) {
  // 삭제 동작 수행
}
```

마지막으로 12.6절과 마찬가지로, 대화창 콘텐츠의 반짝임 효과를 방지하기 위해 자식 콘텐츠가 웹 컴포넌트의 슬롯으로 옮겨지기 전까지 숨겨두는 CSS를 추가합니다([예 13-10] 참고).

**예 13-10** 반짝임 문제 해결

```
confirm-dialog:not(:defined) {
  display: none;
}
```

**설명** 이 예시는 웹 컴포넌트가 사용자 정의 동작을 캡슐화할 때 얻을 수 있는 유용함을 잘 보여줍니다. 우리가 예시에서 추가한 사용자 정의 메서드는 웹 컴포넌트 외부에서 호출할 수 있습니다. 이 메서드는 대화창을 보여주기도 하지만, 여러 이벤트 리스너를 추상화로 간소화했습니다. 그 결과 대화창을 화면에 표시하고 결과를 기다리기만 하면 됩니다.

## 13.4 더보기 엘리먼트 사용

**문제** 토글 버튼을 사용해 보여주거나 숨기고 싶은 콘텐츠가 있습니다.

**해결** 내장된 <details> 엘리먼트를 사용합니다([예 13-11] 참고).

**예 13-11** details 엘리먼트 사용

```
<details>
```

```
    <summary>자세히 보기</summary>
    토글할 수 있는 추가 정보를 여기에 둡니다.
</details>
```

만약 details가 접혀있다면 [그림 13-3]처럼 [자세히 보기]라는 버튼만 보일 것입니다.

▶ 자세히 보기

그림 13-3 접혀있는 더보기 details 엘리먼트

요약 부분에 해당하는 [자세히 보기] 버튼을 클릭하면 콘텐츠가 펼쳐지면서 [그림 13-4]와 같이 화살표의 방향도 변경됩니다.

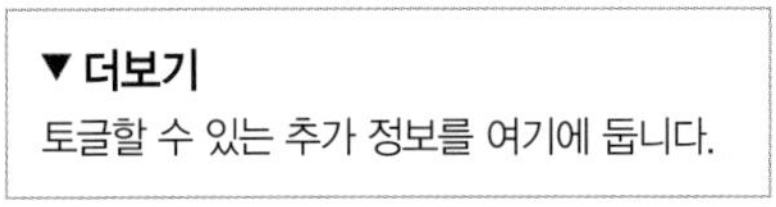

▼ 더보기
토글할 수 있는 추가 정보를 여기에 둡니다.

그림 13-4 펼쳐진 details 엘리먼트

**설명** 기본적으로 내부에 있는 콘텐츠는 숨겨진 상태이며, 더보기 엘리먼트는 `<summary>` 엘리먼트의 콘텐츠만 표시합니다. 이 예시에서는 [자세히 보기] 버튼이 보일 것입니다. [자세히 보기] 버튼을 클릭하면 숨겨졌던 콘텐츠가 나타납니다. 다시 클릭하면 콘텐츠가 감춰집니다.

기본 동작은 open 속성으로 바꿀 수 있습니다. 더보기 엘리먼트에 open 속성을 추가하면 처음 시작할 때부터 콘텐츠가 화면에 나타납니다([예 13-12] 참고).

예 13-12 open 속성을 사용한 기본 상태 설정

```
<details open>
<summary>자세히 보기</summary>
이 콘텐츠는 기본적으로 표시됩니다.
</details>
```

마지막으로, 자바스크립트를 사용해서 콘텐츠를 토글할 수 있도록 합니다. [예 13-13]처럼 엘리먼트 open 속성의 값을 직접 변경할 수 있습니다.

예 13-13 자바스크립트를 사용한 콘텐츠 표시 토글

```
// 콘텐츠 표시
document.querySelector('details').open = true;
```

대부분의 브라우저에서는 이 엘리먼트에 대해 우수한 접근성 지원을 제공합니다. 토글 엘리먼트는 스크린 리더에서 인식할 수 있으며 접히거나 펼쳐져 있는 상태도 알려줍니다.

## 13.5 팝오버 표시

**문제** 버튼을 클릭하면 팝업 콘텐츠를 보여주고 싶습니다. 팝업이 표시되는 중에도 사용자는 팝업이 아닌 영역과 상호작용할 수 있어야 합니다.

**해결** 원하는 엘리먼트에 popover 속성을 설정하고, popovertarget 속성을 표시 버튼에 추가합니다([예 13-14] 참고).

예 13-14 팝오버 자동 연결

```
<button type="button" popovertarget="greeting">팝오버 열기</button>
<div popover id="greeting">안녕하세요!</div>
```

**노트** 이 API는 아직 모든 브라우저에서 지원하지 않습니다. Can I Use(https://oreil.ly/tk52g)에서 최신 호환성 정보를 확인해 보세요.

**설명** 팝오버는 다음과 같은 점이 대화창과 다릅니다.

- 자바스크립트가 없어도 열 수 있습니다.
- 대화창과는 달리 백드롭이 없습니다.
- 대화창과는 달리 팝오버가 화면에 표시되는 동안에도 페이지의 다른 부분을 사용할 수 있습니다.
- 팝오버 외부를 클릭하면 팝오버가 닫힙니다.

DOM 엘리먼트에 popover 속성을 추가하면 엘리먼트가 팝오버로 변경됩니다. 팝오버 엘리먼트에는 반드시 id 속성이 설정되어야 합니다. 팝오버를 표시 버튼과 연결하려면 버튼에 popovertarget 속성을 설정하면 됩니다. 이때 버튼 popovertarget 속성의 값은 해당하는 팝오버의 id와 일치해야 합니다.

현재 기준으로 팝오버 API의 한 가지 단점은 표시 버튼을 기준으로 팝오버의 위치를 상대적으로 조정할 방법이 없다는 것입니다. 기본적으로 팝오버는 항상 화면 중앙에 표시됩니다. 이 기본 위치를 변경하고 싶으면 CSS를 사용해서 수동으로 위치를 조정해야 합니다.

향후에는 CSS 앵커 위치를 사용해 표시 버튼에 상대적으로 팝오버의 위치를 설정할 수 있게 될 것입니다. 하지만 현재로서는 플로팅 UI$^{Floating\ UI}$와 같은 외부 라이브러리를 통해 엘리먼트의 위치를 계산해야 합니다.

## 13.6 팝오버 수동으로 조작하기

**문제** 자바스크립트 코드를 통해 popover 속성을 제어하여 팝오버를 표시하거나 숨기고 싶습니다.

**해결** 엘리먼트에 popover 속성의 값을 manual로 설정하고 팝오버 엘리먼트의 showPopover, hidePopover, togglePopover 메서드를 직접 호출합니다([예 13-15] 참고).

**예 13-15 팝오버와 팝오버 표시 버튼 마크업**

```
<button type="button" id="trigger">팝오버 열기</button>
<div popover id="greeting">안녕하세요!</div>
```

> **노트** 이 API는 아직 모든 브라우저에서 지원하지 않습니다. Can I Use(*https://oreil.ly/YFjQX*)에서 최신 호환성 정보를 확인해 보세요.

브라우저는 popover="manual"가 설정된 엘리먼트를 수동으로 조작할 수 있는 팝오버로 인식합니다([예 13-16] 참고). 이렇게 설정된 팝오버를 보여줄 때는 먼저 팝오버 엘리먼트를 선택하고 엘리먼트의 togglePopover 메서드를 호출합니다. 팝오버가 숨겨져 있었으면 화면에 표시될 것이고, 이미 표시된 상태였으면 숨겨질 것입니다.

### 예 13-16 팝오버 표시 버튼 코드

```
const trigger = document.querySelector('#trigger');
const popover = document.querySelector('#greeting');
trigger.addEventListener('click', () => {
  popover.togglePopover();
});
```

**설명** 팝오버를 숨기거나 보여주는 동작을 수동으로 조작하고 싶다면 popover 속성의 값이 manual로 설정되어야 합니다. 수동 조작 모드가 된 팝오버 엘리먼트는 팝오버 바깥을 클릭해도 자동으로 닫히지 않습니다. 수동 조작 팝오버를 닫으려면 hidePopover 또는 togglePopover 메서드를 호출해야 합니다.

## 13.7 팝오버의 위치를 엘리먼트에 상대적인 위치로 설정하기

**문제** 팝오버를 보여주되 화면 중앙에 표시하고 싶지 않습니다. 팝오버의 위치를 팝오버 표시 버튼과 같은 다른 엘리먼트에 상대적인 위치로 설정하고 싶습니다.

**해결** 엘리먼트의 경계 영역을 계산한 다음, 이에 맞춰 팝오버의 위치를 조정합니다. 예시에서는 엘리먼트 아래에 툴팁을 표시하도록 위치를 조정했습니다.

> **노트** 이 API는 아직 모든 브라우저에서 지원하지 않습니다. Can I Use(https://oreil.ly/YFjQX)에서 최신 호환성 정보를 확인해 보세요.

먼저 [예 13-17]과 같이 팝오버 엘리먼트에 몇 가지 스타일을 적용해야 합니다.

### 예 13-17 팝오버 스타일

```
.popover {
  margin: 0;
  margin-top: 1em;
  position: absolute;
}
```

기본적으로 브라우저는 `margin`을 사용하여 팝오버를 뷰포트 중간에 표시합니다. 팝오버를 다른 엘리먼트에 상대적인 위치에 보여주려면 `margin`을 먼저 제거해야 합니다. 여기서는 툴팁을 다른 엘리먼트 아래에 보여줄 것이므로 `margin-top`을 설정하여 엘리먼트와 팝오버 사이에 공백을 약간 만들어 둡니다. 마지막으로 팝오버가 스크롤을 따라 움직이도록 `position: absolute`를 설정합니다.

이제 팝오버 표시 버튼의 `popovertarget` 속성을 사용해 버튼을 클릭하면 팝오버를 자동으로 표시합니다([예 13-18] 참고).

**예 13-18 팝오버와 팝오버 표시 버튼 마크업**

```html
<button type="button" class="trigger" popovertarget="popover">
  팝오버 열기
</button>
<div class="popover" popover>
  표시 버튼에 연결된 팝오버 콘텐츠입니다.
</div>
```

마지막 단계는 팝오버가 표시될 때 위치를 조정하는 것입니다. 이를 위해 팝오버 엘리먼트의 `toggle` 이벤트를 리스닝합니다. 이 이벤트는 팝오버가 화면에 표시되거나 감춰질 때 발생합니다. 이벤트 핸들러 내부에서 표시 버튼 엘리먼트의 위치를 계산한 다음, 이를 사용해 팝오버 엘리먼트의 위치를 업데이트합니다([예 13-19] 참고).

**예 13-19 팝오버의 위치 설정**

```js
const popover = document.querySelector('.popover');
const trigger = document.querySelector('.trigger');

popover.addEventListener('toggle', event => {
  // 팝오버가 열려있으면 위치를 업데이트한다.
  if (event.newState === 'open') {
    // 표시 버튼의 위치를 찾는다.
    const triggerRect = trigger.getBoundingClientRect();

    // 팝오버는 뷰포트에 상대적인 위치로 설정되므로,
    // 스크롤 위치도 계산에 포함해야 한다.
    popover.style.top = `${triggerRect.bottom + window.scrollY}px`;
    popover.style.left = `${triggerRect.left}px`;
```

```
    }
});
```

> **설명** CSS 위치에 익숙하다면 여기서 사용한 position: absolute가 조금 혼란스러울 것입니다. 일반적으로 position: absolute는 위치가 설정된 가장 가까운 조상 엘리먼트에 상대적인 위치로 엘리먼트의 위치를 설정합니다. 하지만 이 예시에서 팝오버는 항상 뷰포트에 상대적인 위치가 됩니다.

이러한 특성은 팝오버가 브라우저 최상위 레이어의 내부에 위치하기 때문에 발생합니다. 최상위 레이어는 문서의 모든 레이어보다 더 위에 있는 특수한 레이어입니다. 팝오버 엘리먼트가 DOM 어디에 있든 상관없이 팝오버 콘텐츠는 항상 최상위 레이어에 위치합니다. 따라서 팝오버에 설정한 position: absolute는 팝오버 엘리먼트를 뷰포트에 상대적인 위치에 두도록 합니다.

팝오버의 위치는 표시 버튼의 getBoundingClientRect를 호출해서 계산합니다. 페이지를 스크롤하면 계산된 결과의 top과 bottom 위치가 달라집니다. 팝오버를 항상 표시 버튼 아래, 올바른 자리에 두려면 window.scrollY도 계산에 포함시켜야 합니다.

이 예시의 구현에는 몇 가지 한계가 있습니다. 먼저 표시 버튼 엘리먼트가 문서의 하단에 있는 경우, 팝오버를 표시할 충분한 공간을 확보하지 못할 수 있습니다. 원한다면 먼저 공간이 충분한지 확인한 뒤 하단에 공간이 없다면 버튼 위에 팝오버를 표시하도록 추가로 구현하는 방법도 있습니다.

또 다른 한계점은 팝오버가 표시되는 동안 브라우저 창의 크기가 변경되는 경우를 고려하지 않아 팝오버의 위치가 올바르지 않게 업데이트될 수 있다는 것입니다. ResizeObserver를 사용하거나 window의 resize 이벤트를 리스닝하면 이런 문제를 해결할 수 있습니다.

## 13.8 툴팁 표시

> **문제** 엘리먼트에 마우스를 올리거나 포커스를 주었을 때 툴팁을 표시하고 싶습니다.

**해결** 마우스 이벤트에 대응하여 표시되고 숨겨지도록 수동으로 조작되는 팝오버를 사용합니다. 13.7절에서 같은 방법으로 위치를 계산하므로 팝오버를 위한 커스텀 스타일부터 정의해야 합니다([예 13-20] 참고).

예 13-20 툴팁 스타일

```
#tooltip {
  margin: 0;
  margin-top: 1em;
  position: absolute;
}
```

**노트** 이 API는 아직 모든 브라우저에서 지원하지 않습니다. Can I Use(*https://oreil.ly/YFjQX*)에서 최신 호환성 정보를 확인해 보세요.

[예 13-21]에서 보는 것처럼 툴팁을 popover 속성이 manual로 설정된 팝오버로 구현합니다.

예 13-21 툴팁 마크업

```
<button type="button" id="trigger">마우스를 올리세요</button>
<div id="tooltip" popover="manual" role="tooltip">툴팁 콘텐츠</div>
```

마우스를 표시 버튼 위에 올리면 mouseover 이벤트가 발생하며, 적절한 위치를 계산하여 팝오버 엘리먼트를 표시합니다. 그 후 mouseout 이벤트가 발생하면 팝오버 엘리먼트를 숨깁니다([예 13-22] 참고).

예 13-22 툴팁 표시하고 숨기기

```
const button = document.querySelector('#trigger');
const tooltip = document.querySelector('#tooltip');

function showTooltip() {
  // 표시 버튼의 위치를 찾는다.
  const triggerRect = button.getBoundingClientRect();

  // 팝오버는 뷰포트에 상대적인 위치로 설정되므로,
  // 스크롤 위치도 계산에 포함해야 한다.
```

```
    tooltip.style.top = `${triggerRect.bottom + window.scrollY}px`;
    tooltip.style.left = `${triggerRect.left}px`;
    tooltip.showPopover();
}

// 마우스 이벤트에 반응하여 툴팁을 보여주거나 숨긴다.
button.addEventListener('mouseover', () => {
  showTooltip();
});

button.addEventListener('mouseout', () => {
  tooltip.hidePopover();
});

// 키보드 접근성을 위해 focus 이벤트에도 대응한다.
button.addEventListener('focus', () => {
  showTooltip();
});

button.addEventListener('blur', () => {
  tooltip.hidePopover();
});
```

**설명** 13.7절과 같은 방법을 사용해 위치를 조정했기 때문에 가지고 있는 한계도 동일합니다.

- 표시 버튼 아래에 툴팁을 보여줄 충분한 공간이 없는 경우를 고려하지 않았습니다.
- 브라우저 창의 크기가 변경되는 경우를 고려하지 않았습니다.

## 13.9 알림 표시

**문제** 애플리케이션에서 발생한 어떤 일에 대해 사용자에게 알려주고 싶습니다.

**해결** `Notification` 객체를 사용해 운영체제의 네이티브 알림을 보여주세요.

알림을 보여주려면 먼저 사용자에게 권한을 요청해야 합니다. 권한 요청은 `Notification.requestPermission` 메서드를 사용합니다. 사용자가 이미 허가 또는 거부했는지 확인하려면

Notification.permission 프로퍼티를 살펴보면 됩니다.

> **알림 vs 푸시 알림**
>
> 이번에 설명하는 알림notification은 사용자가 해당 페이지에 있는 동안에만 발생합니다. 이와는 다르게 푸시 알림push notification은 해당 페이지가 활성화되어 있지 않은 상태에서도 전달됩니다. 푸시 알림은 더 복잡하며, 외부 서비스를 사용하는 것이 일반적입니다.

[예 13-23]은 권한을 확인하는 도우미 함수입니다. 필요한 경우 사용자에게 알림 표시 권한을 요청하고 알림을 보여줘도 되는지 알려주는 불리언 값을 반환합니다.

**예 13-23 알림 권한 확인**

```
async function getPermission() {
  // 사용자가 명시적으로 거절을 했다면 다시 물어보지 않는다.
  if (Notification.permission !== 'denied') {
    // 권한 요청의 결과는 이후 Notification.permission 프로퍼티에
    // 저장된다. 권한 요청은 Promise를 반환한다.
    await Notification.requestPermission();
  }

  // Notification.permission의 값이 'granted'일 때만 알림을 표시한다.
  return Notification.permission === 'granted';
}
```

권한을 확인했다면 새로운 Notification 인스턴스를 생성하여 새 알림을 전송합니다. 이때, getPersmission 함수를 사용하여 알림을 보여줄 수 있는지 먼저 확인합니다([예 13-24] 참고).

**예 13-24 알림 표시**

```
if (await getPermission()) {
  new Notification('안녕하세요!', {
    body: '테스트로 보내보는 알림입니다'
  });
}
```

권한이 허가되지 않았을 때 알림을 보여주려고 하면 Notification 객체가 error 이벤트를 발생시킵니다.

[그림 13-5]는 데스크톱 컴퓨터에서 표시되는 알림의 예시입니다.

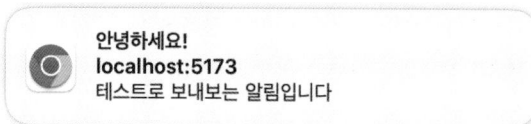

**그림 13-5** macOS 15에서 렌더링된 알림

설명 알림은 보안 컨텍스트에서 실행되는 애플리케이션에서만 표시할 수 있습니다. 여기서 말하는 보안 컨텍스트란 보통 HTTPS 프로토콜을 통해 제공되거나 로컬 호스트인 경우를 말합니다.[1]

`Notification.permission` 프로퍼티의 값은 다음 세 가지 중 하나입니다.

- `granted`
  알림을 표시할 수 있도록 사용자가 권한을 허락했을 때

- `denied`
  권한을 요청받았을 때 거부 의사를 밝혀 알림을 표시하지 못하게 했을 때

- `default`
  사용자가 권한 요청에 응답하지 않았을 때. 브라우저는 이 경우를 denied에 준해서 다룹니다.

`Notification`은 다음과 같은 이벤트도 발생시킵니다.

- `show`
  알림이 표시될 때 발생

- `close`
  알림이 닫힐 때 발생

- `click`
  알림이 클릭될 때 발생

---

[1] 웹 브라우저 환경에서는 `window.isSecureContext` 불리언 프로퍼티를 확인하면 보안 컨텍스트 여부를 간단하게 판별할 수 있습니다.

# CHAPTER 14

# 기기 통합

## 14.0 소개

최신 브라우저 플랫폼은 다음과 같이 다양한 기기 정보 또는 기능과 상호 작용할 수 있는 API를 포함하고 있습니다.

- 배터리 상태
- 네트워크 상태
- 지리적 위치 데이터<sup>Geolocation</sup>
- 기기 클립보드
- 공유 콘텐츠
- 촉각 피드백<sup>Tactile feedback</sup>

이 글을 작성하는 시점을 기준으로 일부 API는 그리 잘 지원되지 않습니다. 일부는 아직 실험 단계여서 프로덕션에서 사용하기에는 적합하지 않은 것도 있습니다.

일부 API는 크롬과 같은 유명 브라우저에서는 지원되지만 기기가 필요한 기능을 제공하지 않는 경우에는 동작하지 않을 수도 있습니다. 예를 들어 진동 API<sup>Vibration API</sup>는 크롬에서 잘 지원되지만, 노트북 컴퓨터와 같이 진동 기능이 없는 기기의 크롬에서는 동작하지 않습니다.

## 14.1 배터리 상태 확인

**문제** 기기의 배터리 충전 상태를 애플리케이션에서 보여주고 싶습니다.

**해결** 배터리 상태 API<sup>Battery Status API</sup>를 사용합니다.

> **노트** 이 API는 아직 모든 브라우저에서 지원하지 않습니다. Can I Use(*https://oreil.ly/DWFvk*)에서 최신 호환성 정보를 확인해 보세요.

배터리 상태 API는 navigator.getBattery를 호출하여 조회할 수 있습니다. 이 메서드는 배터리 정보를 포함한 객체로 해결되는 Promise를 반환합니다.

먼저 배터리 상태를 표현할 엘리먼트의 HTML을 [예 14-1]과 같이 작성합니다.

**예 14-1** 배터리 상태 마크업

```html
<ul>
  <li>배터리 충전 비율:<span id="battery-level">--</span></li>
  <li>배터리 충전 상태:<span id="battery-charging">--</span></li>
</ul>
```

이제 배터리 상태 API를 조회하여 배터리 충전 비율과 충전 상태를 가져오고, 이 값을 해당하는 DOM 엘리먼트에 표시합니다([예 14-2] 참고).

**예 14-2** 배터리 상태 API 조회

```javascript
const batteryLevelItem = document.querySelector('#battery-level');
const batteryChargingItem = document.querySelector('#battery-charging');

navigator.getBattery().then(battery => {
  // 배터리 충전 비율은 0부터 1까지의 실수로 표현된다.
  // 이 값에 100을 곱해 퍼센트로 변환한다.
  batteryLevelItem.textContent = `${battery.level * 100}%`;
  batteryChargingItem.textContent = battery.charging ? '충전 중' : '충전 안함';
});
```

노트북 컴퓨터의 전원을 제거하면 어떻게 될까요? 표시된 충전 상태가 현 상황과 일치하지 않게 됩니다. 이를 해결하기 위해 몇 가지 이벤트를 사용할 수 있습니다.

- **levelchange**
  배터리 충전 비율이 변경될 때 발생

- **chargingchange**
  배터리 충전을 시작하거나 중단할 때 발생

이러한 이벤트가 발생할 때 UI를 업데이트할 수 있습니다. 주의할 점은 `battery` 객체를 참조하고, 이 객체에 이벤트 리스너를 추가해야 한다는 것입니다([예 14-3] 참고).

**예 14-3** 배터리 이벤트 리스닝

```
battery.addEventListener('levelchange', () => {
  batteryLevelItem.textContent = `${battery.level * 100}%`;
});

battery.addEventListener('chargingchange', () => {
  batteryChargingItem.textContent = battery.charging ? '충전 중' : '충전 안함';
});
```

이제 배터리 상태가 계속 업데이트될 것입니다. 노트북에서 전원을 제거하면 충전 상태가 '충전 중'에서 '충전 안함'으로 변경됩니다.

> **설명** 이 글을 작성하는 시점을 기준으로 일부 브라우저는 이 API를 지원하지 않습니다. 대신 [예 14-4]와 같이 사용자의 브라우저가 배터리 상태 API를 지원하는지 여부를 확인하는 코드를 사용할 수 있습니다.

**예 14-4** 배터리 상태 API 지원 확인

```
if ('getBattery' in navigator) {
  // 배터리 상태를 여기서 확인한다.
} else {
  // 지원되지 않음
}
```

배터리 객체에는 다음과 같은 프로퍼티도 포함됩니다.

- chargingTime

  배터리가 충전 중인 경우에는 배터리가 완전 충전되기까지 남은 시간을 알려준다. 충전 중이지 않다면 Infinity가 된다.

- dischargingTime

  충전 중이지 않을 때는 배터리가 완전히 방전되기까지 남은 시간을 알려준다. 충전 중이라면 Infinity가 된다.

이 두 프로퍼티에도 각각 chargingtimechange와 dischargingtimechange라는 변경 이벤트가 있습니다.

배터리 상태 API에서 제공하는 정보로 할 수 있는 일은 많습니다. 예를 들어, 배터리 충전 비율이 낮다면 백그라운드 작업이나 전력 소비가 큰 작업을 중단할 수 있습니다. 혹은 사용자에게 현재 배터리 충전 비율이 낮으니 진행 중이던 작업을 저장해두라는 메시지를 보여줄 수도 있습니다.

이를 간단하게 배터리 상태 표시기로 사용할 수도 있습니다. 배터리 상태를 다양한 아이콘으로 표시하고(완전 충전됨, 충전 중, 충전 중 아님, 전력 부족 등), 배터리 상태가 변경됨에 따라 보여주는 아이콘도 업데이트할 수 있습니다.

## 14.2 네트워크 상태 확인

**문제** 사용자의 네트워크 접속이 얼마나 빠른지 알고 싶습니다.

**해결** 네트워크 정보 API<sup>Network Information API</sup>를 사용하여 사용자의 네트워크 접속에 관한 데이터를 수집합니다([예 14-5] 참고).

**예 14-5** 네트워크 정보 확인

```
if (navigator.connection.effectiveType === '4g') {
  // 이 사용자는 대역폭이 큰 작업도 수행할 수 있다.
}
```

> **노트** 이 API는 아직 모든 브라우저에서 지원하지 않습니다. Can I Use(*https://oreil.ly/krDAV*)에서 최신 호환성 정보를 확인해 보세요.

**설명** 네트워크 정보는 navigator.connection 객체에 포함되어 있습니다. 대략적인 네트워크 성능은 navigator.connection.effectiveType 프로퍼티를 확인하면 알 수 있습니다. 이 글을 작성하는 시점을 기준으로 navigator.connection.effectiveType은 다운로드 속도에 따라 다음 중 하나의 값을 가집니다.

- slow-2g: 50 Kbps 미만[1]
- 2g: 70 Kbps 미만
- 3g: 700 Kbps 미만
- 4g: 700 Kbps 이상

이 값은 실제 사용자 데이터를 측정한 결과를 바탕으로 계산되는데, 명세에서 밝힌 바에 따르면 이 값들은 향후 업데이트될 수 있습니다. 이 값을 통해 기기의 네트워크 성능을 대략적으로 알 수 있습니다. 예를 들어 effectiveType의 값이 slow-2g라면 HD 동영상 스트리밍과 같은 고대역폭을 필요로 하는 작업은 할 수 없을 것입니다.

네트워크 접속은 페이지가 열려 있는 동안에도 변경되어야 하므로 navigator.connection 객체는 change 이벤트를 발생시킬 수 있습니다. 이 이벤트를 리스닝하고 새로운 네트워크 접속 정보를 받으면 그에 따라 애플리케이션의 동작을 조정할 수 있습니다.

## 14.3 기기 위치 확인

**문제** 기기의 위치를 알고 싶습니다.

**해결** 지리적 위치 정보<sup>Geolocation</sup> API를 사용하여 위도와 경도로 기기의 위치를 알아냅니다. 지리적 위치 정보 API는 navigator.geolocation 객체를 통해 사용할 수 있고, getCurrent

---

[1] 역자주_ bps는 통신 속도를 초당 비트수(bits per second)로 표현하는 단위입니다. 예를 들어 50 Kbps는 초당 5만 비트, 대략 6.2킬로바이트를 의미합니다.

Position 메서드를 사용해 사용자에게 위치 정보를 요구할 수 있습니다. 콜백 기반 API인 getCurrentPosition에는 두 개의 인수를 전달합니다. 첫 번째는 성공했을 때 호출될 콜백이고 두 번째는 오류가 발생했을 때를 위한 콜백입니다([예 14-6] 참고).

**예 14-6** 기기 위치 요청

```
navigator.geolocation.getCurrentPosition(position => {
  console.log('위도: ' + position.coords.latitude);
  console.log('경도: ' + position.coords.longitude);
}, error => {
  // 사용자가 권한을 거부했거나 기기의 위치를 확인할 수 없는 경우
  console.log(error);
});
```

이 예시는 사용자에게 권한을 요청합니다. 처음 getCurrentPosition을 호출하면 브라우저가 사용자에게 위치 정보를 공유할 것인지 묻습니다. 사용자가 허락하지 않으면 지리적 위치 정보 요청이 실패하고, 브라우저는 오류 콜백을 호출합니다.

이미 권한을 확인한 적이 있고 오류를 확인하는 과정을 피하고 싶다면 권한$^{Permission}$ API를 사용해 허가 상태를 확인할 수 있습니다([예 14-7] 참고).

**예 14-7** 지리적 위치 정보 권한 확인

```
const permission = await navigator.permissions.query({
  name: 'geolocation'
});
```

반환된 권한 객체는 state 프로퍼티를 포함하며, 이 프로퍼티의 값은 granted(허가됨), denied(거부됨), prompt(확인 필요) 중 하나가 됩니다. 만약 state의 값이 denied라면 이전에 권한 요청을 했을 때 사용자가 거부 의사를 이미 밝힌 것이므로 다시 요청해서 사용자를 귀찮게 만들지 않아야 합니다.

**설명** 브라우저는 여러 방법을 사용해 사용자의 위치를 탐지합니다. 기기의 GPS 정보를 사용하거나 사용자의 와이파이 접속 또는 아이피 주소를 사용하는 경우도 있습니다. 사용자가 VPN 등을 사용하고 있다면 아이피 기반의 지리적 위치 정보는 정확하지 않을 수 있습니다.

지리적 위치 정보 API는 대부분의 브라우저에서 잘 지원되는 편입니다. 구식 브라우저를 대상으로 하지 않는다면 굳이 기능 확인은 하지 않아도 괜찮습니다.

위치 객체는 지리 좌표 외에도 다음과 같은 정보를 추가로 포함하지만, 일부 기기에는 없을 수 있습니다.

- **altitude**
  미터 단위로 표기된 기기의 해발 고도
- **heading**
  도(°) 단위로 표기한 나침반 방향. 진북이면 0, 동쪽이면 90이 됩니다.
- **speed**
  이동 중인 경우 초당 미터 단위로 표기한 기기의 속도

기기의 위치 변경은 `navigator.geolocation.watchPosition`을 호출해 감시할 수 있습니다. 위치가 변경되면 이 메서드에 전달된 콜백을 브라우저가 주기적으로 호출하며, 업데이트된 좌표를 인수로 전달합니다.

---

### 지리적 위치 정보와 지오코딩

지리적 위치 정보 API는 위도와 경도로 표현된 기기의 좌표만 가져올 뿐 국가, 도시, 주소 등의 정보는 가져오지 않습니다. 이러한 정보를 얻으려면 브라우저에 내장되어 있지 않은 지오코딩geocoding API를 사용해야 합니다. 마이크로소프트나 구글 등에서는 외부 지오코딩 API를 제공합니다. 지오코딩은 입력받은 주소를 위도와 경도로 변환하는 처리 과정입니다. 일부 서비스는 반대로 위도와 경도를 입력받아서 이를 주소로 변환합니다.

## 14.4 지도에 기기 위치 표시

**문제** 기기의 위치를 지도에서 보여주고 싶습니다.

**해결** 구글 지도 API 또는 오픈스트리트맵과 같은 서비스를 사용하여 지도를 생성하고 위치 정보 API에서 얻은 위도와 경도 좌표를 전달합니다.

> 노트  이 API는 아직 모든 브라우저에서 지원하지 않습니다. Can I Use(https://oreil.ly/9Uujk)에서 최신 호환성 정보를 확인해 보세요.

이번 절에서는 구글 지도 삽입Google Maps Embed API를 사용해 지도를 페이지에 삽입하는 방법을 보여줍니다. 구글 지도 삽입 API는 특정 URL로 주소가 설정된 `iframe` 엘리먼트를 포함하여 사용합니다. URL에는 다음과 같은 내용이 반드시 포함되어야 합니다.

- 지도의 종류(예시에서는 place 지도 사용)
- API 키
- 지리적 위치 좌표

먼저 기기의 위치를 요청한 다음, 성공하면 콜백 함수가 `iframe` 엘리먼트를 생성하여 문서에 추가합니다([예 14-8] 참고).

**예 14-8** 지도 iframe 생성

```js
// 아이디가 'map'인 엘리먼트가 페이지에 있다고 가정한다.
const map = document.querySelector('#map');

navigator.geolocation.getCurrentPosition(position => {
  const { latitude, longitude } = position.coords;

  // iframe 크기를 원하는 대로 조정한다.
  const iframe = document.createElement('iframe');
  iframe.width = 450;
  iframe.height = 250;

  // 지도 종류가 URL에 포함되어야 한다.
  const url = new URL('https://www.google.com/maps/embed/v1/place');
```

```
    // 'key' 파라미터에 API 키를 입력한다.
    url.searchParams.append('key', 'YOUR_GOOGLE_MAPS_API_KEY');

    // 'q' 파라미터는 쉼표로 구분한 위도와 경도를 포함한다.
    url.searchParams.append('q', `${latitude},${longitude}`);
    iframe.src = url;

    map.appendChild(iframe);
});
```

**설명** 구글 지도 API 키를 안전하게 사용하는 방법에 대해 더 알고 싶다면 구글에서 제공하는 가이드(*https://oreil.ly/Wh0-r*)를 읽어볼 것을 권장합니다.

예시에서 보여준 것은 기기의 위치 정보를 활용하는 한 가지 방법뿐입니다. 구글 지도에는 많은 종류의 API가 있으며, 구글 외에도 맵박스Mapbox나 오픈스트리트맵OpenStreetMap과 같은 서비스도 있습니다. 지오코딩 API를 활용하면 지도에 맵 마커map marker를 실제 주소와 함께 보여줄 수 있습니다.

## 14.5 텍스트 복사하고 붙여넣기

**문제** 복사와 붙여넣기 기능을 textarea에 추가하고 싶습니다. 사용자는 텍스트를 강조하거나 복사할 수 있고, 붙여넣을 때는 선택된 텍스트가 대체되어야 합니다.

**해결** 클립보드Clipboard API를 사용해 textarea에서 선택된 텍스트를 다룹니다. [복사]와 [붙여넣기] 버튼을 UI에 추가하고, 클릭된 버튼에 따라 해당하는 클립보드 API의 기능을 호출합니다.

> **노트** 이 API는 아직 모든 브라우저에서 지원하지 않습니다. Can I Use(*https://oreil.ly/4i7sm*)에서 최신 호환성 정보를 확인해 보세요.

텍스트를 복사하려면 선택 영역 시작과 끝의 인덱스를 구한 다음, 이를 사용해 textarea의 value에서 부분 문자열을 추출합니다. 그 후 텍스트를 시스템 클립보드에 쓰면 됩니다([예

14-9] 참고).

예 14-9 선택 영역에서 텍스트 복사하기

```
async function copySelection(textarea) {
  const { selectionStart, selectionEnd } = textarea;
  const selectedText = textarea.value.slice(selectionStart, selectionEnd);

  try {
    await navigator.clipboard.writeText(selectedText);
  } catch (error) {
    console.error('클립보드 오류:', error);
  }
}
```

붙여넣기도 이와 비슷하지만 추가로 처리해야 할 것이 있습니다. 만약 **textarea**에 선택된 텍스트가 있으면 선택된 텍스트를 먼저 제거한 다음 클립보드에서 가져온 새 텍스트를 그 자리에 둡니다([예 14-10] 참고). 클립보드 API는 비동기로 동작하기 때문에 시스템 클립보드에서 값을 가져오는 Promise가 완료될 때까지 기다려야 합니다.

예 14-10 선택 영역으로 붙여넣기

```
async function pasteToSelection(textarea) {
  const currentValue = textarea.value;
  const { selectionStart, selectionEnd } = textarea;

  try {
    const clipboardValue = await navigator.clipboard.readText();
    const newValue = currentValue.slice(0, selectionStart)
      + clipboardValue + currentValue.slice(selectionEnd);
    textarea.value = newValue;
  } catch (error) {
    console.error('클립보드 오류:', error);
  }
}
```

이 예시는 현재 선택된 텍스트를 클립보드에서 가져온 텍스트로 대체합니다.

**설명** 설령 `navigator.clipboard.writeText`의 반환값을 사용하지 않더라도 Promise가 완

료될 때까지 대기해야 합니다. Promise가 거부되면 해당 오류를 처리해야 하기 때문입니다.

또한 붙여넣기를 할 때는 다음과 같은 두 가지 경우에 주의해야 합니다.

- 선택된 텍스트가 없는데 textarea가 포커스를 가지고 있다면 텍스트를 커서 위치에 붙여넣어야 합니다.
- textarea가 포커스를 가지고 있지 않으면 텍스트는 textarea의 value 가장 마지막에 덧붙습니다.

예상했겠지만, 시스템 클립보드에서 값을 가져오는 것은 개인 정보 보호 측면에서 문제가 될 수 있습니다. 그렇기에 사용자의 허락이 필요합니다. 처음 클립보드에서 값을 읽으려고 하면 웹 브라우저가 사용자에게 권한을 요청합니다. 사용자가 허락하면 클립보드 동작이 완료되고, 거부하면 클립보드 API가 거부한 Promise가 오류와 함께 반환됩니다.

권한 오류를 피하고 싶다면 권한 API를 사용해 시스템 클립보드를 읽을 수 있도록 허용했는지 여부를 확인할 수 있습니다([예 14-11] 참고).

**예 14-11 클립보드 읽기 권한 확인**

```
const permission = await navigator.permissions.query({
  name: 'clipboard-read'
});

if (permission.state !== 'denied') {
  // 클립보드 읽기 권한을 가지고 추가 작업을 한다.
}
```

permission.state의 값은 다음 세 가지 중 하나입니다.

- **granted**

    사용자가 이미 명시적으로 허가하였을 때

- **denied**

    사용자가 이미 명시적으로 거부하였을 때

- **prompt**

    사용자에게 아직 요청하지 않았을 때

permission.state의 값이 prompt라면 처음 클립보드 읽기 동작을 수행할 때 브라우저가 자동으로 사용자에게 권한을 요청합니다.

## 14.6 웹 공유 API를 사용한 콘텐츠 공유

**문제** 사용자가 기기의 기본 공유 기능을 이용해 링크를 간편하게 공유하도록 하고 싶습니다.

**해결** 웹 공유 API를 사용해 콘텐츠를 공유합니다.

> **노트** 이 API는 아직 모든 브라우저에서 지원하지 않습니다. Can I Use(*https://oreil.ly/1IwEq*)에서 최신 호환성 정보를 확인해 보세요.

navigator.share를 호출하면서 title과 URL이 포함된 객체를 인수로 전달합니다([예 14-12] 참고). 지원하는 기기와 브라우저에서는 익숙한 공유 인터페이스가 표시되어 다양한 방법으로 콘텐츠를 공유할 수 있도록 해줍니다.

**예 14-12** 링크 공유하기

```
if ('share' in navigator) {
  navigator.share({
    title: '한빛미디어',
    text: '최신 출간 서적을 확인하세요!',
    url: 'https://www.hanbit.co.kr'
  });
}
```

이제 사용자는 문자 메시지, 이메일 등의 커뮤니케이션 수단을 통해 링크가 포함된 콘텐츠를 주고 받을 수 있습니다.

**설명** 공유 인터페이스는 기기와 운영체제에 따라 다를 수 있습니다. 예를 들어 [그림 14-1]은 맥OS 14를 실행 중인 제 컴퓨터에서 공유 인터페이스를 찍은 스크린샷입니다.

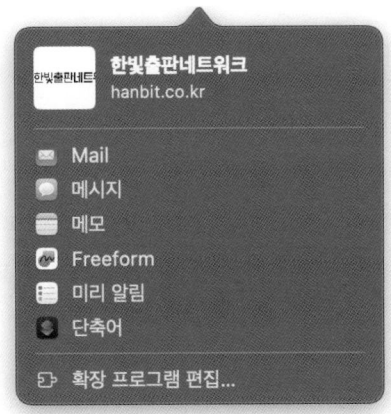

그림 14-1 맥OS 14의 공유 인터페이스

## 14.7 기기 진동하기

**문제** 기기에 진동을 주는 촉각 피드백을 애플리케이션에 추가하고 싶습니다.

**해결** 진동 API(Vibration API)를 사용해 기기를 진동시키면 됩니다.

> **노트** 이 API는 아직 모든 브라우저에서 지원하지 않습니다. Can I Use(https://oreil.ly/G0d6m)에서 최신 호환성 정보를 확인해 보세요.

진동을 1회 실행할 때는 [예 14-13]과 같이 navigator.vibrate에 정수 하나를 인수로 전달합니다. 여기서 정수는 진동 시간을 의미합니다.

예 14-13 진동을 1회 발생시키기

```
// 500밀리초 동안 발생하는 진동 1회
navigator.vibrate(500);
```

여러 진동을 순차적으로 발생시키고 싶다면 navigator.vibrate에 배열을 전달하면 됩니다 ([예 14-14] 참고). 배열의 각 원소는 진동 시간 또는 진동 사이 간격으로 간주됩니다.

> **예 14-14** 3회 진동하기

```
// 500밀리초 진동 3회, 진동 사이 250밀리초 간격 2회
navigator.vibrate([500, 250, 500, 250, 500]);
```

**설명** 맥북 프로의 크롬과 같은 일부 기기에서는 이 API가 기기를 진동시키지 않습니다. 이러한 기기에서는 navigator.vibrate를 실행해도 아무런 효과가 없고, 에러도 발생되지 않습니다.

여러 진동을 순차적으로 실행하는 중이라면 navigator.vibrate(0)을 호출하여 진행 중인 진동을 취소할 수 있습니다.

동영상 자동 재생과 마찬가지로 페이지를 처음 읽어 들였을 때는 자동으로 진동을 할 수 없습니다. 사용자가 페이지와 어떤 방식으로든 한 번은 인터랙션을 한 후에만 진동 기능을 사용할 수 있습니다.

## 14.8 화면 방향 확인

**문제** 기기의 화면 방향이 세로인지 가로인지 확인하고 싶습니다.

**해결** screen.orientation.type 프로퍼티를 사용해 기기의 방향값을 가져옵니다. 또는 screen.orientation.angle 프로퍼티를 사용해 원래 방향에 상대적인 기기의 방향각을 가져옵니다.

**설명** 기기의 종류와 방향에 따라 screen.orientation.type의 값은 다음 네 가지 중 하나가 됩니다([그림 14-2] 참고).

- portrait-primary: 0도(기기의 원래 방향)
- portrait-secondary: 180도
- landscape-primary: 90도
- landscape-secondary: 270도

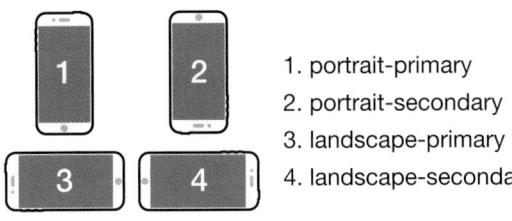

1. portrait-primary
2. portrait-secondary
3. landscape-primary
4. landscape-secondary

그림 14-2 여러 종류의 방향 값

앞서 말한 값은 스마트폰과 같이 원래 방향이 세로 방향인 기기에 해당합니다. 일부 태블릿과 같이 가로 방향이 기기의 원래 방향인 경우에는 값이 반대로 적용됩니다.

- landscape-primary: 0도(기기의 원래 방향)
- landscape-secondary: 180도
- portrait-primary: 90도
- portrait-secondary: 270도

screen.orientation 객체는 change 이벤트도 있어서 기기 방향 변경을 감지할 수 있습니다.

CHAPTER 15

# 성능 측정

## 15.0 소개

자바스크립트 애플리케이션의 성능을 측정하는 서드파티 도구들이 많이 있지만, 브라우저에도 성능을 측정할 수 있는 몇 가지 간편한 도구가 내장되어 있습니다.

내비게이션 타이밍Navigation Timing API는 페이지의 초기 로딩 시간에 관한 성능 데이터를 측정할 때 사용합니다. 페이지를 로딩하는 데 걸린 시간, DOM을 사용하기까지 걸린 시간 등을 조사할 수 있습니다. API는 성능 정보 객체를 반환하는데, 이 객체에는 페이지를 로딩하는 동안 발생하는 각 이벤트 발생 시간이 타임스탬프 형태로 포함되어 있습니다.

리소스 타이밍Resource Timing API를 사용하면 리소스를 다운로드하고 네트워크 요청을 생성하는 데 걸린 시간을 알 수 있습니다. HTML 파일, CSS 파일, 자바스크립트 파일, 이미지와 같은 페이지 자원이나 Fetch API가 생성하는 비동기 요청도 다룹니다.

사용자 타이밍User Timing API는 임의 동작의 경과 시간을 측정하는 방법입니다. 특정 시점을 나타내는 성능 측정 지점performance marks을 생성하고 두 측정 지점 사이의 계산된 시간을 측정합니다.

앞서 말한 API는 모두 페이지의 버퍼에 성능 엔트리performance entry를 생성합니다. 성능 엔트리란 모든 종류의 성능 항목을 모아 놓은 하나의 집합입니다. 언제든지 이 버퍼를 조회할 수 있으며, `PerformanceObserver`를 사용하면 새로운 성능 엔트리가 추가되는 시점을 비동기적으로 알 수 있습니다.

성능 엔트리는 고정밀 타임스탬프를 사용합니다. 고정밀 타임스탬프는 밀리초 단위로 측정되는데, 일부 브라우저에서는 마이크로초 단위의 정밀도까지 보장하는 소수부를 포함하기도 합니다. 브라우저에서 고정밀 타임스탬프는 `DOMHighResTimeStamp` 객체로 저장되는데, 이 객체의 숫자는 페이지를 읽어 들인 시간을 0으로 간주하고 해당 엔트리가 발생했을 때의 시점을 페이지 로드로부터 경과한 시간으로 표현합니다.

이 장은 성능 지표를 수집하는 방법에 대해 다룹니다. 이러한 지표로 무엇을 할지는 독자 여러분께 달렸습니다. 페치 API 또는 비콘Beacon API를 사용하여 성능 지표를 수집하는 API로 데이터를 보내서 나중에 분석을 수행하는 것도 가능합니다.

이러한 성능 지표는 개발 중에는 디버깅 목적으로 사용할 수 있으며, 사용자로부터 실제 성능 지표를 수집하는 용도로도 사용할 수 있습니다. 수집된 데이터는 분석 서비스로 보내 집계하고 분석할 수 있습니다.

## 15.1 페이지 로딩 성능 측정

**문제** 페이지 로딩 이벤트의 타이밍과 관련된 정보를 수집하고 싶습니다.

**해결** 탐색 성능 엔트리를 하나 검색하고, 성능 엔트리 객체에서 탐색과 관련된 타임스탬프를 가져옵니다([예 15-1] 참고). 그 뒤 타임스탬프 사이의 시간을 계산하여 다양한 페이지 로드 이벤트에 걸린 시간을 확인합니다.

**예 15-1** 내비게이션 타이밍 성능 엔트리

```
// 탐색(navigation)과 관련된 성능 엔트리 하나만 가져온다.
const [navigation] = window.performance.getEntriesByType('navigation');
```

반환된 객체는 많은 프로퍼티를 포함하고 있습니다. [표 15-1]은 계산할 수 있는 몇 가지 유용한 계산의 예시입니다.

표 15-1 내비게이션 타이밍 계산

| 성능 지표 | 시작 시각 | 종료 시각 |
| --- | --- | --- |
| 첫 번째 바이트까지의 시간 | startTime | responseStart |
| DOM 인터랙션까지의 시간 | startTime | domInteractive |
| 전체 로딩 시간 | startTime | loadEventEnd |

**설명** 내비게이션 타이밍 성능 엔트리의 startTime 프로퍼티는 항상 0입니다.

내비게이션 타이밍 성능 엔트리는 타이밍 정보 외에도 데이터 전송량, HTTP 응답 코드, 페이지 URL 등의 다른 정보도 포함합니다. 이러한 정보는 페이지를 처음 읽어 들였을 때 애플리케이션이 얼마나 빠르게 응답하는지 확인할 때 유용하게 사용됩니다.

## 15.2 리소스 성능 측정

**문제** 페이지에서 읽어 들인 리소스에 대한 요청 정보를 얻고 싶습니다.

**해결** 성능 버퍼에서 리소스 성능 엔트리를 찾습니다([예 15-2] 참고).

예 15-2 리소스 성능 엔트리 가져오기

```
const entries = window.performance.getEntriesByType('resource');
```

페이지의 각 리소스에 대한 엔트리를 가져올 수 있습니다. 여기서 말하는 리소스란 CSS 파일, 자바스크립트 파일, 이미지는 물론 페이지에서 발생하는 네트워크 요청을 포함합니다.

각 리소스의 startTime과 responseEnd 프로퍼티 사이의 차이를 계산하면 읽어 들이는 데 걸린 시간을 계산할 수 있습니다. 리소스의 URL은 name 프로퍼티를 통해 알 수 있습니다.

**설명** 페치 API를 사용해 생성하는 네트워크 요청도 리소스로 간주되어 표시됩니다. 덕분에 REST API 엔드포인트의 실제 성능을 프로파일링할 때 리소스 성능 측정 API를 유용하게 사용할 수 있습니다.

페이지를 처음 읽어 들일 때, 성능 버퍼에는 페이지를 처음 읽어 들이는 동안 요청받은 모든 리소스에 대한 성능 엔트리가 포함됩니다. 첫 로딩 이후의 요청은 요청이 발생하는 즉시 성능 버퍼에 추가됩니다.

## 15.3 가장 느린 리소스 탐지

**문제** 읽어 들이는 데 시간이 가장 오래 걸린 리소스의 목록을 알고 싶습니다.

**해결** 리소스 성능 엔트리의 목록을 정렬하고 필터링합니다. 리소스 성능 엔트리 목록은 배열이기 때문에 sort 또는 slice와 같은 메서드를 사용할 수 있습니다. 읽어 들이는 데 가장 오래 걸린 리소스를 찾을 때는 responseEnd와 startTime 타임스탬프 사이의 차이를 사용합니다.

[예 15-3]은 읽어 들이는 데 가장 오래 걸린 다섯 개의 리소스를 표시합니다.

예 15-3 가장 느린 다섯 개의 리소스 확인

```
const slowestResources = window.performance.getEntriesByType('resource')
  .sort((a, b) =>
    (b.responseEnd - b.startTime) - (a.responseEnd - a.startTime))
  .slice(0, 5);
```

**설명** 여기서 중요한 것은 sort 메서드를 호출하는 부분입니다. 이 메서드는 로딩 시간<sup>load time</sup>, 즉 리소스를 읽어 들이는 데 걸린 시간을 비교하고 로딩 시간이 긴 것부터 짧은 것 순으로 정렬합니다. 그 후 slice를 호출하여 정렬된 배열에서 처음 다섯 개의 엘리먼트만 가져옵니다.

가장 빠르게 읽어 들인 리소스 다섯 개를 알고 싶다면 비교하는 로딩 타임의 순서를 반대로 하면 됩니다([예 15-4] 참고).

**예 15-4** 가장 빠른 다섯 개의 리소스

```
const fastestResources = window.performance.getEntriesByType('resource')
  .sort((a, b) =>
    (a.responseEnd - a.startTime) - (b.responseEnd - b.startTime))
  .slice(0, 5);
```

로딩 타임의 순서가 바뀌면 배열의 정렬도 로딩 시간이 짧은 것부터 긴 것 순으로 배치되도록 바뀝니다. 이제 `slice`를 호출하면 가장 빠르게 읽어 들인 다섯 개의 리소스를 알 수 있습니다.

## 15.4 특정 리소스의 타이밍 확인

**문제** 특정 리소스에 대한 요청의 타이밍을 알고 싶습니다.

**해결** `window.performance.getEntriesByName` 메서드를 사용하여 특정 URL에 해당하는 리소스를 찾습니다([예 15-5] 참고).

**예 15-5** 특정 URL의 모든 리소스 타이밍 찾기

```
// /api/users API로 향하는 모든 요청 찾기
const entries = window.performance.getEntriesByName('https://localhost/api/users',
  'resource');
```

**설명** 리소스 엔트리의 이름은 해당 리소스의 URL입니다. 그렇기에 `getEntriesByName`에 전달하는 첫 번째 인수는 URL이 됩니다. 두 번째 인수는 알고 싶은 리소스 타이밍의 종류를 가리킵니다.

주어진 URL에 여러 번 요청했다면, 반환된 배열에는 두 개 이상의 리소스 엔트리가 포함됩니다.

## 15.5 렌더링 성능 프로파일링

**문제** 데이터를 페이지에 렌더링하는 데 걸린 시간을 기록하고 싶습니다.

**해결** 렌더링을 시작하기 전에 먼저 성능 측정 지점을 생성하고, 렌더링이 완료된 후에 측정 지점을 하나 더 추가합니다. 그 후 두 지점 사이의 차이를 계산하여 렌더링에 걸린 시간을 구합니다. 주어진 데이터를 페이지에 렌더링하는 DataView 컴포넌트가 있다고 생각해 봅시다([예 15-6] 참고).

예 15-6 렌더링 성능 측정

```
// 렌더링 전에 첫 번째 성능 측정 지점을 생성한다.
window.performance.mark('render-start');

// 데이터를 렌더링하는 컴포넌트를 생성한다.
const dataView = new DataView();
dataView.render(data);

// 렌더링이 완료되고 나면 종료 성능 측정 지점을 생성한다.
window.performance.mark('render-end');

// 두 지점 사이의 차이를 측정한다.
const measure = window.performance.measure('render', 'render-start', 'render-end');
```

여기서 measure 객체에는 측정 후 계산된 시간과 시작 시간이 포함됩니다.

**설명** 새롭게 만든 성능 측정 지점과 측정 결과는 페이지의 성능 버퍼에 추가되어 나중에 찾아볼 수 있습니다. 예를 들어 렌더링 성능 측정 결과를 나중에 찾아보고 싶다면 [예 15-7]과 같이 window.performance.getEntriesByName를 사용하면 됩니다.

예 15-7 이름으로 측정값 찾기

```
// 'render' 측정 결과는 하나 밖에 없으므로 반환된 배열을
// 구조 분해 할당하여 첫 번째 (그리고 유일한) 엔트리를 가져온다.
const [renderMeasure] = window.performance.getEntriesByName('render');
```

성능 측정 지점과 측정 결과는 측정할 때 전달된 detail 옵션도 포함합니다. 예를 들어 [예

15-6]과 같이 데이터를 렌더링하는 경우에는 측정 결과를 만들 때 렌더링하는 데이터를 메타데이터로 전달할 수 있습니다.

이런 방식으로 측정 결과를 만들 때는 시작하는 성능 측정 지점과 끝 지점을 옵션 객체에 포함해야 합니다([예 15-8] 참고).

**예 15-8 데이터를 포함한 렌더링 성능 측정**

```
// 렌더링 전에 첫 번째 성능 측정 지점을 생성한다.
window.performance.mark('render-start');

// 데이터를 렌더링하는 컴포넌트를 생성한다.
const dataView = new DataView();
dataView.render(data);

// 렌더링이 완료되고 나면 종료 성능 측정 지점을 생성한다.
window.performance.mark('render-end');

// 두 지점 사이의 차이를 측정한다.
// 이번에는 렌더링한 데이터를 측정 결과의 detail로 전달한다.
const measure = window.performance.measure('render', {
  start: 'render-start',
  end: 'render-end',
  detail: data
});
```

나중에 이 성능 엔트리를 찾을 때는 측정 결과의 detail 프로퍼티에 접근하여 상세 정보 메타데이터를 사용할 수 있습니다.

## 15.6 다단계 작업 프로파일링

**문제** 여러 단계에 걸쳐 진행되는 작업의 성능 데이터를 수집하고 싶습니다. 전체 작업에 걸린 시간은 물론 각 단계에 걸린 시간도 알고 싶습니다. API로부터 데이터를 읽어 와서 처리하는 작업을 생각해 봅시다. API 요청에 걸린 시간과 처리에 걸린 시간, 그리고 전체 작업 시간도 알고 싶을 것입니다.

**해결** 성능 측정 지표와 측정 결과를 여러 개 생성합니다. 하나의 성능 측정 지표는 측정 결과를 계산할 때 몇 번이고 사용할 수 있습니다.

[예 15-9]에는 사용자의 거래 데이터를 반환하는 API가 있습니다. 거래 데이터를 수신한 후에는 해당 데이터를 분석하고, 마지막에는 분석 데이터를 다른 API에 전송합니다.

**예 15-9 다단계 처리 과정 프로파일링**

```
window.performance.mark('transactions-start');
const transactions = await fetch('/api/users/123/transactions');
window.performance.mark('transactions-end');
window.performance.mark('process-start');
const analytics = processAnalytics(transactions);
window.performance.mark('process-end');
window.performance.mark('upload-start');
await fetch('/api/analytics', {
  method: 'POST',
  body: JSON.stringify(analytics),
  headers: {
    'Content-Type': 'application/json'
  }
});
window.performance.mark('upload-end');
```

처리가 완료되면 성능 측정 지표를 생성하여 이를 [예 15-10]처럼 사용해 여러 측정 결과를 계산합니다.

**예 15-10 측정 결과 생성**

```
console.log('거래 데이터 다운로드:',
  window.performance.measure(
    'transactions', 'transactions-start', 'transactions-end'
  ).duration
);

console.log('분석 처리:',
  window.performance.measure(
    'analytics', 'process-start', 'process-end'
  ).duration
);

console.log('분석 결과 업로드:',
```

```
  window.performance.measure(
    'upload', 'upload-start', 'upload-end'
  ).duration
);

console.log('전체 시간:',
  window.performance.measure(
    'total', 'transactions-start', 'upload-end'
  ).duration
);
```

**설명** 이 예시에서는 여러 성능 측정 지점과 측정 결과를 생성하여 일련의 작업에 대한 성능 데이터를 수집합니다. 성능 측정 지점은 측정 결과를 계산할 때 여러 번 사용할 수 있습니다. [예 15-10]은 처리 과정의 각 단계에 대한 성능 측정 결과를 생성한 다음 전체 작업에 걸린 시간도 마지막으로 측정합니다. 전체 소요 시간은 다운로드 작업의 첫 번째 성능 측정 지점과 업로드 작업의 마지막 측정 지점을 가져온 다음 두 지점 사이의 차이로 계산합니다.

## 15.7 성능 측정 항목 감시

**문제** 새로운 성능 측정 항목이 기록될 때 알림을 받아 이를 분석 서비스에 보고하고 싶습니다. 예컨대 API 요청이 있을 때마다 성능 통계 알림을 받고 싶습니다.

**해결** PerformanceObserver를 사용하여 원하는 타입의 성능 엔트리가 새로 추가되는 것을 리스닝합니다. 예를 들어 API 요청이라면 resource 타입의 성능 엔트리를 리스닝합니다([예 15-11] 참고).

예 15-11 PerformanceObserver 사용

```
const analyticsEndpoint = 'https://example.com/api/analytics';

const observer = new PerformanceObserver(entries => {
  for (let entry of entries.getEntries()) {
    // 'fetch' 엔트리만 처리한다.
    // 비컨(Beacon) API를 통해 성능 엔트리 데이터를 포함한 요청을 빠르게 전송한다.
```

```
    if (entry.initiatorType === 'fetch') {
      navigator.sendBeacon(analyticsEndpoint, entry);
    }
  }
});

observer.observe({ type: 'resource' });
```

**설명** PerformanceObserver는 네트워크 요청을 할 때마다 이벤트를 발생시킵니다. 분석 서비스로 데이터를 보낼 때도 마찬가지로 이벤트가 발생합니다. 이렇기 때문에 [예 15-11]에서는 요청을 보내기 전에 해당 엔트리가 분석을 위한 엔드포인트인지 아닌지 확인했어야 합니다. 이를 검사하지 않으면 POST 요청을 보냈을 때 무한 루프에 빠지게 됩니다. 네트워크 요청을 작성하면 옵저버 객체가 이벤트를 발생시키고 POST 요청을 보냅니다. 이 요청은 새로운 성능 측정 엔트리를 생성하고 다시 옵저버 콜백을 호출합니다. 분석 서비스로 POST 전송을 할 때마다 새로운 옵저버 콜백이 호출됩니다.

짧은 시간 동안 분석 서비스로 과도하게 요청되는 것을 방지하기 위해 실제 애플리케이션에서는 버퍼에 성능 엔트리를 모아두는 방식이 유용할 수 있습니다. 버퍼가 미리 설정한 크기에 도달하면 버퍼에 있는 엔트리를 모두 모아 하나의 요청으로 묶어서 보냅니다([예 15-12] 참고).

**예 15-12 성능 엔트리 일괄 전송**

```
const analyticsEndpoint = 'https://example.com/api/analytics';

// 엔트리를 모아 둘 버퍼 배열. 버퍼가 설정한 크기에 도달하면,
// 모든 엔트리를 하나로 묶어서 한 번의 요청으로 전송한다.
const BUFFER_SIZE = 10;
let buffer = [];

const observer = new PerformanceObserver(entries => {
  for (let entry of entries.getEntries()) {
    if (entry.initiatorType === 'fetch' && entry.name !== analyticsEndpoint) {
      buffer.push(entry);
    }

    // 버퍼가 설정한 크기가 되면, 분석 요청을 보낸다.
    if (buffer.length === BUFFER_SIZE) {
      fetch(analyticsEndpoint, {
```

```
        method: 'POST',
        body: JSON.stringify(buffer),
        headers: {
          'Content-Type': 'application/json'
        }
      });

      // 이제 버퍼를 재설정하고 모든 엔트리를 한꺼번에 전송한다.
      buffer = [];
    }
  }
});

observer.observe({ type: 'resource' });
```

CHAPTER 16

# 콘솔 다루기

## 16.0 소개

아무리 주의를 기울여도 코드가 의도한 대로 동작하지 않을 수 있습니다. 이때 사용할 수 있는 디버깅 도구는 많습니다. 오늘날 브라우저에는 강력한 디버거가 내장되어 있으므로 이를 사용해 코드를 한 단계씩 살펴보고 변수와 표현식의 값을 검사할 수 있습니다. 그렇지만 이보다 더 간단하게 콘솔console을 사용하고 싶을 때도 가끔은 있을 것입니다.

콘솔을 사용하는 가장 단순한 방법은 `console.log`에 메시지를 전달하여 호출하는 것입니다. 전달된 메시지는 브라우저의 자바스크립트 콘솔에 출력됩니다. 중단점을 기반으로 하는 디버깅 기법보다는 조금 더 번잡해 보이지만, 실행하는 도중에 값을 검사하고 기록하는 작업은 아직도 유용합니다.

단순한 `console.log` 외에도 콘솔로 할 수 있는 작업은 많습니다. 메시지를 그룹화하거나 카운터를 사용할 수 있고, 표 형태로 출력하는 것도 가능하며, CSS를 사용해 출력 결과를 꾸밀 수도 있습니다. 또한 콘솔 메시지의 로그 수준을 에러error, 경고warn, 디버그debug 등으로 나누어 분류하고 필터링할 수도 있습니다.

## 16.1 콘솔 출력 꾸미기

**문제** 콘솔 로그 출력에 CSS 스타일을 적용하고 싶습니다. 글꼴을 더 크게 만들거나 색상을 바꾸는 등의 작업을 하고 싶습니다.

**해결** 로그 메시지에서 %c 지시자를 사용해 원하는 텍스트를 꾸밀 수 있습니다. 메시지에 있는 각 %c에 대응하는 CSS 스타일을 console.log에 인수로 전달합니다([예 16-1] 참고).

예 16-1 콘솔 출력 꾸미기

```
console.log('%c안녕하세요!', 'font-size: 2rem; color: red;');
console.log('이 콘솔 메시지는 %cCSS 스타일%c을 사용합니다. %c멋지네요!',
  'text-decoration: underline;',
  '',
  'font-weight: bold;'
);
```

[그림 16-1]은 예시의 스타일이 적용된 텍스트가 콘솔에서 어떻게 표현되는지 보여줍니다. 또한 두 번째 %c는 첫 번째 스타일을 재설정하기 위해 사용되었는데, 스타일로 빈 문자열을 전달하면 기본 스타일로 재설정됩니다.

# 안녕하세요!

이 콘솔 메시지는 <u>CSS 스타일</u>을 사용합니다. **멋지네요!**

그림 16-1 꾸며진 콘솔 출력

**설명** console.log에는 인수를 여러 개 전달합니다. 메시지에서 %c 지시자가 사용될 때마다 해당 영역에 설정할 스타일을 설정하는 문자열을 인수로 추가해야 합니다.

[그림 16-1]을 보면 %c 영역마다 스타일이 재설정되는 것을 알 수 있습니다. 첫 번째 영역의 밑줄 스타일은 다음 영역까지 이어지지 않으며, 그 다음에 나타나는 굵은 글씨를 표현한 세 번째 영역으로도 이어지지 않습니다.

## 16.2 로그 수준 사용

**문제** 콘솔에서 정보성 메시지, 경고 메시지, 에러 메시지를 구분해서 출력하고 싶습니다.

**해결** 순서대로 console.log 대신 console.info, console.warn, console.error를 각각 사용합니다([예 16-2] 참고). 메시지는 종류에 따라 다른 스타일로 표시됩니다. 대부분의 브라우저에는 메시지를 종류에 따라 필터링할 수 있는 기능이 있습니다.

**예 16-2** 다양한 로그 수준 사용

```
console.info('정보 메시지입니다');
console.warn('경고 메시지입니다');
console.error('에러 메시지입니다');
```

[그림 16-2]에서 보듯이 각 메시지는 수준에 따라 다른 스타일과 아이콘으로 표현됩니다.

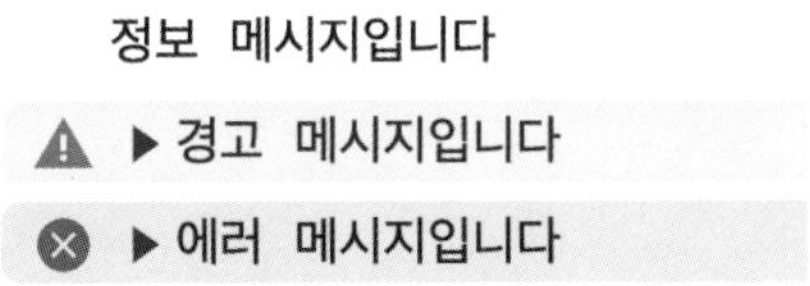

> 정보 메시지입니다
> ⚠ ▶ 경고 메시지입니다
> ⊗ ▶ 에러 메시지입니다

**그림 16-2** 다양한 로그 수준(크롬에서 출력)

**설명** 경고 메시지와 에러 메시지는 콘솔에서 펼치고 확인할 수 있는 스택 추적stack trace과 함께 표시됩니다. 이는 에러가 발생한 위치를 추적할 때 유용합니다.

## 16.3 이름이 정해진 로그 함수 사용하기

**문제** 애플리케이션의 여러 모듈에서 메시지를 기록하고 싶습니다. 메시지는 모듈의 이름으로 시작하며, 고유한 색상으로 표시하고 싶습니다.

**해결** console.log 함수에 Function.prototype.bind를 사용하여 모듈 이름과 색상 스타

일을 미리 바인딩해 둡니다([예 16-3] 참고).

**예 16-3** 이름이 정해진 로그 함수 작성

```
function createLogger(name, color) {
  return console.log.bind(console, `%c${name}`, `color: ${color};`);
}
```

예시의 `createLogger` 함수는 `console.log`처럼 동작하는 새로운 로그 함수를 반환합니다. 한 가지 다른 점이 있다면 메시지의 색상과 시작 문자열이 미리 정해져 있다는 것입니다([예 16-4] 참고).

**예 16-4** 이름이 정해진 로그 함수 사용

```
const rendererLogger = createLogger('renderer', 'blue');
const dataLogger = createLogger('data', 'green');

// 출력 메시지는 파란색 "renderer"로 시작한다.
rendererLogger('Rendering component');

// 출력 메시지는 녹색 "data"로 시작한다.
dataLogger('Fetching data');
```

이 예시는 색상과 시작 문자열이 있는 메시지를 [그림 16-3]과 같이 기록합니다.

```
renderer Rendering component
data Fetching data
```

**그림 16-3** 색상이 미리 설정된 로그(크롬에서 출력)[1]

설명 이런 방식으로 `bind`를 호출하면 자동으로 시작 문자열과 색상이 적용되는 `console.log` 함수의 변경된 버전을 만듭니다. 이 함수에 전달되는 모든 인수는 시작 문자열과 색상 스타일 뒤에 추가됩니다.

---

[1] 역자주_ 지면상 흑백으로 인쇄되어 예시의 색상이 보이지 않습니다. 그러나 실습 과정을 그대로 따라 하시면 실제로는 해당 색상이 적용되는 것을 확인하실 수 있습니다. 양해 부탁드립니다.

## 16.4 객체 배열을 표로 출력

**문제** 객체의 배열을 읽기 쉽게 출력하고 싶습니다.

**해결** 배열을 console.table에 전달하면 표로 출력됩니다. 객체의 프로퍼티는 칼럼으로 표현되고, 배열의 각 원소 배열은 줄로 표현됩니다([예 16-5] 참고).

예 16-5 테이블 출력

```
const users = [
  { firstName: "태호", lastName: "박", department: "영업" },
  { firstName: "지연", lastName: "정", department: "마케팅" },
  { firstName: "민수", lastName: "이", department: "인사" },
  { firstName: "서현", lastName: "김", department: "재무" },
  { firstName: "도윤", lastName: "최", department: "제품개발" }
];

console.table(users);
```

예시의 데이터는 [그림 16-4]와 같이 표 형태로 출력됩니다.

| (index) | firstName | lastName | department |
|---|---|---|---|
| 0 | '태호' | '박' | '영업' |
| 1 | '지연' | '정' | '마케팅' |
| 2 | '민수' | '이' | '인사' |
| 3 | '서현' | '김' | '재무' |
| 4 | '도윤' | '최' | '제품개발' |

그림 16-4 출력된 테이블(크롬에서 출력)

**설명** 출력될 객체 프로퍼티를 제한하고 싶으면 console.table의 두 번째 인수로 출력할 프로퍼티의 이름을 전달하면 됩니다.

console.table은 객체도 출력합니다. [예 16-6]은 index 칼럼에 배열의 인덱스가 아닌 객체의 프로퍼티 이름을 표시합니다.

예 16-6 객체를 console.table로 전달

```
console.table({
  name: 'sysadmin',
  email: 'admin@example.com'
});
```

[예 16-6]은 [그림 16-5]와 같이 표 형태로 출력됩니다.

| (index) | Value |
|---|---|
| name | 'sysadmin' |
| email | 'admin@example.com' |

그림 16-5 출력된 테이블(크롬에서 출력)

[예 16-7]은 표에 사용자의 이름을 출력하지만, firstName과 lastName 칼럼만 보여줍니다 ([그림 16-6] 참고).

예 16-7 출력할 표 칼럼 제한

```
const users = [
  { firstName: "태호", lastName: "박", department: "영업" },
  { firstName: "지연", lastName: "정", department: "마케팅" },
  { firstName: "민수", lastName: "이", department: "인사" },
  { firstName: "서현", lastName: "김", department: "재무" },
  { firstName: "도윤", lastName: "최", department: "제품개발" }
];

console.table(users, ['firstName', 'lastName']);
```

| (index) | firstName | lastName |
|---|---|---|
| 0 | '태호' | '박' |
| 1 | '지연' | '정' |
| 2 | '민수' | '이' |
| 3 | '서현' | '김' |
| 4 | '도윤' | '최' |

그림 16-6 이름과 성 칼럼만 표시(크롬에서 출력)

렌더링된 테이블은 정렬도 가능합니다. 칼럼 이름을 클릭하면 해당 칼럼을 기준으로 표를 정렬합니다([그림 16-7] 참고).

| (index) | firstName | lastName ▲ |
|---|---|---|
| 3 | '서현' | '김' |
| 0 | '태호' | '박' |
| 2 | '민수' | '이' |
| 1 | '지연' | '정' |
| 4 | '도윤' | '최' |

그림 16-7 성을 기준으로 정렬한 표(크롬에서 출력)

## 16.5 콘솔 타이머 사용

**문제** 디버깅용으로 코드 실행에 걸린 시간을 계산하고 싶습니다.

**해결** console.time과 console.timeEnd 메서드를 사용합니다([예 16-8] 참고).

예 16-8 console.time과 console.timeEnd 사용

```
// 'loadTransactions' 타이머를 시작한다.
console.time('loadTransactions');

// 데이터를 읽어 들인다.
const data = await fetch('/api/users/123/transactions');

// 'loadTransactions' 타이머를 종료한다.
// 출력: "loadTransactions: <elapsed time> ms"
console.timeEnd('loadTransactions');
```

타이머 이름을 전달하며 console.time을 호출하면 전달된 이름의 타이머를 시작합니다. 그 후 프로파일링하고 싶은 작업을 수행하고, 작업이 완료되었을 때 console.timeEnd를 호출하면서 조금 전에 시작했던 타이머 이름을 똑같이 전달합니다. 그림 경과한 시간이 타이머 이름과 함께 콘솔에 출력됩니다.

console.timeEnd에 전달한 타이머 이름이 console.time에 전달한 이름과 달라도 오류가 발생하지는 않지만, 해당 타이머가 존재하지 않는다는 경고 메시지가 콘솔에 출력됩니다.

**설명** 이 방법은 15장에서 다루었던 window.performance.mark와 window.performance.measure를 사용하는 방법과는 조금 다릅니다. console.time은 디버깅용으로 타이밍을 기록하기 위해 임시로 사용합니다. 가장 큰 차이는 console.time과 console.timeEnd는 성능 타임라인에 엔트리를 추가하지 않는다는 것입니다. console.timeEnd를 타이머 이름과 함께 호출하면 해당 타이머는 메모리에서 해제됩니다. 메모리에 타이밍 데이터를 보존하고 싶다면 성능 API를 사용하는 편이 좋습니다.

## 16.6 콘솔 그룹 사용

**문제** 로그 메시지의 그룹을 잘 구성하고 싶습니다.

**해결** console.group을 사용하여 중첩된 메시지 그룹을 구성합니다. 이를 통해 출력된 메시지는 접거나 펼 수 있습니다([예 16-9] 참고).

**예 16-9 콘솔 그룹 사용**

```
const users = [
  { id: 1, firstName: "태호", lastName: "박", department: "영업" },
  { id: 2, firstName: "지연", lastName: "정", department: "마케팅" },
  { id: 3, firstName: "민수", lastName: "이", department: "인사" },
  { id: 4, firstName: "서현", lastName: "김", department: "재무" },
  { id: 5, firstName: "도윤", lastName: "최", department: "제품개발" }
];

console.log('사용자 데이터 업데이트 중');
for (const user of users) {
  console.group(`사용자: ${user.firstName} ${user.lastName}`);
  console.log('API에서 직원 정보 읽는 중');
  const response = await fetch(`/api/users/${user.id}`);
  const userData = await response.json();
```

```
    console.log('프로필 업데이트 중');
    userData.lastUpdated = Date.now();

    console.log('사용자 데이터 저장 중');
    await fetch(`/api/users/${user.id}`, {
      method: 'POST',
      body: JSON.stringify(userData),
      headers: {
        'Content-Type': 'application/json'
      }
    });
    console.groupEnd();
  }
```

이 예시는 그룹화된 메시지를 콘솔에 출력합니다. 각 그룹은 펼치거나 접을 수 있어서 [그림 16-8]처럼 관심 있는 특정 그룹에만 집중할 수 있습니다.

```
사용자 데이터 업데이트 중
▶ 사용자: 태호 박
▼ 사용자: 지연 정
    API에서 직원 정보 읽는 중
    프로필 업데이트 중
    사용자 데이터 저장 중
▶ 사용자: 민수 이
▶ 사용자: 서현 김
▶ 사용자: 도윤 최
```

그림 16-8 그룹화된 콘솔 메시지(크롬에서 출력)

**설명** 콘솔 그룹은 복잡한 알고리듬을 추적할 때도 사용할 수 있습니다. 그룹은 여러 단계로 깊게 중첩될 수 있으므로 복잡한 처리를 하는 동안 기록한 로그 메시지를 훨씬 수월하게 읽을 수 있습니다. 이 방식은 처리해야 할 메시지가 많을 때 특히 유용합니다. 그룹을 접어 둔 채로 시작하고 싶을 때는 `console.group` 대신 `console.groupCollapsed`를 사용합니다.

## 16.7 카운터 사용

**문제** 코드의 특정 부분이 호출된 횟수를 기록하고 싶습니다.

**해결** 고유한 카운터 이름을 전달하며 `console.count`를 호출합니다. 이렇게 `console.count`가 실행될 때마다 해당 이름에 해당하는 카운터 값을 출력하고 값을 증가시킵니다. 이를 통해 `console.count`가 호출된 횟수를 추적할 수 있습니다.

예 16-10 카운터 사용

```
const users = [
  { id: 1, firstName: "태호", lastName: "박", department: "영업" },
  { id: 2, firstName: "지연", lastName: "정", department: "마케팅" },
  { id: 3, firstName: "민수", lastName: "이", department: "인사" },
  { id: 4, firstName: "서현", lastName: "김", department: "재무" },
  { id: 5, firstName: "도윤", lastName: "최", department: "제품개발" }
];

users.forEach(user => {
  console.count('user');
});
```

[예 16-10]을 실행하면 [예 16-11]과 같이 출력됩니다.

예 16-11 카운터 출력

```
user: 1
user: 2
user: 3
user: 4
user: 5
```

**설명** `console.count`는 반복문이나 재귀 함수 호출 등을 추적할 때 유용합니다. 다른 콘솔 메서드와 마찬가지로 디버깅 용도로 주로 사용되며, 실제 사용 지표를 수집하는 용도로 설계된 것은 아닙니다.

인수 없이 `console.count`를 호출하면 `default`라는 이름의 카운터가 사용됩니다.

## 16.8 변수명과 변숫값 기록

**문제** 똑같은 변수 이름을 두 번 입력하지 않고 변수 이름과 변수의 값을 출력하고 싶습니다.

**해결** 객체 단축 표기법을 사용해서 변수를 포함한 객체를 출력합니다([예 16-12] 참고).

예 16-12 변수와 변수의 값 출력

```
const username = 'sysadmin';

// 출력: { username: 'sysadmin' }
console.log({ username });
```

이 예시는 객체를 만들어 이름이 username인 프로퍼티를 추가하고 나서, 변수의 값을 프로퍼티의 값으로 설정한 다음 [그림 16-9]와 같이 콘솔에 객체를 출력합니다.

▶ *{username: 'sysadmin'}*

그림 16-9 이름 붙은 값이 있는 객체(크롬에서 출력)

**설명** 객체 단축 표기법이 없을 때는 변수의 이름을 두 번 입력했어야 했습니다([예 16-13] 참고).

예 16-13 객체 단축 표기법 없이 객체와 객체의 값 출력

```
const username = 'sysadmin';

console.log('username', username);
```

크게 다르진 않지만, 축약 표기법을 사용하면 코드를 더 간결하게 작성할 수 있습니다.

## 16.9 스택 추적 기록

**문제** 현재 실행된 코드가 실행된 지점의 스택 추적stack trace을 보고 싶습니다.

**해결** console.trace를 사용하여 현재 콜 스택<sup>call stack</sup>의 추적을 출력합니다([예 16-14] 참고).

**예 16-14** console.trace 사용

```
function foo() {
  function bar() {
    console.trace();
  }
  bar();
}

foo();
```

이 예시는 [그림 16-10]과 같이 스택 추적을 출력합니다.

```
▼ console.trace
  bar                    @ VM3574:5
  foo                    @ VM3574:7
  (anonymous)            @ VM3574:10
```

**그림 16-10** 스택 추적 기록(크롬에서 출력)

**설명** 스택 추적은 콜 스택의 현재 상태를 보여주는 유용한 디버깅 도구입니다. 스택 추적의 첫 번째 항목은 console.trace를 호출한 지점입니다. 그 뒤를 이은 두 번째 항목은 console.trace를 호출하는 함수이고, 그 함수를 호출하는 함수가 그 다음 항목이 되는 식으로 계속 반복됩니다. 대부분의 브라우저에서는 스택 추적 엘리먼트를 클릭하면 코드의 해당 라인으로 이동합니다. 이 기능을 활용해 로그를 추가하거나 중단점<sup>breakpoint</sup>을 설정할 수 있습니다.

## 16.10 기댓값 검증

**문제** 디버깅을 하는 동안 표현식이 기댓값을 가지고 있는지 확인하고 싶습니다. 기댓값과 다르다면 콘솔 에러를 보고 싶습니다.

**해결** console.assert를 사용하여 표현식이 기댓값과 다른 값을 가지고 있을 때 에러를 출력하도록 합니다([예 16-15] 참고).

**예 16-15** console.assert 사용

```
function updateUser(user) {
  // user id가 null이면 에러를 기록한다.
  console.assert(user.id !== null, 'user.id must not be null');

  // 사용자 업데이트
  return fetch(`/api/users/${user.id}`, {
    method: 'PUT',
    body: JSON.stringify(user),
    headers: {
      'Content-Type': 'application/json'
    }
  });
}
```

만약 updateUser가 호출될 때 user 객체에 id 프로퍼티가 없으면 에러가 기록됩니다.

**설명** 단언문<sup>assertion</sup>은 다른 콘솔 메서드와 마찬가지로 디버깅 도구이기 때문에 일반적인 프로덕션 환경에서는 사용되지 않습니다. 주의할 것은 단언이 실패하면 에러를 출력하지만, 에러를 발생시키지는 않기 때문에 함수는 멈추지 않고 계속 실행된다는 점입니다. [예 16-15]에서 사용자 아이디에 관한 단언이 실패해도 사용자 업데이트를 위한 PUT 요청은 그대로 생성됩니다. 이 때문에 사용자 아이디가 null이 되어 해당 URL은 404 오류를 반환할 것입니다.

## 16.11 객체의 프로퍼티 조사

**문제** 객체의 프로퍼티를 조사하고 싶습니다. 조사 대상에는 중첩된 객체와 프로토타입 체인도 포함됩니다.

**해결** console.dir을 사용해 객체를 기록합니다.

[예 16-16]은 console.dir을 사용해 console 객체를 스스로 조사하는 방법입니다.

**예 16-16** console.dir 사용

```
console.dir(console)
```

[그림 16-11]은 예시의 코드를 실행했을 때 콘솔에 기록된 펼칠 수 있는 트리 구조를 보여줍니다. 객체의 모든 함수와 프로퍼티는 펼칠 수 있습니다. 결과에는 프로토타입 체인도 포함되어 있으며, 마찬가지로 펼치고 조사할 수 있습니다.

```
▼ console  ⓘ
  ▶ assert: ƒ assert()
  ▶ clear: ƒ clear()
  ▶ context: ƒ context()
  ▶ count: ƒ count()
  ▶ countReset: ƒ countReset()
  ▶ createTask: ƒ createTask()
  ▶ debug: ƒ debug()
  ▶ dir: ƒ dir()
  ▶ dirxml: ƒ dirxml()
  ▶ error: ƒ error()
  ▶ group: ƒ group()
  ▶ groupCollapsed: ƒ groupCollapsed()
  ▶ groupEnd: ƒ groupEnd()
  ▶ info: ƒ info()
  ▶ log: ƒ log()
  ▶ memory: MemoryInfo {totalJSHeapSize: 10000000, usedJSHeapSize: 10000000, jsHeapSizeLimit: 3760000000}
  ▶ profile: ƒ profile()
  ▶ profileEnd: ƒ profileEnd()
  ▶ table: ƒ table()
  ▶ time: ƒ time()
  ▶ timeEnd: ƒ timeEnd()
  ▶ timeLog: ƒ timeLog()
  ▶ timeStamp: ƒ timeStamp()
  ▶ trace: ƒ trace()
  ▶ warn: ƒ warn(...args)
    Symbol(Symbol.toStringTag): "console"
  ▶ [[Prototype]]: Object
```

그림 16-11 콘솔 객체에 console.dir을 사용한 결과 (크롬에서 확인)

일부 브라우저 버전에서는 console.log로 객체를 조사할 때 console.dir과 같은 인터랙티브한 구조를 보여주기도 합니다. console.log의 동작은 브라우저 또는 브라우저의 버전에 따라 다르지만, console.dir은 항상 객체를 [그림 16-11]과 같이 조사합니다.

더 자세한 정보는 공식 콘솔 명세(*https://oreil.ly/osZhg*)에서 볼 수 있습니다.

CHAPTER 17

# CSS

## 17.0 소개

최신 브라우저 환경에서 CSS는 스타일 규칙을 작성하는 것뿐만 아니라, 다양한 API로도 활용할 수 있습니다. 이러한 API는 애플리케이션을 개선할 때 사용할 수 있습니다.

CSS 객체 모델(CSSOM<sup>CSS Object Model</sup>) 덕분에 자바스크립트 코드에서 인라인 스타일을 설정할 수 있습니다. 뿐만 아니라 애플리케이션 실행 중에 CSS 변수의 값도 바꿀 수 있습니다.

앞서 8장에서는 `window.matchMedia`를 사용해 현재 페이지가 주어진 미디어 쿼리에 일치하는지 알아보는 예시를 살펴보았습니다.

이 장에서는 이러한 CSS 관련 API를 사용한 몇 가지 예시를 살펴볼 것입니다. 단, 이 글을 작성하는 시점을 기준으로 CSS 관련 API 중 일부는 브라우저 지원이 좋지 않은 편입니다. 따라서 사용하기 전에 항상 브라우저 호환성을 먼저 알아보는 것이 좋습니다.

## 17.1 텍스트 영역 강조하기

**문제** 문서의 특정 범위에 있는 텍스트에 강조 효과를 적용하고 싶습니다.

**해결** 원하는 텍스트를 감싸는 Range 객체를 작성하고 CSS 커스텀 강조 API를 사용해 해당 영역에 강조 스타일을 적용합니다.

시작은 **Range** 객체를 만드는 것입니다. 이 객체는 문서 내에 있는 텍스트 영역을 나타냅니다. [예 17-1]은 주어진 텍스트 노드와 강조할 텍스트를 인수로 받아 **Range**를 생성하는 일반적인 목적의 유틸리티 함수입니다.

**예 17-1** Range 생성

```
/**
 * 주어진 텍스트와 강조할 문자열로
 * 원하는 텍스트를 감싸는 Range 객체를 생성한다.
 */
function getRange(textNode, textToHighlight) {
  const startOffset = textNode.textContent.indexOf(textToHighlight);
  const endOffset = startOffset + textToHighlight.length;

  // 강조할 텍스트의 Range 생성
  const range = new Range();
  range.setStart(textNode, startOffset);
  range.setEnd(textNode, endOffset);

  return range;
}
```

> **노트** 이 API는 아직 모든 브라우저에서 지원하지 않습니다. Can I Use(*https://oreil.ly/wDJWH*)에서 최신 호환성 정보를 확인해 보세요.

[예 17-2]와 같은 HTML 엘리먼트가 있다고 가정해 봅시다.

**예 17-2** HTML 마크업

```
<p id="text">
  텍스트입니다. CSS 커스텀 강조 API를 사용해서 텍스트를 강조하려고 합니다.
</p>
```

'텍스트를 강조'라는 텍스트를 강조하고 싶을 때는 **getRange**를 사용해 원하는 텍스트를 감싸는 **Range**를 반환합니다([예 17-3] 참고).

### 예 17-3 getRange 함수 사용

```
const node = document.querySelector('#text');
const range = getRange(node.firstChild, '텍스트를 강조');
```

이제 Range 객체를 구했으니 브라우저의 강조 레지스트리를 사용해 새로운 강조 표시를 등록할 차례입니다. 이를 위해 Range 객체를 전달하며 새로운 Highlight 객체를 작성하고, 작성한 Highlight를 CSS.highlights.set 함수에 전달합니다([예 17-4] 참고).

### 예 17-4 강조 표시 등록

```
const highlight = new Highlight(range);
CSS.highlights.set('highlight-range', highlight);
```

이 예시는 강조 표시를 등록하지만 기본 상태의 강조 표시는 시각적으로 드러나지 않습니다. 그렇다면 이제 강조 표시 부분에 원하는 CSS 스타일을 적용할 차례입니다. CSS 스타일 설정은 ::highlight라는 가상 엘리먼트pseudo-element를 사용합니다. [예 17-4]에서 Highlight를 등록한 키 이름과 가상 엘리먼트를 함께 사용하면 됩니다([예 17-5] 참고).

### 예 17-5 강조 표시 스타일 적용

```
::highlight(highlight-range) {
  background-color: #fef3c7;
}
```

예시의 스타일이 적용되고 나면 텍스트 영역이 밝은 노란색으로 강조됩니다.

**설명** 콘텐츠는 `<mark>` 엘리먼트를 사용해서 강조할 수도 있습니다. [예 17-6]은 `<mark>`를 사용해 텍스트를 강조하는 방법입니다.

### 예 17-6 mark 엘리먼트를 사용한 텍스트 강조

```
<p id="text">
  텍스트입니다. mark 엘리먼트를 사용해서 <mark>텍스트를 강조</mark>하려고 합니다.
</p>
```

이 예시는 CSS 커스텀 강조 API를 사용할 때와 시각적으로 동일하지만, 큰 차이점은 <mark>라는 새 엘리먼트가 DOM에 삽입되었다는 것입니다. 이러한 차이 때문에 <mark> 엘리먼트를 추가하는 위치에 따라서 어려운 작업이 될 수도 있습니다.

강조하고 싶은 텍스트가 여러 엘리먼트에 걸쳐 있는 경우 <mark> 엘리먼트를 하나만 사용하면 올바르지 않은 HTML이 될 수도 있습니다. [예 17-7]과 같은 HTML을 예로 들어 봅시다.

**예 17-7 텍스트를 강조할 마크업**

```
<p>
  강조할 텍스트가 있는 문단입니다.
</p>
<p>
  강조 표시는 이 문단까지 이어집니다. 이 부분은 강조하지 않습니다.
</p>
```

예시의 HTML에서 '문단입니다. 강조 표시는 이 문단까지 이어집니다'를 강조하고 싶다고 할 때, 한 개의 <mark> 엘리먼트로는 이 작업이 불가능합니다([예 17-8] 참고).

**예 17-8 올바르지 않은 HTML**

```
<p>
  강조할 텍스트가 있는 <mark>문단입니다.
</p>
<p>
  강조 표시는 이 문단까지 이어집니다</mark>. 이 부분은 강조하지 않습니다.
</p>
```

이 예시는 올바르지 않은 HTML입니다. <mark> 엘리먼트를 두 개로 나누는 것이 해결 방법이 될 수는 있지만, 그렇게 하면 더 이상 하나의 강조 영역으로 볼 수 없을 것입니다.

이처럼 CSS 커스텀 강조 API를 사용하면 여러 태그에 걸친 텍스트 영역을 생성하고 강조 효과를 적용해 텍스트를 강조할 수 있습니다.

## 17.2 텍스트의 깜빡임 현상 방지

**문제** 웹 폰트를 사용할 때 스타일이 적용되지 않은 텍스트의 깜빡임을 없애고 싶습니다.[1]

**해결** CSS 폰트 로딩(Font Loading) API를 사용하여 사용하고자 하는 폰트를 명시적으로 읽어 들이고, 폰트를 완전히 읽어 들이기를 기다렸다가 텍스트를 렌더링합니다.

이 API를 사용해 폰트를 읽어 들이려면 먼저 해당 폰트에 대한 정보 객체를 전달하여 FontFace 객체를 생성해야 합니다. [예 17-9]는 Roboto 폰트를 읽어 들이는 방법입니다.

**예 17-9** Roboto 폰트에 대한 FontFace 객체 생성

```
const roboto = new FontFace(
  'Roboto',
  'url(https://fonts.gstatic.com/s/roboto/v30/KFOmCnqEu92Fr1Mu72xKKTU1Kvnz.woff2)', {
  style: 'normal',
  weight: 400
});
```

문서에는 fonts라는 전역 프로퍼티가 있는데, 이 프로퍼티는 문서에서 사용된 모든 폰트를 포함하는 FontFaceSet 객체입니다. 예시에서 FontFace 객체를 통해 생성한 폰트를 사용하려면 document.fonts로 접근할 수 있는 전역 FontFaceSet 객체에 등록해야 합니다([예 17-10] 참고).

**예 17-10** Roboto 폰트를 전역 FontFaceSet 객체에 추가하기

```
document.fonts.add(roboto);
```

여기까지 하면 폰트가 정의된 것입니다. 아직 읽어 들이지는 않았습니다. 폰트는 FontFace 객체의 load 메서드를 호출하여 읽어 들입니다([예 17-11] 참고). 이 메서드는 읽어 들인 폰트로 해결되는 Promise를 반환합니다.

---

[1] 역자주_ 이러한 깜빡임 현상을 줄여서 FOUT(Flash of Unstyled Text)으로 부르기도 합니다. 웹 폰트를 다운로드하기 전에는 해당 폰트가 적용된 텍스트가 공백으로 나타나다가 모두 읽어 들인 후에 글자가 표시되어 깜빡이는 것처럼 보이는 현상입니다.

**예 17-11 폰트를 다 읽을 때까지 기다리기**

```
roboto.load()
  .then(() => {
    // 폰트를 읽어 들여서 사용할 준비가 되었다.
  });
```

스타일이 적용되지 않은 텍스트의 깜빡임 현상을 방지하기 위해 특정 폰트를 사용하는 텍스트를 숨겨두었다가 해당 폰트를 모두 읽어 들이고 나면 화면에 표시합니다. 만약 애플리케이션이 초기 로딩 애니메이션을 보여준다면 폰트를 다 읽어 들일 때까지 애니메이션을 계속 두었다가, 다 읽어 들이고 나면 로딩 애니메이션을 제거하고 애플리케이션 렌더링을 시작하는 방법도 있습니다.

애플리케이션에서 여러 폰트를 사용한다면 `document.fonts.ready` Promise를 사용해 모두 읽어 들이기를 기다릴 수 있습니다. 이 Promise는 읽어 들여서 사용 준비가 끝난 모든 폰트로 해결됩니다.

**설명** CSS로 웹 폰트를 사용할 때는 다운로드할 폰트 파일의 URL이 포함된 `@font-face` 규칙을 통해 폰트를 선언합니다. 폰트를 다 읽어 들이기 전에 텍스트를 렌더링하면 시스템 폰트가 대신 사용됩니다. 폰트를 다 읽어 들여 사용할 준비가 되면 올바른 폰트를 사용해서 텍스트를 다시 렌더링합니다. 이때 폰트가 차지하는 공간이 서로 다르면 레이아웃이 움직여 원하지 않는 효과가 발생하기도 합니다.

`@font-face`를 사용할 때의 단점은 폰트를 다 읽어 들인 후 사용 가능해지는 시점을 알 수 있는 방법이 없다는 것입니다. 따라서 CSS 폰트 로딩 API를 사용하면 폰트를 읽어 들이는 과정을 더 잘 통제할 수 있게 되고, 주어진 폰트를 사용해 텍스트를 렌더링해도 되는 안전한 시점을 정확하게 알 수 있습니다.

만약 폰트 URL에 포함된 오타 등이 원인이 되어 폰트를 읽어 들이는 중에 오류가 발생하면 폰트의 `load` 메서드가 반환한 Promise가 오류와 함께 거부됩니다.

## 17.3 DOM 전환 애니메이션

**문제** DOM에 엘리먼트를 추가하거나 삭제할 때 생기는 변화를 애니메이션으로 보여주고 싶습니다.

**해결** 뷰 트랜지션View Transitions API를 사용하여 두 상태 사이의 변화를 애니메이션으로 표현합니다.

> **노트** 이 API는 아직 모든 브라우저에서 지원하지 않습니다. Can I Use(https://oreil.ly/I8RFN)에서 최신 호환성 정보를 확인해 보세요.

뷰 트랜지션 API는 두 개의 DOM 상태 사이에 전환 효과를 적용할 때 사용됩니다. 뷰 트랜지션은 document.startViewTransition 함수를 호출해서 시작합니다. 이 함수는 DOM 변화를 수행하는 콜백 함수를 인수로 받습니다.

단일 페이지 애플리케이션이 있다고 생각해 봅시다. 이 애플리케이션에서 뷰는 모두 고유한 아이디를 가진 최상위 HTML 엘리먼트입니다. 경로가 변경되어서 어떤 뷰에서 다른 뷰로 이동할 때는 [예 17-12]와 같이 현재 뷰는 감추고 새로운 뷰를 표시합니다.

**예 17-12** 단순한 뷰 트랜지션

```
function showAboutPage() {
  document.startViewTransition(() => {
    document.querySelector('#home-page').style.display = 'none';
    document.querySelector('#about-page').style.display = 'block';
  });
}
```

이 예시는 두 개의 뷰에 기본적인 크로스 페이드cross-fade[2] 트랜지션 효과를 적용합니다.

크로스 페이드 전환의 속도를 조정하고 싶을 때는 [예 17-13]과 같이 CSS의 도움이 조금 필요합니다.

---

[2] 역자주_ 영상 등에서 보이는 장면 전환 효과. 기존 장면은 점점 투명해지다가 사라지고, 새 장면은 반대로 처음엔 투명했다가 점점 불투명해집니다. 이를 디졸브(disolve) 효과라고도 부릅니다.

**예 17-13** 더 느린 전환 효과

```
::view-transition-old(root),
::view-transition-new(root) {
  animation-duration: 2s;
}
```

**설명** 뷰 트랜지션 효과는 사실상 현재 DOM 상태의 스크린샷을 찍으면서 시작합니다. 그리고 콜백 내부에서 DOM 변화가 수행된 다음에 스크린샷을 한 번 더 찍습니다. 브라우저는 페이지에 가상 엘리먼트pseudo-element를 생성하고 두 개의 스크린샷을 표현하는 가상 엘리먼트 사이의 전환에 애니메이션을 적용합니다.

생성되는 가상 엘리먼트는 다음과 같습니다.

- `::view-transition`
  모든 뷰 트랜지션을 포함하는 최상위 오버레이

- `::view-transition-group(<이름>)`
  개별 뷰 트랜지션

- `::view-transition-image-pair(<이름>)`
  전환되는 두 개의 이미지를 포함

- `::view-transition-old(<이름>)`
  기존 DOM 상태의 이미지

- `::view-transition-new(<이름>)`
  새 DOM 상태의 이미지

보다시피 일부 가상 엘리먼트에는 `<이름>`을 인수로 전달합니다. 사용할 수 있는 값은 다음과 같습니다.

- `*`
  모든 뷰 트랜지션 그룹에 해당합니다.

- `root`
  root 트랜지션 그룹에 해당합니다. 아무런 이름이 주어지지 않으면 기본으로 사용됩니다.

- **사용자 정의 식별자**

  전환하려는 엘리먼트에 view-transition-name 프로퍼티를 설정해서 사용자 정의 식별자를 지정할 수 있습니다.

가상 엘리먼트를 대상으로 CSS 선택자를 사용하여 다른 애니메이션을 적용할 수도 있습니다. 이때는 애니메이션을 위한 @keyframes 규칙을 만든 다음, 해당 애니메이션을 ::view-transition-old 또는 ::view-transition-new 가상 엘리먼트에 적용합니다.

## 17.4 실행 중에 스타일시트 변경하기

**문제** 페이지에 있는 스타일시트에 CSS 규칙을 동적으로 추가하고 싶습니다.

**해결** CSSStyleSheet의 insertRule 메서드를 사용해 원하는 스타일 규칙을 추가합니다([예 17-14] 참고).

**예 17-14** CSS 규칙 추가

```
const [stylesheet] = document.styleSheets;
stylesheet.insertRule(`
  .some-selector {
    background-color: red;
  }
`);
```

**설명** 이 작업은 단일 페이지 애플리케이션single-page application (SPA) 등에서 동적으로 새로운 HTML 콘텐츠를 페이지에 추가할 때 유용합니다. 새 콘텐츠가 추가될 때도 동적으로 스타일 규칙을 추가할 수 있습니다.

## 17.5 조건에 따른 CSS 클래스 설정

**문제** 특정 조건을 만족시킬 때만 엘리먼트에 원하는 CSS 클래스를 적용하고 싶습니다.

**해결** 엘리먼트 classList의 toggle 메서드를 사용합니다([예 17-15] 참고).

예 17-15 조건에 따라 클래스를 토글하기

```
// isExpanded는 현재 펼쳐진 상태를 가리키는 변수라고 가정한다.
element.classList.toggle('expanded', isExpanded);
```

**설명** 두 번째 인수 없이 toggle을 호출하면 전달받은 클래스가 설정되어 있지 않을 때는 해당 클래스를 설정해주고, 반대로 이미 설정되어 있다면 제거합니다.

toggle이 아니라 add와 remove를 사용해 주어진 클래스 이름을 추가하거나 제거하여 클래스 목록을 관리하는 방법도 있습니다. 단, 클래스가 이미 설정되어 있을 때 add를 호출하면 아무 일도 일어나지 않습니다. 마찬가지로 클래스가 없을 때 remove를 호출하면 아무 일도 일어나지 않습니다.

## 17.6 미디어 쿼리 확인

**문제** 자바스크립트를 사용해 특정 미디어 쿼리에 해당하는지 확인하고 싶습니다. 예를 들어 prefers-color-scheme 미디어 쿼리를 사용해 현재 사용자의 운영 체제가 다크 테마로 설정되어 있는지 알고 싶습니다.

**해결** window.matchMedia를 사용하여 미디어 쿼리를 평가하거나 변화를 감지할 수 있습니다([예 17-16] 참고).

예 17-16 다크 테마 설정 확인

```
const isDarkTheme = window.matchMedia('(prefers-color-scheme: dark)').matches;
```

**설명** window.matchMedia는 MediaQueryList 객체를 반환합니다. 이 객체에는 matches 프로퍼티가 포함되어 있으며, 객체를 통해 change 이벤트도 리스닝할 수 있습니다. change 이벤트는 미디어 쿼리가 변경될 때 발생합니다.

예를 들어, 애플리케이션이 실행되는 도중 사용자 운영 체제의 색상 스키마 설정이 변경되면 prefers-color-scheme 쿼리에 대한 change 이벤트가 발생합니다. 이를 사용해 새로운 미디어 쿼리 상태를 확인할 수 있습니다([예 17-17] 참고).

예 17-17 미디어 쿼리 변화를 리스닝하기

```
const query = window.matchMedia('(prefers-color-scheme: dark)');
query.addEventListener('change', () => {
  if (query.matches) {
    // 다크 모드로 변경
  } else {
    // 라이트 모드로 변경
  }
});
```

## 17.7 엘리먼트의 계산된 스타일 구하기

**문제** 엘리먼트의 특정 스타일을 알고 싶습니다. 단, 인라인 스타일이 아니라 스타일시트가 설정한 스타일을 알고 싶습니다.

**해결** window.getComputedStyle를 사용하여 엘리먼트에 적용된 최종 스타일을 계산합니다.

> 주의 getComputedStyle을 호출하면 브라우저는 강제로 스타일과 레이아웃을 다시 계산합니다. 이는 성능에 병목 현상이 발생하는 원인이 될 수 있으므로 주의합니다.

[예 17-18]과 같이 스타일이 적용된 HTML 엘리먼트가 있다고 가정해 봅시다.

예 17-18 스타일이 포함된 HTML

```html
<style>
  #content {
    background-color: blue;
  }

  .container {
    background-color: red;
    color: white;
  }
</style>

<div id="content" class="container">여기는 무슨 색일까요?</div>
```

이제 `window.getComputedStyle`에 엘리먼트를 전달하면 해당 엘리먼트에 적용된 스타일을 반환합니다([예 17-19] 참고).

예 17-19 계산된 스타일 가져오기

```js
const content = document.querySelector('#content');
const styles = window.getComputedStyle(content);
console.log(styles.backgroundColor);
```

아이디 선택자는 클래스 선택자보다 명시도<sup>specificity</sup>가 높아서 두 스타일이 충돌된 상황에서는 아이디 선택자가 우선시되어 `style.backgroundColor`의 값은 blue가 됩니다. 일부 브라우저에서는 문자열 'blue'가 아니라 rgb(0, 0, 255)와 같이 색상을 표현하는 경우도 있습니다.

**설명** 엘리먼트의 style 프로퍼티는 인라인 스타일에서만 동작합니다. [예 17-20]과 같은 경우를 생각해 봅시다.

예 17-20 인라인 스타일이 있는 엘리먼트

```html
<style>
  #content {
    background-color: blue;
  }
</style>
```

```html
<div id="content" style="color: white;">콘텐츠</div>
```

이 예시에서는 인라인 스타일로 color라는 CSS 속성을 설정하고 있기 때문에 style 프로퍼티를 통해 이 값을 참조할 수 있습니다. 하지만 배경색은 스타일시트에서 설정하고 있기 때문에 style 프로퍼티를 통해서 값을 가져올 수 없습니다([예 17-21] 참고).

#### 예 17-21 인라인 스타일 확인

```javascript
const content = document.querySelector('#content');
console.log(content.style.backgroundColor); // 빈 문자열
console.log(content.style.color); // 'white'
```

getComputedStyle은 엘리먼트의 최종 스타일을 계산하기 때문에 스타일시트로 설정된 스타일과 인라인 스타일을 모두 포함합니다([예 17-22] 참고).

#### 예 17-22 계산된 스타일 확인

```javascript
const content = document.querySelector('#content');
const styles = window.getComputedStyle(content);
console.log(styles.backgroundColor); // 'rgb(0, 0, 255)'
console.log(styles.color); // 'rgb(255, 255, 255)'
```

CHAPTER 18

# 미디어

## 18.0 소개

최신 브라우저는 비디오 스트림<sup>video stream</sup>과 오디오 스트림<sup>audio stream</sup>을 다룰 수 있는 API를 제공합니다. WebRTC API는 카메라와 같은 기기에서 비디오 또는 오디오 스트림을 생성합니다.

비디오 스트림은 `<video>` 엘리먼트에서 실시간으로 재생할 수 있고, 동영상의 프레임을 캡쳐해서 이미지로 저장하거나 업로드하는 것도 가능합니다. `<video>` 엘리먼트는 스트림을 녹화한 동영상을 재생할 때도 사용됩니다.

이런 API를 사용할 수 없던 시절에는 사용자의 카메라에 접근하기 위해 브라우저 플러그인이 있어야 했습니다. 오늘날에는 약간의 코드만 있으면 미디어 캡쳐<sup>Media Capture</sup> API와 스트림<sup>Streams</sup> API를 사용해서 카메라나 마이크에서 데이터를 읽을 수 있습니다.

## 18.1 화면 녹화

**문제** 사용자의 화면을 동영상으로 기록하고 싶습니다.

**해결** 스크린 캡쳐<sup>Screen Capture</sup> API를 사용해서 화면을 동영상으로 녹화한 다음 `<video>` 엘리먼트에 소스로 설정합니다([예 18-1] 참고).

**예 18-1 화면 녹화하기**

```
async function captureScreen() {
  const stream = await navigator.mediaDevices.getDisplayMedia();
  const mediaRecorder = new MediaRecorder(stream, {
    mimeType: 'video/webm'
  });

  mediaRecorder.addEventListener('dataavailable', event => {
    const blob = new Blob([event.data], {
      type: 'video/webm',
    });

    const url = URL.createObjectURL(blob);
    video.src = url;
  });

  mediaRecorder.start();
}
```

> **노트** 사용자의 화면은 실시간으로 <video> 엘리먼트에 스트리밍되지 않습니다. 대신 캡쳐된 화면은 메모리에 저장됩니다. 화면 녹화가 끝나면 녹화된 동영상이 <video> 엘리먼트에서 재생됩니다.

여기서 많은 일이 일어납니다. 먼저 navigator.mediaDevices.getDisplayMedia()를 호출하여 화면 녹화를 초기화합니다. 이때 브라우저와 운영체제에 따라 화면 녹화에 관한 요청이 조금씩 다르게 나타납니다([그림 18-1] 참고).

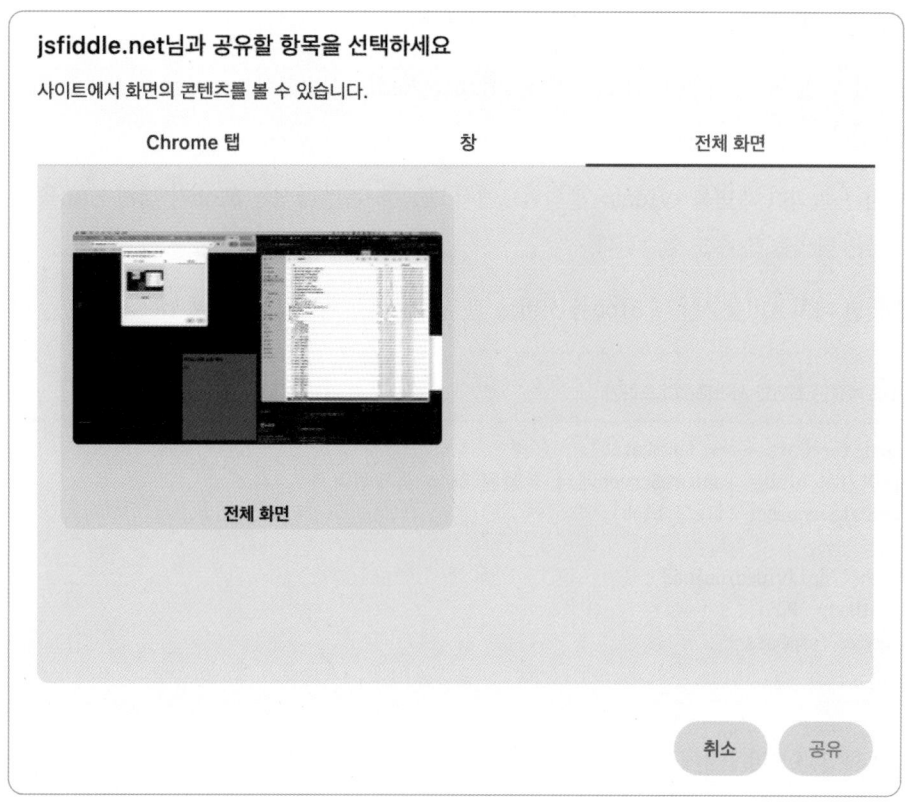

그림 18-1 맥 OS 환경의 크롬 브라우저에서 나타난 화면 캡쳐 안내

이 함수는 사용자 화면의 `MediaStream` 객체로 해결되는 `Promise`를 반환합니다. 이 `Promise`가 해결되면 화면 녹화 중이라는 뜻이지만, 아직 데이터는 어디에도 사용되지 않은 상태입니다.

녹화를 중단할 때는 브라우저가 제공하는 중단 버튼을 클릭하거나 `mediaRecorder.stop()`을 호출하면 됩니다. 이 동작은 `dataavailable` 이벤트를 발생시킵니다.

그 다음으로는 해당 이벤트 핸들러에서 녹화된 동영상 데이터를 포함하는 `Blob`를 생성하고 이를 사용해 객체 URL을 생성합니다. 이 객체 URL을 `<video>` 엘리먼트의 `src` 속성으로 설정합니다.

여기까지 작업을 마치고 나면 녹화되는 화면이 브라우저에서 재생되기 시작합니다.

설명 예시에서는 브라우저 지원이 좋은 `video/webm` MIME 타입을 사용했습니다. WebM은 공개 표준을 따르는 오디오, 비디오 파일 형식이며 여러 코덱을 지원합니다.

사용자가 화면 녹화를 허락하지 않으면 `getDisplayMedia`가 반환한 `Promise`는 오류와 함께 거부됩니다.

이 예시는 녹화한 화면을 `<video>` 엘리먼트에서 재생하지만, 생성된 `Blob`와 객체 URL을 가지고 다른 작업을 할 수도 있습니다.

예를 들면 페치 API를 사용해 `Blob`를 서버로 전송하는 것도 가능합니다([예 18-2] 참고).

**예 18-2 녹화한 화면을 서버로 업로드하기**

```
const formData = new FormData();
// 여기서 blob는 captureScreen에서 작성된 Blob 객체이다.
formData.append('file', blob);

fetch('/api/video/upload', {
  method: 'POST',
  body: formData
});
```

녹화한 화면을 브라우저에서 다운로드할 수도 있습니다([예 18-3] 참고).

**예 18-3 숨겨진 링크를 사용한 다운로드 시작하기**

```
const link = document.createElement('a');

// 여기서 url은 captureScreen 메서드에서 작성된 객체 URL이다.
link.href = url;
link.textContent = 'Download';
link.download = 'screen-recording.webm';
link.click();
```

## 18.2 사용자의 카메라에서 이미지 캡쳐

**문제** 사용자의 카메라를 활성화시켜 사진을 찍고 싶습니다.

**해결** navigator.mediaDevices.getUserMedia를 사용해 카메라에서 동영상을 가져옵니다. 먼저 [예 18-4]와 같이 엘리먼트를 몇 개 만들어야 합니다.

**예 18-4 카메라에서 이미지를 캡쳐하기 위한 마크업**

```
<style>
  #canvas {
    display: none;
  }

  #photo {
    width: 640px;
    height: 480px;
  }
</style>

<canvas id="canvas"></canvas>
<img id="photo">
<video id="preview">
```

예시의 캔버스는 숨겨져 있는데, 이는 이미지를 생성하기 전에 중간 단계로만 사용될 것이기 때문입니다.

전체 작업 단계는 다음과 같습니다.

1. 비디오 스트림을 `<video>` 엘리먼트로 보내 카메라의 영상을 실시간 미리보기로 보여줍니다.
2. 사진을 캡쳐하고 싶다면 현재 동영상 프레임을 캔버스에 그립니다.
3. 캔버스에서 JPEG 이미지를 나타내는 데이터 URL을 생성하고, 이 URL을 `<img>` 엘리먼트에 설정합니다.

첫 번째 단계는 비디오 스트림을 열고, 이것을 `<video>` 엘리먼트에 추가하는 것입니다([예 18-5] 참고).

**예 18-5 비디오 스트림 가져오기**

```
const preview = document.querySelector('#preview');

async function startCamera() {
  const stream = await navigator.mediaDevices.getUserMedia(
    {
      video: true,
```

```
      audio: false
    }
  );
  preview.srcObject = stream;
  preview.play();
}
```

그 다음에는 버튼 클릭 이벤트나 그 밖의 이벤트가 발생할 때 이미지를 캡처합니다([예 18-6] 참고).

**예 18-6** 이미지 캡처

```
// <video> 엘리먼트를 가져온다.
const preview = document.querySelector('#preview');

const photo = document.querySelector('#photo');
const canvas = document.querySelector('#canvas');

function captureImage() {
  // 기기의 픽셀 밀도에 따라 캔버스의 크기를 조정한다.
  // 이미지가 흐릿하거나 깨지는 것을 방지할 수 있다.
  canvas.width = canvas.width * window.devicePixelRatio;
  canvas.height = canvas.height * window.devicePixelRatio;

  // 캔버스의 2D 컨텍스트를 가져와서 현재 비디오 프레임을 그린다.
  const context = canvas.getContext('2d');
  context.drawImage(preview, 0, 0, canvas.width, canvas.height);

  // JPEG 데이터 URL를 생성하고 이미지 주소로 사용한다.
  const dataUrl = canvas.toDataURL('image/jpeg');
  photo.src = dataUrl;
}
```

**설명** 짐작했겠지만, 카메라의 영상을 읽는 것은 개인 정보와 관련된 위험이 존재합니다. 이 때문에 사용자의 카메라에 처음으로 접근할 때는 브라우저가 사용자에게 먼저 접근 권한을 물어보고, 사용자가 접근을 허가해 줘야만 카메라를 사용할 수 있습니다. 접근 요청이 거부되면 `navigator.mediaDevices.getUserMedia`가 반환한 Promise는 오류와 함께 거부됩니다.

## 18.3 사용자의 카메라 영상 표시

**문제** 사용자의 카메라에서 녹화한 동영상을 브라우저에서 재생하고 싶습니다.

**해결** 작업 단계는 다음과 같습니다.

1. getUserMedia를 사용해 카메라로부터 스트림을 생성합니다.
2. <video> 엘리먼트를 사용해 동영상의 미리보기를 보여줍니다.
3. MediaRecorder를 사용해 동영상을 녹화합니다.
4. 녹화된 동영상을 <video> 엘리먼트에서 재생합니다.

이 예시를 실행하려면 <video> 엘리먼트가 필요하며, 녹화를 시작하고 중단하는 버튼도 필요합니다([예 18-7] 참고).

**예 18-7** video 엘리먼트 준비

```
<video id="preview" muted></video>
<button id="record-button">녹화</button>
<button id="stop-record-button">녹화 중지</button>
```

그 다음에는 비디오 스트림을 만들고 <video> 엘리먼트에 설정하여 동영상을 미리 볼 수 있도록 합니다([예 18-8] 참고).

**예 18-8** 오디오와 비디오 스트림 생성

```
const preview = document.querySelector('#preview');
const stream = await navigator.mediaDevices.getUserMedia({
  video: true,
  audio: true
});
preview.srcObject = stream;
preview.play();
```

스트림이 준비되면 이제 MediaRecorder를 설정할 차례입니다([예 18-9] 참고).

**예 18-9** MediaRecorder 설정

```
mediaRecorder = new MediaRecorder(stream, {
  mimeType: 'video/webm'
});

mediaRecorder.addEventListener('dataavailable', event => {
  const blob = new Blob([event.data], {
    type: 'video/webm'
  });

  const url = URL.createObjectURL(blob);
  // muted(음소거) 플래그를 초기값으로 바꿔서 포함된 오디오를 재생하도록 한다.
  preview.muted = false;

  // video 엘리먼트의 주소를 생성한 객체 URL로 재설정한다.
  preview.srcObject = null;
  preview.src = url;

  // 영상을 즉시 재생한다.
  preview.autoplay = true;
  preview.loop = true;
  preview.controls = true;
});
```

마지막 단계는 버튼에 `MediaRecorder`를 시작하고 중단하는 기능을 추가하는 것입니다([예 18-10] 참고).

**예 18-10** 버튼의 이벤트 핸들러 추가

```
document.querySelector('#record-button').addEventListener('click', () => {
  mediaRecorder.start();
});
document.querySelector('#stop-record-button').addEventListener('click', () => {
  mediaRecorder.stop();
});
```

**설명** 예시의 시작 부분을 보면 video 엘리먼트의 muted 속성을 설정하는 코드가 있습니다. 예시에서 생성한 미디어 스트림은 비디오와 오디오를 둘 다 포함하고 있습니다. 이때 동영상만 미리보기하고 소리는 재생하지 않는 편이 좋을 것입니다. 소리까지 재생하면 녹음된 소리가 즉시 스피커로 출력되어 현재 진행 중인 녹음에 영향을 주거나 마이크 반향[1]을 일으킬 수 있습니다.

이제 마지막으로 녹화한 영상을 출력할 시간입니다. 녹화된 소리도 잘 재생되도록 muted 플래그를 제거합니다.

## 18.4 시스템 미디어 지원 확인

**문제** 브라우저가 특정 미디어 형식을 지원하는지 알고 싶습니다.

**해결** 미디어 기능Media Capabilities API를 사용해 브라우저가 주어진 미디어 타입을 지원하는지 조회합니다. 해당 미디어 타입이 지원되는지 안되는지는 결과를 보고 알 수 있습니다([예 18-11] 참고).

예 18-11 미디어 기능 확인

```
navigator.mediaCapabilities.decodingInfo({
  type: 'file',
  audio: {
    contentType: 'audio/mp3'
  }
}).then(result => {
  if (result.supported) {
    // MP3 오디오가 지원된다!
  }
});

navigator.mediaCapabilities.decodingInfo({
  type: 'file',
  audio: {
    contentType: 'audio/webm;codecs=opus'
  }
}).then(result => {
  if (result.supported) {
```

---

1 스피커로 출력된 소리가 마이크로 흘러 들어가는 게 반복되어 메아리처럼 울리는 현상을 말합니다. 마이크 피드백(microphone feedback)이라고도 부릅니다.

```
      // Opus 코덱을 사용한 WebM 오디오가 지원된다!
    }
  });
```

> **설명** [예 18-11]은 오디오 코덱 지원을 확인합니다. 미디어 기능 API를 사용하면 특정 동영상 형식의 지원 여부를 알 수 있습니다. 코덱뿐만 아니라 초당 프레임 수(`framerate`), 비트레이트(`bitrate`), 너비(`width`), 높이(`height`) 등의 속성으로 조회할 수도 있습니다([예 18-12] 참고).

**예 18-12** 지원하는 동영상 형식 확인

```
navigator.mediaCapabilities.decodingInfo({
  type: 'file',
  video: {
    contentType: 'video/webm;codecs=vp8',
    bitrate: 4000000, // 4 MB
    framerate: 30,
    width: 1920,
    height: 1080
  }
}).then(result => {
  if (result.supported) {
    // WebM이 지원된다.
  }
});
```

## 18.5 동영상 필터 적용

> **문제** 비디오 스트림에 필터 효과를 적용하고 싶습니다.

> **해결** 비디오 스트림을 `<canvas>`에 렌더링하고 CSS 필터를 해당 캔버스 엘리먼트에 적용합니다.

18.2절처럼 비디오 스트림을 `<video>` 엘리먼트에 설정합니다. 하지만 이번에는 중간 단계로

만 사용할 것이므로 `<video>` 엘리먼트를 숨겨둡니다.

그 다음으로 원하는 초당 프레임 수에 맞추어 동영상의 모든 프레임을 `<canvas>` 엘리먼트에 순차적으로 렌더링합니다. 그리고 CSS 필터를 적용합니다.

먼저 마크업부터 준비합니다([예 18-13] 참고).

#### 예 18-13 동영상 필터 예시를 위한 마크업

```html
<canvas id="canvas"></canvas>
<video id="preview" style="display: none;"></video>
```

그 다음에는 미디어 스트림을 만들어서 `<video>` 엘리먼트에 설정합니다([예 18-14] 참고).

#### 예 18-14 동영상 스트림 설정

```js
async function startCamera() {
  const stream = await navigator.mediaDevices.getUserMedia({
    video: true,
    audio: false
  });

  // 스트림을 video 엘리먼트에 설정한다.
  const preview = document.getElementById('preview');
  preview.srcObject = stream;
  preview.play();

  // 기기의 픽셀 밀도에 따라 캔버스의 크기를 조정한다.
  // 이미지가 흐릿하거나 깨지는 것을 방지할 수 있다.
  const canvas = document.getElementById('canvas');
  canvas.width = preview.videoWidth * window.devicePixelRatio;
  canvas.height = preview.videoHeight * window.devicePixelRatio;

  const context = canvas.getContext('2d');

  // 초당 30 프레임이 캔버스에 그려지는 것을 목표로 한다.
  setInterval(() => {
    context.drawImage(preview, 0, 0, canvas.width, canvas.height);
  }, 1000 / 30);
}
```

이제 `<canvas>` 엘리먼트에 CSS 필터를 적용할 수 있습니다([예 18-15] 참고).

#### 예 18-15 필터 적용

```
#canvas {
  filter: hue-rotate(90deg);
}
```

**설명** 0.03초마다 동영상의 현재 프레임이 캔버스에 그려집니다. 사실상 미디어 스트림을 미리보기한 것과 같은데, 중간 매체로써 `<video>` 엘리먼트를 사용했습니다. 현재로서는 미디어 스트림의 동영상을 직접 `<canvas>` 엘리먼트에 그릴 방법이 없기 때문에 중간 매체가 필요한 것입니다.

필터는 CSS 스타일을 통해서 설정할 수 있는데, 캔버스 2D 컨텍스트 객체의 `filter` 프로퍼티를 사용해서 설정할 수도 있습니다.

CHAPTER 19

# 마치며

## 19.0 소개

이 책에서 다룬 다양한 예시와 API가 유용하고 흥미로웠기를 바랍니다. 이 책을 통해 배운 지식이 여러분의 자바스크립트 애플리케이션을 더욱 풍부하게 만들어주는 데 도움이 되었기를 바랍니다.

## 19.1 서드파티 라이브러리

이 책의 핵심 메시지 중 하나는 서드파티 라이브러리가 없어도 할 수 있는 일이 굉장히 많다는 것입니다. 의심할 여지없이 사실이지만 그렇다고 서드파티 라이브러리를 무조건 피하라는 의미는 아닙니다. 브라우저에 내장된 API를 사용하면 의존성을 추가하지 않아도 되지만, API를 사용해 원하는 기능을 구현하기 위해 많은 '접착 코드 glue code'[1]를 작성해야 할 수도 있습니다.

브라우저 API 중에는 종종 이상하게 동작하는 것도 있습니다. 예를 들어 IndexedDB API는 강력한 데이터 보존과 접근 계층이지만 콜백 기반인 API이기 때문에 사용하기가 조금 힘듭니다. 대신 IndexedDB를 래핑하여 더 단순하고 더 강력한 API를 제공하는 라이브러리가 있습니다. 예를 들어 Dexie.js는 IndexedDB를 래핑하여 `Promise` 기반 API를 제공합니다.

---

[1] 각 API를 '연결'하여 원하는 기능을 구현하기 위한 코드를 의미합니다.

마지막으로 하고 싶은 말은 결국 모든 것은 트레이드오프라는 것입니다. 자바스크립트 번들 용량에 여유가 있어 더 편리한 개발 경험을 위해 어느 정도 할애하고 싶다면 그럴 만한 가치는 충분할 것입니다.

## 19.2 브라우저 버전이 아닌 기능을 탐지할 것

사용자의 브라우저가 특정 API를 지원하는지 확인해야 할 때, 사용자 에이전트<sup>user agent</sup> 문자열을 보고 브라우저의 버전을 확인하는 방법을 쓰는 경우도 있습니다. 하지만 이 방법은 가능하면 피하세요. 굉장히 신뢰성이 낮으며, 때로는 다른 브라우저인 것처럼 행세하기 위해 사용자 에이전트 문자열을 속이기도 하기 때문입니다.

대신 특정 기능을 사용할 수 있는지 확인하세요. 예를 들어 브라우저가 IndexedDB를 지원하는지 확인하고 싶다면 `window` 객체에 `indexedDB` 프로퍼티가 존재하는지 확인하면 됩니다 ([예 19-1] 참고).

**예 19-1** IndexedDB 지원 확인

```
if ('indexedDB' in window) {
  // IndexedDB가 지원된다!
}
```

## 19.3 폴리필

오래된 브라우저를 지원해야 한다면 이 책에서 배운 API 중 일부는 폴리필<sup>polyfill</sup>을 통해 사용할 수 있습니다. 폴리필은 없는 기능을 추가해 주는 서드파티 자바스크립트 라이브러리입니다. 내장된 API만큼 성능이 뛰어나지는 않지만, 해당 기능을 지원하지 않는 브라우저에서 새로운 API를 사용할 수 있도록 도와줍니다.

물론 폴리필로 지원할 수 없는 API도 있습니다. 이런 API들은 가속도계<sup>accelerometer</sup>나 위치 정보<sup>geolocation</sup>와 같은 기기 자체의 기능에 의존합니다. 오래된 브라우저는 이러한 시스템 서비스와 통신할 수 있는 방법이 없기 때문에 서드파티 코드로는 그 간극을 메울 수가 없습니다.

## 19.4 다가올 미래

브라우저 기반 애플리케이션에서 추가 플러그인이나 서드파티 라이브러리의 도움 없이도 더 많은 일을 할 수 있게 해 주는 다양하고 흥미로운 API가 등장할 예정입니다. 이 책을 마무리하는 시점에서, 향후 가까운 미래에 등장하여 브라우저 애플리케이션의 기능을 더 풍부하게 만들어 줄 실험적인 API 몇 가지를 간단히 소개하고 마치겠습니다.

### 웹 블루투스 API

웹 블루투스 API<sup>Web Bluetooth API</sup>를 사용하면 머지않아 브라우저에서 블루투스 기기와 상호작용할 수 있게 될 것입니다. 웹 블루투스 API는 **Promise** 기반의 인터페이스를 통해 연결된 블루투스 기기를 찾고 해당 기기에서 정보를 읽어 옵니다. 이를 통해 배터리 용량과 같은 데이터를 읽어 오거나 기기의 알림을 리스닝할 수 있습니다.

이 API는 블루투스 기기의 특성과 지원 서비스를 정의하는 GATT<sup>Generic Attribute</sup>(범용 특성) 프로파일과도 연동됩니다. 덕분에 API가 특정 장치에 국한되지 않고 GATT를 지원하는 모든 기기와 유연하게 동작할 수 있습니다.

### 웹 NFC API

근거리 무선 통신<sup>Near-field communication</sup>(NFC)은 두 개 이상의 기기가 서로 가깝게 위치할 때 정보를 주고받을 수 있게 해 주는 기술입니다. 웹 NFC API를 사용하면 NFC 하드웨어 간에 메시지와 정보를 주고받을 수 있습니다.

이 API는 NDEF라는 NFC 데이터 교환 형식<sup>Data Exchange Format</sup>을 사용해 메시지를 교환합니다. 이는 NFC 포럼에서 표준화하여 발표한 것입니다.

## 아이드로퍼 API

아이드로퍼EyeDropper API를 사용하면 아이드로퍼 도구를 통해 화면에 있는 픽셀의 색상을 선택할 수 있습니다.

EyeDropper 생성자를 호출하면 아이드로퍼를 생성할 수 있습니다. 이 객체의 `open` 메서드는 화면에 아이드로퍼 인터페이스를 표시하고, 사용자가 픽셀을 선택하면 선택된 픽셀의 색상으로 해결되는 `Promise`를 반환합니다.

## 바코드 인식 API

바코드 인식Barcode Detection API를 사용하면 애플리케이션이 바코드와 QR 코드를 읽을 수 있으며, 다양한 종류의 표준 바코드를 지원합니다. 이는 이미지, 동영상, Blob, 캔버스 등 다양한 이미지 소스로부터도 바코드를 읽을 수 있는 다재다능한 API입니다.

바코드는 `BarcodeDetector` 인스턴스의 `detect` 메서드에 이미지 데이터를 전달하여 읽습니다. 이 메서드는 인식된 바코드의 값을 나타내는 데이터로 해결되는 `Promise`를 반환합니다.

## 쿠키 저장소 API

브라우저에서 현재 쿠키를 다루는 방식은 그다지 편리하지 않습니다. 쿠키를 다룰 때 사용하는 `document.cookie` 프로퍼티는 현재 사이트에 저장된 여러 쿠키의 이름과 값이 키-값 쌍으로 연결되어 포함된 문자열입니다.

곧 도입될 쿠키 저장소Cookie Store API는 더 견고한 인터페이스를 통해 쿠키 저장소에 비동기적으로 접근합니다. `CookieStore.get` 메서드를 통해 쿠키 한 개의 정보만 검색할 수도 있습니다. 이 메서드는 주어진 이름에 해당하는 쿠키 정보로 해결되는 `Promise`를 반환합니다.

또한 쿠키 데이터가 변경되었을 때 발생하는 `change` 이벤트도 제공합니다.

## 결제 요청 API

결제 요청<sup>Payment Request</sup> API는 브라우저에서 결제를 시작할 수 있는 방법을 웹 사이트에 제공합니다. 이 API를 사용한 다음 결제 처리자<sup>Payment Handler</sup> API를 사용하면 다른 웹 사이트로 이동하지 않고도 결제를 처리할 수 있습니다. 또한 외부 결제 프로세서를 사용할 때 더 일관된 경험을 제공할 수 있습니다.

## 새로운 API 발견

웹은 항상 변화하고 있습니다. 앞으로 출시될 다른 웹 브라우저 API를 미리 살펴보고 싶다면 다음 자료를 참고하세요.

- MDN 웹 문서는 현재의 API는 물론 추가될 예정이거나 실험적인 API에 대해서 간략하게 보여줍니다.
- W3C 표준 문서와 초안 페이지에서는 진행 단계에 상관없이 모든 명세의 표준과 초안을 검색할 수 있습니다.

## INDEX

### ㄱㄴ

객체 저장소　83
객체 URL　181
게으른 로딩　107
결제 요청 API　321
경고창　231
국제화　191
내비게이션 타이밍　265
네트워크　69

### ㄷ

단일 페이지 애플리케이션　53
데이터 삭제　50
데이터 URL　181
동영상 자동 재생　111

### ㄹ

라우트　62
라우팅　53
라이트 DOM　210
로딩 애니메이션　158
리소스 타이밍　265
리스닝　22

### ㅁ

마우스오버　22
메서드 체이닝　27
무한 스크롤　117
문자열 연결　53
뮤테이션 옵저버　105
미디어 기능　313

### ㅂ

바코드 인식 API　320
받아쓰기　165
뷰 트랜지션　297
비동기 API　21
비디오 스트림　305
비콘 API　76

### ㅅ

사용자 타이밍　265
섀도 DOM　210
서드파티 라이브러리　317
서버 전송 이벤트　77
성능 측정　265
슬롯　209

### ㅇ

아이드로퍼 API　320
알림　230
언어 처리　164
엘리먼트 애니메이션　31
역방향 애니메이션　149
역직렬화　45
오디오 스트림　305
웹 블루투스 API　319
웹소켓　79
웹 스토리지　37
웹 스피치　163
웹 애니메이션 API　141
웹 컴포넌트　207
웹 NFC API　319
유효성 검사　119

음성 인식　163
음성 인식 도우미　168
음성 합성　164
이벤트　21
이벤트 소스 API　77
이벤트 핸들러　22
이징 함수　146
인덱스　83

### ㅈㅊ

접착 코드　317
정규 표현식　53
지오코딩　255
직렬화　44
체이닝　27
출처　54

### ㅋㅌ

커서　97
커스텀 엘리먼트　207
콘솔　277
콘솔 그룹　284
콘솔 타이머　283
콜백 함수　21
쿠키 저장소 API　320
쿼리 파라미터　53
클릭　22
키프레임 기반 애니메이션　141
템플릿　209
툴팁　244
트랜잭션　85

## ㅍ

팝업 대화창   229
팝오버   230, 240
팩토리 함수   46
페이드아웃   32
폴리필   10
폴백   24
폼   119
폼데이터 API   122
푸시 알림   247
프레임스   22
프레임스화   34
프로그레스 바   153
프로파일링   270, 271
프로퍼티   289

## ㅎ

해시   54
핸들러 함수   22
호스트   54
확인창   233

addEventListener   22
Array.prototype.sort   204
async/await   28
attributeChangedCallback   208
backwards   152
Barcode Detection API   320
Beacon API   76
blur   130
both   152

callback function   21
chaining   27
clear()   38
console.assert   289
console.count   286
console.dir   289
console.group   284
console.time   283
console.timeEnd   283
CSS   291
CSS 폰트 로딩   295
CSSStyleSheet   299
cursor   97
custom element   207
disconnectedCallback   208

ease-in   146
ease-in-out   146

ease-out   146
easing   146
event handler   22
EventSource API   77
EventTarget 인터페이스   22
EyeDropper API   320
fallback   24
Fetch API   73, 122
Font Loading API   295
FormData   119
forwards   152

getItem(키)   38
getPosts(user)   27
getUser(id)   27
glue code   317
handler function   22
hash   54
history.pushState   63
host   54
hostname   54

IndexedDB   83
input   129
insertRule   299
Internationalization   191
IntersectionObserver   106, 109
Intl.Collator   204
invalid   129

# INDEX

### J

JavaScript Object Notation  38
JSON  38
JSON.parse  41
JSON.stringify  41

### L M N

lazy loading  107
linear  146
listening  22
localStorage  37
localStorage.getItem  40
localStorage.setItem  40
Media Capabilities API  313
method chaining  27
mouseover  22
MutationObserver  105, 112
Navigation Timing  265

### O P Q

origin  54
pathname  54
polyfill  10
popstate  63
pop-up dialog  229
Promise  22
Promise 체이닝  27
protocol  54
query parameter  53

### R

removeEventListener  22
replacer 함수  44
requestAnimationFrame  31
ResizeObserver  106
Resource Timing  265
reviver 함수  45

### S T

search  54
server-sent events  77
sessionStorage  37
setItem(키, 값)  38
single-page application  53
SPA  53
transaction  85

### U

UI 엘리먼트  229
URL  53
URL Pattern API  65
URLSearchParams  53
User Timing  265

### V W

View Transitions API  297
WebSocket API  79
Web Storage  37
window.localStorage  37
window.sessionStorage  37

### X

XMLHttpRequest  70
XMLHttpRequest API  71

### 기호

.append( )  58-60